O SUICÍDIO DO OCIDENTE

Conheça
nosso site

◉ @editoraquadrante
♪ @editoraquadrante
▶ @quadranteeditora
f Quadrante

ALICIA DELIBES

O suicídio do Ocidente

A renúncia à transmissão do saber

Tradução
Ricardo Harada

QUADRANTE

Todos os direitos reservados a
QUADRANTE EDITORA
Rua Bernardo da Veiga, 47 | Tel.: 3873-2270
CEP 01252-020 | São Paulo - SP
atendimento@quadrante.com.br
www.quadrante.com.br

Reservados todos os direitos desta obra. Proibida toda e qualquer reprodução desta edição por qualquer meio ou forma, seja ela eletrônica ou mecânica, fotocópia, gravação ou qualquer outro meio de reprodução, sem permissão expressa do editor.

Direção geral
Renata Ferlin Sugai

Direção de aquisição
Hugo Langone

Direção editorial
Felipe Denardi

Produção editorial
Juliana Amato
Karine Santos

Preparação de texto
Mariana Souto

Capa
Karine Santos

Diagramação
Sérgio Ramalho

O suicídio do Ocidente:
A renúncia à transmissão do saber
Alicia Delibes
1ª edição — 2025
Título original:
El suicidio de Occidente: La renuncia a la transmisión del saber
Copyright © Ediciones Encuentro S.A., Madrid 2024

Dados Internacionais de Catalogação na Publicação (CIP)

Delibes, Alicia.
O suicídio do Ocidente: A renúncia à transmissão do saber / Alicia Delibes; tradução de Ricardo Harada – São Paulo, SP: Quadrante Editora, 2025.
El suicidio de Occidente: La renuncia a la transmisión del saber

ISBN (Capa dura): 978-85-7465-870-4
ISBN (Brochura): 978-85-7465-869-8

1. História mundial / civilização geral 2. Civilização Ocidental Moderna 3. Fatores sociais que afetam o mundo I Título.

CDD 909 / 909.82 / 303.4

Índices para catálogo sistemático:
1. História mundial – 909
2. Civilização Ocidental Moderna – 909.82
3. Fatores sociais que afetam o mundo – 303.4

Sumário

Introdução   7

PRIMEIRA PARTE
Educação *versus* instrução   13

I
Instrução pública na Revolução Francesa. Nicolas de Condorcet   17

II
Rousseau e a educação ocidental   33

III
Educação na Europa no século XIX e primeira parte do século XX   53

SEGUNDA PARTE
A revolução pedagógica   81

I
A crise na educação americana. O vírus igualitário chega à Europa   85

II
Maio de 68, uma revolução *"introuvable"*   101

III
As ideias que abalaram a França   119

TERCEIRA PARTE
A revolução cultural na Europa   141

I
Contra o iluminismo   147

II
A reforma "neoliberal" britânica 167

III
Críticas à escola unificada e à pedagogia progressista nos
Estados Unidos e na França 179

QUARTA PARTE
A educação do século XXI 189

I
A crise da educação ocidental 195

II
A educação no
século XXI. Novas falácias 209

III
Da desconstrução à destruição 233

PARTE CINCO
O sistema educacional. Seis defensores da liberdade 247

Alexis de Tocqueville (1805–1859)
Sobre a igualdade e a liberdade 253

John Stuart Mill (1806–1873)
Sobre a individualidade e a educação 265

Bertrand Russell (1872–1970)
Sobre a educação progressista 271

Friedrich August von Hayek (1899–1992)
Sobre a liberdade e a responsabilidade 283

Jean-François Revel (1924–2006)
Sobre a transmissão 293

Roger Scruton (1944–2020)
Sobre as falácias da educação 303

A renúncia à transmissão 311

Introdução[1]

É assim que morre uma civilização. Sem agitação, sem perigo, sem drama e com muito pouca carnificina, uma civilização morre simplesmente por lassidão, por nojo de si mesma.

— Michel Houellebecq, *Serotonina*

O historiador britânico Niall Ferguson publicou em 2011 um livro intitulado *Civilization: The West and the rest* [Civilização: Ocidente x Oriente], no qual analisou os fatores que, em sua opinião, contribuíram para a supremacia da cultura ocidental no mundo, levando-nos à pergunta final: contamos com dados suficientes para prognosticar que essa supremacia está ruindo?

Um ano depois, Ferguson voltou ao assunto no livro *The Great Degeneration* [A grande degeneração]. Sua tese era a seguinte: dado que, de acordo com Adam Smith, a grandeza do Ocidente se devia à força e à eficácia de suas instituições, para saber até que ponto a civilização ocidental está em perigo, é em nossas instituições que devemos colocar o termômetro.

Uma das instituições que tornaram o Ocidente grande foi sua escola. A ela caberia a responsabilidade de transmitir os saberes e os valores de uma geração para a seguinte.

Quando as primeiras escolas foram criadas na Grécia Antiga, há mais de dois mil e quinhentos anos, o objetivo era instruir os alunos

---

1 Com permissão expressa da autora, esta edição suprimiu partes do texto que tratavam especificamente da história espanhola, e que serviam tão somente aos leitores daquele país — NE.

mais jovens, preparando-os para entrar na comunidade adulta e transmitindo-lhes o conhecimento que os mais velhos haviam adquirido. E quando Condorcet, em plena Revolução Francesa, apresentou seu *Relatório sobre a instrução pública* à Assembleia, insistiu que o objetivo essencial de seu projeto era cultivar os cidadãos, dar aos indivíduos o conhecimentos necessários para que pudessem organizar suas vidas de acordo com seus próprios princípios, aptidões e interesses.

Quando Condorcet cai em desgraça, Robespierre apresenta sua alternativa para escolas públicas. O objetivo revolucionário não é mais a instrução dos cidadãos, mas transformar o mundo, e para construir esta nova sociedade é preciso criar um novo homem. Então volta seus olhos para Rousseau, porque ninguém como ele soube nos ensinar a educar o homem considerado como membro de uma coletividade, como cidadão alheio à herança do passado e capaz de fazer da vontade geral sua própria vontade.

As posições de Condorcet e Rousseau marcaram o dilema educacional dos últimos dois séculos no Ocidente. E, embora durante todo o século XIX e a maior parte do século XX, a educação pública na Europa tenha sido organizada de acordo com os cânones estabelecidos por Condorcet, hoje o triunfo absoluto das ideias de Rousseau na educação tornou o matemático revolucionário, exceto para alguns poucos nostálgicos franceses, quase um desconhecido.

Nas décadas de 1930 e 1940, um forte movimento surgiu nos EUA, o *Progressive Education Movement* [Movimento de Educação Progressista], que teve como mestre o famoso educador John Dewey e que substituiria todos os métodos tradicionais de ensino.

A educação americana parecia ter encontrado a fórmula perfeita para educar o cidadão de um país livre e democrático. Entretanto, no final da década de 1950, começaram as críticas. Os alunos chegavam à universidade despreparados, a indisciplina aumentava nas salas de aula do ensino médio e muitas crianças terminavam o ensino fundamental sem saber ler e escrever bem. A culpa por tudo isso foi colocada nos pedagogos da educação progressista, que tão entusiasticamente empreenderam uma autêntica revolução pedagógica.

Introdução

Apesar das críticas, o modelo progressista de educação não foi mantido apenas nos EUA, mas, na maior parte da Europa Ocidental, os revolucionários de maio de 68 fizeram dele o seu próprio modelo.

Os revolucionários de maio de 68 queriam uma limpeza da educação burguesa e autoritária que haviam recebido. O sistema educacional tradicional perpetuava um modelo de sociedade que eles rejeitavam. Era necessária uma nova escola que fosse realmente "livre e democrática". E, apesar de seu antiamericanismo visceral, eles abraçaram o modelo americano progressista.

Mais de meio século após a rebelião estudantil de maio de 68, se, como sugeria Ferguson, colocarmos o termômetro na instituição escolar, encontraremos sérios sinais de que esta sofre de uma doença mortal: a escola de hoje não quer transmitir nem os valores, nem os conhecimentos da civilização ocidental.

Pouco antes da pandemia, em uma mesa redonda em que se discutia a educação, conheci Jon Juaristi, que, além de ser um escritor extraordinário e um pensador profundo, é um grande amigo meu. Ao analisar a deterioração da educação, a falta de interesse pela cultura e as primeiras notícias que chegaram à Espanha sobre os "cancelamentos" de professores de universidades de língua inglesa, arrisquei que talvez o relativismo cultural pudesse estar na raiz de todo esse desprezo pela cultura. Juaristi me interrompeu: "Não, não é relativismo, é ódio à cultura ocidental".

Eu nunca teria usado a palavra "ódio", mas sim "desprezo". Porém, vendo o que está acontecendo na Espanha e no mundo, vendo o poder que uma novíssima esquerda está adquirindo e que promove a destruição das crenças, dos valores, da cultura e da arte próprios da civilização ocidental, acho que Juaristi estava certo. Não é apenas o relativismo cultural do antropólogo ou o desprezo cultural de algumas pessoas ignorantes; o que foi semeado na mente de muitos jovens por meio da educação é algo muito mais profundo e perigoso, é um sentimento de ódio visceral contra a civilização ocidental.

Em seu livro *Civilização: Ocidente x Oriente*, Ferguson comparou o mundo de hoje com o dos anos anteriores à Segunda Guerra Mundial. Hoje, como disse o historiador britânico na época, "a maior ameaça à civilização ocidental não vem de outras civilizações, mas de nossa própria pusilanimidade e da ignorância histórica que a alimenta". Mas como, perguntava Ferguson, as novas gerações poderão aprender com o passado se não o conhecem, se hoje em dia a história não é estudada nas escolas?

Se a invasão de pedagogos ideologizados não tivesse impedido o aprendizado da história, hoje todos saberiam que a democracia não é garantia de liberdade e que uma civilização pode se deixar esmagar sem resistência. À medida que as escolas se afastam do propósito para o qual foram criadas, uma sociedade ignorante de seu passado fica à mercê dos caprichos de qualquer governante despótico que queira manipulá-la.

Este livro é o resultado de muitas horas de estudo e reflexão, milhares de conversas, debates e discussões com colegas e políticos de todos os tipos. Mas, acima de tudo, se o escrevi, é porque sinto a responsabilidade de tornar conhecidas as reflexões e os pensamentos que me levaram a diagnosticar como um suicídio do Ocidente o fato de que a transmissão do conhecimento acumulado ao longo de milênios deixou de ser o eixo central dos sistemas educacionais dos países que compõem o Ocidente.

Quis escrevê-lo a partir de minha experiência pessoal. Como professora de matemática por trinta anos, pude comprovar o efeito de duas leis muito importantes para a Espanha: a Lei Geral de Educação (LGE) de 1970 e a Lei Orgânica Geral do Sistema Educacional (LOGSE) de 1990. Essas duas leis buscaram democratizar as escolas, ou seja, estender a educação secundária à maioria da população. Graças a elas, todas as crianças com menos de 16 anos estão agora matriculadas na escola; no entanto, essa democratização foi feita com a eliminação de todos os obstáculos acadêmicos que o sistema educacional anterior a 1970 tinha, com o argumento de que as crianças de famílias onde a cultura é maior têm uma vantagem sobre aquelas que não podem aprender em casa. E como responsável por assuntos acadêmicos no Departamento de Educação da Comunidade de Madri, conheci e desenvolvi as três leis que se seguiram à LOGSE, a Lei Orgânica de Qualidade da Educação (LOCE), a Lei Orgânica de Educação (LOE)

Introdução

e a Lei Orgânica de Melhoria da Qualidade da Educação (LOMCE). Destas, assim como da última, a Lei Orgânica de Modificação da Lei Orgânica de Educação (LOMLOE), posso, neste livro, falar com conhecimento de causa.

Em minhas leituras, aprendi que o mal da educação espanhola é o mesmo mal de grande parte dos países ocidentais. Sempre que um político no poder tentou recuperar a transmissão de conhecimento, ou seja, a instrução, teve de enfrentar a oposição do *establishment* educacional e de uma legião de educadores progressistas que tentaram impedi-lo. No livro, dou alguns exemplos do que aconteceu nos EUA, na Inglaterra e na França.

Há apenas uma explicação para que queiram apagar a memória histórica e cultural do Ocidente. O grande inimigo da civilização ocidental não vem de fora. Ele está entre nós.

PRIMEIRA PARTE

EDUCAÇÃO *VERSUS* INSTRUÇÃO

O conceito de escola pública foi desenvolvido pela primeira vez na Revolução Francesa. Até então, a educação estava quase que exclusivamente nas mãos de ordens religiosas. O matemático Nicolas de Condorcet foi o responsável pela elaboração do projeto republicano de instrução pública. Condorcet, amigo dos girondinos e inimigo ferrenho de Robespierre, foi uma das primeiras vítimas do Terror. Detido e encarcerado, morreu na prisão em 27 de março de 1794, sem que se saiba ao certo a causa de sua morte.

A vida de Condorcet durante a Revolução foi contada em detalhes por Élisabeth e Robert Badinter em uma extensa biografia publicada em 1988 com o título *Condorcet. Un intellectuel en politique* [Condorcet. Um intelectual na política]. O personagem e seus escritos sobre a instrução pública são hoje de interesse dos professores franceses que buscam ideias sobre como sair da crise educacional que tomou conta do sistema de ensino de seu país. Daí a relevância dada ao relato do casal Badinter.

Mas não foi apenas o modelo de ensino público de Condorcet que foi discutido na Revolução Francesa. Robespierre e os jacobinos queriam que o Estado se preocupasse não apenas com a instrução, como disse Condorcet, mas com a educação completa do indivíduo. Como se tratava de formar cidadãos para uma nova sociedade, sua educação moral, religiosa e política também deveria ser colocada nas mãos do Estado; a Revolução não poderia triunfar sem a construção do cidadão do novo regime.

A obra pedagógica de Rousseau, *Emílio*, foi publicada em 1762, o mesmo ano de *O contrato social*. Não foi uma coincidência. O conceito de sociedade e vontade geral que Rousseau desenvolve exige a criação de um novo cidadão. Este novo cidadão, para se submeter à vontade geral, deve ser educado como Emílio. Esse talvez tenha sido o grande atrativo da obra pedagógica de Rousseau para os jacobinos. A educação completa da criança, não apenas sua instrução, deve ser colocada nas mãos do Estado, representante da vontade geral.

O modelo de instrução pública seguido na França e em quase toda a Europa no século XIX e nas primeiras décadas do século XX foi o de Condorcet, mas, no final do século XIX, uma corrente pedagógica de admiradores de Rousseau começou a se espalhar pela Europa e pela América do Norte.

Em 1921, um grande grupo de psicólogos e pedagogos se reuniu em Calais e formou a chamada Liga Internacional da Nova Educação. Seus membros eram contra a educação oficial e propuseram uma pedagogia que recebeu diferentes nomes: Nova Pedagogia, Pedagogia ativa, Pedagogia moderna ou Pedagogia centrada na criança.

A Nova Educação inspirou a criação de escolas públicas na Europa, que ofereciam uma educação alternativa à instrução estatal. Os pedagogos de nossa Institución Libre de Enseñanza [Instituição Livre de Ensino] estavam muito interessados nessa pedagogia de espírito rousseauniano.

Essa Nova Pedagogia também entusiasmou os pedagogos progressistas americanos das décadas de 1920 e 1930 e, mais tarde, a esquerda europeia, herdeira de 1968. E isso, apesar das reservas que Antonio Gramsci, inspirador da esquerda moderna e pós-moderna, havia mostrado em relação a ela.

Isaiah Berlin considerava Rousseau um dos grandes inimigos da liberdade. É difícil entender por que as ideias do educador de Genebra inspiraram aqueles que se promoveram como os grandes defensores de uma "educação em liberdade".

Instrução pública na Revolução Francesa. Nicolas de Condorcet

O contraste entre a benignidade das teorias e a violência dos atos, que foi uma das características mais estranhas da Revolução Francesa, não surpreenderá ninguém se considerarmos que essa revolução foi preparada pelas classes mais civilizadas da nação e executada pelas mais incultas e rudes.

— Alexis de Tocqueville, O *Antigo Regime e a Revolução*

Condorcet, um matemático revolucionário

Marie Jean Antoine-Nicolas Caritat de Condorcet nasceu aos 17 de setembro de 1743. Cinco semanas após seu nascimento, seu pai foi morto durante manobras de treinamento militar. Madame de Condorcet se dedicou de corpo e alma aos cuidados da criança em sua mansão em Ribemont, uma cidade no departamento de Aisne, no Nordeste da França.

Nicolas foi uma criança mimada por mulheres, sem nenhuma presença masculina, a não ser a de um tio bispo, que ocasionalmente visitava sua mãe. Aos 11 anos ingressou no *collège* dos jesuítas de Reims. Não deve ter sido fácil para essa criança mimada pela mãe adaptar-se ao sistema jesuítico de educação, considerado na época o mais exigente e severo da França. Quando completou 15 anos, foi enviado para o Collège de Navarre de Paris, um dos mais famosos centros de ensino superior da época. Ali descobriu sua paixão pela matemática.

Em outubro de 1761, quando tinha apenas 18 anos de idade, Condorcet viajou a Paris para apresentar à Academia de Ciências seu primeiro trabalho matemático: "Ensaio de um método geral para integrar equações diferenciais com duas variáveis". O trabalho foi rejeitado. O jovem Caritat não desanimou, revisou e aperfeiçoou o texto e, quatro anos depois, enviou um novo ensaio, mais completo e inovador, sobre cálculo infinitesimal. Desta vez, Condorcet ganhou os aplausos da Academia e atraiu a atenção do famoso D'Alembert, que se ofereceu para tomá-lo como discípulo. Em 15 de dezembro de 1770 foi recebido pela Academia como um "associado".

Três das figuras mais notáveis do iluminismo do século XVIII desempenharam um papel especial na formação intelectual e política de Condorcet: o matemático e filósofo D'Alembert, o economista Turgot e o filósofo Voltaire. Nenhum deles viveria para ver a eclosão da Revolução.[1]

D'Alembert tinha cerca de 50 anos de idade quando tomou o jovem Condorcet sob sua proteção. Ele o apresentou aos salões de Paris e o ensinou a valorizar a verdade e a desprezar o dinheiro e as honrarias. Foi ele quem o apresentou ao magistrado Malesherbes, a Diderot e ao restante dos enciclopedistas. Condorcet participou do último período da produção da *Enciclopédia*, comissionado por D'Alembert para escrever os textos matemáticos que aparecem como "Suplementos".[2]

Voltaire e Condorcet se conheceram no final da década de 1760, quando o discípulo de D'Alembert já era um leitor assíduo do filósofo. Anos depois, Condorcet teve a oportunidade de passar alguns dias com o filósofo em seu refúgio em Ferney.

---

1 Voltaire morreu em 1778, Turgot em 1781 e D'Alembert em 1783.

2 A edição da *Encyclopédie*, ou *Dictionnaire raisonné des sciences, des arts et des métiers* (*Enciclopédia ou Dicionário Raciocinado de Ciências, Artes e Ofícios*) ocorreu entre 1751 e 1772 sob a direção de D'Alembert e Diderot. Mais de 140 intelectuais colaboraram em seu desenvolvimento. Entre eles, Rousseau, que teve sérias divergências com D'Alembert, Voltaire e Turgot.

Condorcet foi admitido na Academia de Ciências em 21 de janeiro de 1781. D'Alembert morreu em 29 de outubro de 1783. Com Voltaire, Turgot e D'Alembert mortos, Condorcet tornou-se um farol para jovens talentos. Ele agora personificava o espírito do iluminismo. Tanto que o Rei Frederico da Prússia pediu que ele substituísse D'Alembert como seu cientista-chefe e amigo.

Em janeiro de 1786, Condorcet publicou a *Vie de Turgot* [Vida de Turgot] com o objetivo de tornar conhecido o pensamento político de um dos homens que ele mais admirava. Assim como Turgot, Condorcet queria estabelecer uma monarquia constitucional de estilo britânico na França, que era o objetivo dos Constituintes de 1789 a 1791. E, assim como Turgot, Condorcet acreditava que a condição *sine qua non* do progresso estava na instrução do povo, que era indispensável para que os princípios do iluminismo chegassem a todos os indivíduos.

No verão de 1786, Condorcet conheceu Sophie de Grouchy. Na época, Condorcet tinha 43 anos e ela apenas 22. O casal se mudou para o Hôtel de la Monnaie, onde Sophie organizou um dos salões mais chiques de Paris. Personalidades famosas como Thomas Jefferson, Thomas Paine, Benjamin Constant, La Fayette e Beaumarchais passaram pelo salão. Sophie também deve ter recebido a visita de Adam Smith (1723–1790) e concordado com ele na tradução de sua *Teoria dos Sentimentos Morais*, pois a ela se deve versão francesa do livro de Smith, publicada em 1795. O salão de Condorcet tornou-se um verdadeiro "laboratório de ideias" para preparar "o novo mundo".

Durante o inverno de 1787–1788, Condorcet dedicou quase todo o seu tempo ao estudo do cálculo de probabilidades. Na primavera de 1788, as tensões políticas aumentaram junto com a crise financeira. Em Paris, as pessoas saíram às ruas exigindo que o rei convocasse os Estados Gerais. Essa assembleia, formada por representantes do clero, da nobreza e da burguesia, era convocada pelos reis em situações muito excepcionais. Diante da agitação pública, em 28 de janeiro de 1789, o governo decidiu convocar os Estados Gerais com a ideia de que estes evoluiriam naturalmente para uma Assembleia Nacional. Em 9 de julho de 1789, foi criada a Assembleia Constituinte.

Não há registro da participação de Condorcet nos dias de 11 a 17 de julho, que foram fundamentais para a eclosão da Revolução. Sabe-se que estava em Paris porque no dia 15 participou da sessão da Academia, que ocorreu com total normalidade.

Em 18 de setembro de 1789, foram realizadas eleições para o Conselho Municipal de Paris. Condorcet foi eleito no distrito de Saint-Germain-des-Prés. Ficou escandalizado com a atmosfera que prevalecia nas sessões plenárias municipais, onde a oratória era mais importante do que o conteúdo dos discursos e o rigor da legislação. O matemático sempre reconheceu que não tinha o dom de falar em público.

No final do outono de 1789, o "Clube dos Amigos da Constituição" foi formado e começou a se reunir no convento jacobino. Condorcet inicialmente se juntou a esse clube, mas em abril de 1790 decidiu fundar uma espécie de academia de ciências políticas para a elite intelectual, que ele chamou de "Sociedade de 1789". Sua intenção era neutralizar o crescente poder dos jacobinos, nos quais via um sério perigo para a liberdade.

Em agosto de 1790, foram convocadas novas eleições municipais. Dessa vez, Condorcet não foi eleito. Ele deixou a "Sociedade de 1789" e entrou para o clube jacobino. Condorcet era um individualista, não um membro de partido, por isso mudava de um clube para outro, de acordo com as posições políticas que assumiam em cada questão.

Em 21 de junho de 1791, Paris amanheceu com a notícia de que o rei havia fugido com sua família. Às 11 horas da manhã, uma enorme multidão entrou nas Tulherias e invadiu os aposentos particulares da família real. Seis dias depois, os reis, presos e escoltados pela polícia, retornaram a Paris.

A situação na Assembleia ficou muito difícil. Os constitucionalistas, que não podiam conceber outro regime que não fosse a monarquia, não podiam aceitar um rei que havia tentado fugir da França. A fuga do rei pôs fim às ilusões de Condorcet e ele começou a pensar na possibilidade de uma república para a França.

Condorcet foi membro da Assembleia Legislativa de sua região de Aisne, desde sua constituição em 1º de outubro de 1791 até sua substituição pela Convenção Nacional em 21 de setembro de 1792. Entre 1791 e 1792, publicou cinco relatórios sobre instrução pública. Para Condorcet, assim como para os filósofos do iluminismo, a liberdade só poderia triunfar se os homens se libertassem da ignorância.

Em 30 de outubro de 1791, Condorcet foi nomeado presidente do Comitê de Instrução Pública com a tarefa de redigir o *Relatório* sobre o projeto de lei. O *Relatório* ficou pronto em abril de 1792 para ser apresentado à Assembleia.

Em 20 de abril de 1792, no mesmo dia em que Condorcet apresentou seu grande projeto de Instrução Pública à Assembleia, o rei, com o rosto triste e vestindo roupas de luto, dirigiu-se à Assembleia com uma proposta de guerra contra o Rei da Boêmia e da Hungria. A Assembleia, quase por unanimidade, votou a favor da declaração de guerra.

No dia seguinte, Condorcet subiu à tribuna para continuar a ler seu *Relatório*. Ele o fez sem entusiasmo e diante de uma plateia que mal o ouvia. A guerra e o conflito com o rei, que era acusado de traição, absorveram toda a atenção dos deputados. Em 13 de agosto de 1792, o rei e sua família foram presos. Em 19 de agosto, as tropas prussianas entraram na França.

Em 21 de setembro de 1792, foi decretada a abolição da monarquia e a proclamação da República. Condorcet foi eleito vice-presidente da Convenção. Sua posição permitiu que liderasse o comitê que redigiria a nova Constituição republicana. Em menos de um mês, o intelectual havia se tornado um líder político, o que fortaleceu sua amizade com os girondinos.

No outono de 1792, a principal questão da Convenção seria o destino do rei. Disso dependeria se o poder da Assembleia cairia do lado da Gironda ou da Montagne.[3]

Em 11 de dezembro de 1792, o rei compareceu perante a Convenção. Malesherbes, agora aposentado e com 72 anos, concordou em atuar como advogado. Em 15 de janeiro, começaram as votações. Na

---

3 Os deputados da esquerda mais radical formaram o grupo da Montagne. Daí o nome *montagnards*.

O suicídio do Ocidente

primeira, o objetivo era votar a culpabilidade do rei: O rei é culpado de traição? Dos 718 deputados presentes, 691 votaram "sim" e 27 se abstiveram. Ninguém se atreveu a defender o rei. No dia seguinte, foi realizada uma votação nominal sobre a pena de morte. Dos 721 votos, 366 foram a favor da pena de morte, uma maioria absoluta de 361. Condorcet votou contra.

Em 21 de janeiro de 1793, o rei foi guilhotinado. Poucos dias depois, os *montagnards* assumiram o controle da Convenção. A cada dia que passava, a violência aumentava. Condorcet retomou seu posto no Comitê de Instrução Pública. Temia o desencadeamento da insegurança e da violência.

Em 2 de junho de 1793, em uma sessão da Assembleia que contou com a presença de menos da metade dos deputados, 22 deputados girondinos foram presos. Os *montagnards* tinham liberdade para governar como quisessem.

Condorcet não parecia ser um girondino. Ele estava concentrado em seu trabalho na Instrução Pública. Se tivesse ficado quieto quando o mandado de prisão foi emitido contra a Gironda, possivelmente ninguém o teria notado. Mas ficar calado não condizia com sua personalidade. A violência contra a lei e contra a soberania nacional em 2 de junho parecia-lhe totalmente inaceitável. Como deputado de Aisne, assinou um protesto solene condenando o que havia acontecido.

Em 24 de junho, foi aprovada a Constituição republicana, na qual a democracia direta ganhou um lugar de destaque. Condorcet julgou publicamente que esse projeto era indigno e perigoso para a República. Em 8 de julho de 1793, o ex-capuchinho Chabot, um bufão de jantares republicanos, que mais tarde seria guilhotinado, pediu à Convenção um decreto de prisão contra Condorcet por conspirar contra a Constituição. Poucos deputados estavam presentes e muito poucos votaram, mas os que estavam aplaudiram a condenação de Condorcet. A maioria dos líderes da Gironda já haviam sido presos.

Chabot ordenou que o comissário de segurança nacional fosse até a casa de Condorcet e o prendesse. O porteiro da casa disse que Condorcet estava em sua residência em Auteuil, nos arredores de

Paris. Mas ele não estava mais lá. Seus amigos o avisaram e procuraram um lugar seguro: em Paris, na casa da viúva Madame Vernet, na tranquila Rua Fosseyeurs. Lá ele permaneceu escondido até o final de março de 1794. Para o fora da lei Condorcet, refugiar-se naquela casa significava felicidade em meio ao infortúnio.

Em 9 de julho, Saint-Just, em nome do Comitê de Salvação Pública, apresentou à Convenção um relatório sobre a conspiração dos girondinos, no qual Condorcet nunca foi mencionado. Condorcet, silencioso em seu refúgio, poderia ter sido poupado, mas novamente optou por lutar e, em uma carta pública, acusou seus perseguidores de terem traído os valores republicanos.

Sophie o visitava com frequência. Ela o persuadiu a esquecer suas guerras pessoais e justificativas e a começar a escrever o *Esquisse d'un tableau historique des progrès de l'esprit humain* [Esboço de um quadro histórico do progresso do espírito humano].

Em 30 de outubro de 1793, foi apresentada a acusação contra os girondinos. Condorcet não foi incluído na acusação. No dia seguinte, trinta e dois girondinos foram guilhotinados na Praça da Revolução. O Terror havia começado.

Condorcet lamentou o destino daqueles que haviam sido seus amigos e com quem havia compartilhado batalhas e convicções. Temia o que pudesse acontecer com sua benfeitora, sua esposa e sua filha, Eliza. Seu sogro estava na prisão como aristocrata. Sophie ganhava a vida pintando retratos de aristocratas perseguidos. Ela abriu uma loja de *lingerie* na Rue Saint-Honoré, 352, e, disfarçada de camponesa, ocasionalmente ia ao esconderijo do marido.

Quando Condorcet foi incluído na lista de "emigrados",[4] Sophie temeu por sua vida e, acima de tudo, pela vida de sua filha. Só havia uma maneira de se proteger: o divórcio. A ação de divórcio foi registrada em 14 de janeiro de 1794. As visitas e as cartas cessaram. Condorcet foi deixado sozinho.

Em 13 de março de 1794, Saint-Just colocou em votação um decreto para reforçar o Terror. Qualquer fugitivo que fosse declarado

---

4 Os emigrados foram aqueles que fugiram da França. Suas famílias foram perseguidas.

fora da lei poderia ser guilhotinado sem julgamento, e qualquer pessoa que o ajudasse seria considerada cúmplice. Para a Mme. Vernet, a guilhotina estava garantida. Condorcet decidiu sair de seu esconderijo. Em 25 de março, deixou a casa de seu benfeitor com a intenção de se refugiar na mansão de seus velhos amigos, os Suard, perto de Paris. Os Suard não lhe deram abrigo e, quando tentou retornar a Paris, foi preso.

No dia seguinte à sua prisão, em 29 de março de 1794, às 16 horas, um vigia entrou em sua cela e o encontrou deitado de bruços no chão. Estava morto. A causa oficial da morte foi uma "apoplexia sanguínea". Seu corpo foi levado para o cemitério de Bourg-Égalité e enterrado em uma vala comum.

Quando o presidente François Mitterrand quis transferir os restos mortais do Marquês de Condorcet para o Panteão em Paris, em 1989, por ocasião do segundo centenário da Revolução Francesa, os trabalhadores encarregados da tarefa descobriram que a vala comum no cemitério onde deveriam estar enterrados estava vazia. Realizaram uma transferência simbólica.

A causa da morte de Condorcet permanece desconhecida até hoje. Sabe-se que, quando as coisas começaram a piorar para ele, havia recebido do seu amigo Cabanis um veneno que, supostamente, escondera num anel que sempre trazia consigo. Nada na certidão de óbito faz suspeitar que o tenha utilizado.

A filosofia pedagógica de Condorcet

Quando Condorcet foi nomeado membro do Comitê encarregado de elaborar um projeto de decreto sobre a Instrução Pública, ele já vinha publicando há dois anos na revista *Bibliothèque de l'homme public* suas reflexões sobre como deveria ser a educação do futuro cidadão. Essas publicações formaram o livro *Cinq Mémoires sur l'instruction publique* [Cinco memórias sobre a instrução pública] que, juntamente com o *Relatório* lido perante a Assembleia em abril de 1792, constituem a obra pedagógica de Condorcet. Pela primeira

Instrução pública na Revolução Francesa. Nicolas de Condorcet

vez, a ideia filosófica da instituição da educação foi apresentada em toda a sua complexidade.

Em suas páginas, encontramos muitas das questões que ainda hoje são objeto de discussão política quando falamos de educação: os poderes do Estado, a formação em valores, a instrução comum a todos os cidadãos, a atenção às diferentes capacidades, a excelência, a coeducação, a formação de professores, etc.

CINCO MEMÓRIAS SOBRE A INSTRUÇÃO PÚBLICA

A primeira das memórias de Condorcet, a que hoje parece mais sugestiva, *Nature et objet de l'instruction publique*, é uma espécie de tratado filosófico sobre a educação dos cidadãos. Condorcet fala de instrução, mas está ciente, como explica, de que esse é apenas um aspecto da educação. "A educação, se tomada em toda a sua extensão, inclui não apenas a instrução positiva, as verdades de fato e de cálculo, mas abrange todas as opiniões políticas e religiosas".

Porém, como o objetivo era formar cidadãos livres, o poder político tinha de se preocupar em fornecer a cada indivíduo a formação elementar que o capacitaria a se tornar verdadeiramente autônomo, a usar sua razão para formar seus próprios juízos. Essa ideia era totalmente oposta à educação patriótica e espartana proposta pelos jacobinos. Esparta, no século VI a.C., havia mudado o modelo ateniense de educação para um modelo estatal, coletivista e obrigatório. Aos sete anos de idade, as crianças eram separadas de suas famílias para viver com seus colegas, passando por um treinamento que visava transformá-las em guerreiros perfeitos, preocupados apenas com o bem do Estado. Foi a esse modelo, com algumas alterações, que Condorcet se opôs.

Para Condorcet, estava claro que a instrução dos cidadãos deveria ser responsabilidade do Estado. Quanto ao outro aspecto da formação, que compreende as ideias, os valores e os princípios morais de um indivíduo, esse não deveria ser deixado para o Estado, a menos que se tratasse de valores gerais aceitos pela sociedade como um todo.

O indivíduo deve aprender na escola aquilo que o capacita a continuar sua própria educação, a desenvolver seu espírito crítico e a formar suas próprias ideias e opiniões sobre o mundo ao seu redor.

> A liberdade dessas opiniões seria ilusória se a sociedade se apoderasse das gerações nascentes para ditar-lhes o que deveriam acreditar. Aquele que, ao entrar na sociedade, não tem outra opinião senão aquela que sua educação lhe deu, não é um homem livre; é um escravo de seus mestres e suas correntes são mais difíceis de quebrar quanto menos as sente.[5] Acreditará que está obedecendo à sua razão, quando na verdade o que está fazendo é submeter-se à razão de outro.[6]

O matemático revolucionário colocava a educação moral e religiosa das crianças mais novas nas mãos da família, mesmo sabendo que muitos dos revolucionários eram contra:

> Pode-se argumentar que uma pessoa também não é livre se recebe suas opiniões de sua família, mas, neste caso, essas opiniões nunca serão as mesmas para todos os cidadãos. O poder público não pode ter o direito de ensinar opiniões como verdades, nem deve impor qualquer crença. [...] É necessário, portanto, que o poder público se limite a regular a instrução, deixando o resto da educação para as famílias.

Condorcet tinha absoluta confiança na educação, não apenas como uma ferramenta para o progresso social, mas também como uma vacina para evitar o abuso de poder por parte dos detentores do poder. O progresso social viria por meio de um sistema de educação que permitisse que todos os indivíduos desenvolvessem suas habilidades ao máximo: "Seria importante ter uma forma de instrução pública que não deixasse escapar nenhum talento despercebido".

Em sua Primeira Memória, Condorcet também falava sobre a educação das mulheres. Essa educação, ao contrário da opinião de Rousseau e dos jacobinos, deveria ser igual à dos homens, incluindo

---

5 Clara alusão ao *Emílio*, de Rousseau.
6 Primeira Memória.

treinamento científico. Ele até propôs, e nisso estava muito à frente de seu tempo, que meninos e meninas frequentassem as mesmas escolas.

Na Segunda Memória, *De l'instruction commun pour les enfants*, Condorcet estabeleceu o que é conhecido na França como "*socle commun de connaisances et de competences*", ou seja, o que toda a população deveria aprender e aprender a fazer.

O matemático também refletia sobre qual deveria ser o método mais adequado de ensino. Por exemplo, quando fala sobre crianças que estão começando a ler e escrever, escreve: "Não lhes será pedido que decorem muitas coisas, mas que expliquem o que leram, o significado de cada uma das palavras que escreverem. Trata-se de reter ideias em vez de repetir palavras".

Assim, ele retoma a máxima de Montaigne (1533–1592) quando se refere à escolha de um bom professor: "*Mieux vaut une tête bien faite qu'une tête bien pleine*".[7]

Na Terceira Memória, *Sur l'instruction commun pour les hommes*, Condorcet contemplava a necessidade de oferecer um tipo especial de instrução para adultos dirigida aos pais e, em geral, aos adultos que desejavam ampliar sua cultura.

Na Quarta, *Sur l'instruction relative aux professions*, tratava do treinamento vocacional, do treinamento em artes plásticas e da educação musical.

E, finalmente, na Quinta Memória, *Sur l'instruction relative aux sciences*, o ilustre matemático expôs suas ideias sobre como deveria ser o ensino da ciência, não apenas da matemática e da física, mas também das ciências humanas e políticas.

Muitas dessas ideias estão presentes e materializadas no *Relatório e projeto de decreto sobre a Instrução Pública*,[8] que Condorcet apresentou em 20 de abril de 1792 perante a Assembleia Nacional com o plano de organização da instrução que o Estado deveria fornecer aos seus cidadãos. Em muitos aspectos, o projeto era contrário

---

7 "Vale mais uma cabeça bem-feita do que uma cabeça muito cheia".

8 *Rapport et projet de décret sur l'organisation générale de l'instruction publique.*

O suicídio do Ocidente

à pedagogia que Rousseau desenvolveu em seu *Emílio*, razão pela qual alguns dos membros da comissão de redação do *Relatório* não concordaram totalmente com o projeto apresentado.

Condorcet, como já vimos, estava ciente de que a educação completa do indivíduo incluía não apenas a instrução que recebia, mas também os valores morais, religiosos e sociais que lhe eram inculcados, e tinha muita clareza de que cabia aos pais a educação moral e religiosa de seus filhos, e que a escola deveria fornecer apenas os valores morais compartilhados pela sociedade como um todo. Isso foi declarado no *Relatório*: "Os princípios de moralidade a serem ensinados nas escolas e institutos serão aqueles que, com base em nossos sentimentos e razão naturais, são compartilhados por todos os homens".[9]

Albert Camus referiu-se a esses princípios morais que deveriam ser ensinados nas escolas em seu livro póstumo, *O primeiro homem*, ao falar de seu professor primário, M. Germain, sobre quem disse:

> Ele expressava seus pontos de vista, mas jamais suas ideias. Como muitos de seus colegas, era anticlerical, mas nunca disse uma única palavra em sala de aula contra a religião ou contra qualquer coisa que pudesse ser objeto de escolha ou convicção. No entanto, condenava tudo que estivesse fora de questão, como roubo, delação de outras pessoas, desasseio pessoal ou indelicadeza no tratamento com os demais.

A edição de *O primeiro homem* incluía a carta que M. Germain recebeu de seu antigo aluno Albert algumas semanas após este ter recebido o Prêmio Nobel de Literatura. Vale a pena lembrá--la aqui como exemplo de uma época e de uma escola que quase desapareceram. A mistura de respeito e afeição que Camus tinha por seu antigo professor primário, tão bem expressa nesta carta, é comovente:

---

9 "Les principes de la morale enseignée dans les écoles et dans les instituts seront ceux qui, fondés sur nos sentiments naturels et sur la raison, appartiennent également à tous les hommes" (*Rapport et projet de décret relatifs à l'organisation générale de l'instruction publique*).

19 de novembro de 1957

Prezado M. Germain,

Deixei que o ruído que tem me cercado nesses dias diminuísse um pouco para que eu possa lhe falar com todo o meu coração. Recebi uma honra muito grande, que não procurei nem pedi. Mas quando recebi a notícia, meu primeiro pensamento, depois de minha mãe, foi no senhor.

Sem o senhor, sem aquela mão afetuosa que estendeu à pobre criança que eu era, sem seus ensinamentos e seu exemplo, nada disso teria acontecido.

Sei que esta honra não é grande coisa. Mas, pelo menos, é uma oportunidade de lhe dizer o que o senhor foi e sempre será para mim; e assegurar-lhe que seu esforço, seu trabalho e o coração generoso que dedicou a ele estão sempre vivos em um de seus pequenos alunos, que, apesar dos anos, nunca deixou de ser grato ao senhor. Eu o abraço com todas as minhas forças,

Albert Camus

Voltemos ao relatório apresentado por Condorcet à Assembleia em abril de 1792. O deputado, ciente de que as desigualdades decorriam de diferenças de fortuna e inteligência, afirmou que a educação possibilitaria a redução de ambas as causas e que, portanto, levaria a uma sociedade mais igualitária. Por outro lado, a educação dos cidadãos era essencial para evitar que fossem manipulados por um governo com intenções despóticas.

Quanto à educação pública, o projeto de Condorcet afirmava que seu objetivo era alcançar o desenvolvimento máximo das habilidades de cada indivíduo. O plano previa a liberdade de abrir colégios, a universidade e ensino misto gratuito.

A organização do ensino seria dividida em três níveis: primário, secundário e superior, que seria oferecido em três tipos de instituições: escolas primárias, escolas secundárias e institutos. Ao longo de quatro anos, as escolas primárias ensinariam o que cada indivíduo precisa para se tornar autossuficiente e desfrutar de seus direitos. As escolas secundárias eram destinadas a crianças cujas famílias poderiam prescindir de seu trabalho. Quanto aos institutos, neles deveriam ensinar tudo o que fosse útil para qualquer profissão, inclusive a formação de professores.

Além disso, deveriam ser criados Liceus para treinar professores e aqueles que desejassem aprofundar seus estudos em ciências e artes. "Lá, os sábios serão treinados, aqueles que fazem do cultivo de seu espírito e de sua inteligência a sua vida".

O projeto previa a criação de uma Sociedade Nacional de Ciências e Artes, que seria responsável pelo treinamento de diretores de escolas, pelo enriquecimento do patrimônio cultural e pela disseminação de descobertas. O Relatório também previa adultos que desejassem "continuar a educação ao longo de suas vidas". Conferências mensais seriam agendadas para eles.

Ao contrário do mais igualitário dos igualitários, Condorcet manteve a tese de que, embora parte da instrução pudesse ser compartilhada por todos, havia conhecimentos mais complexos que só eram acessíveis a determinadas inteligências. Toda a sociedade também se beneficiaria desse conhecimento, que era reservado a poucos:

> Pensamos que, nesse plano de organização geral, nosso primeiro cuidado deve ser o de tornar a educação, por um lado, tão igualitária e universal e, por outro, tão completa quanto as circunstâncias permitirem; que era necessário dar a todos igualmente a instrução que fosse possível estender a todos, mas não recusar a nenhuma parte dos cidadãos a instrução superior que é impossível para toda a massa de indivíduos compartilhar; estabelecer uma, porque é útil para aqueles que a recebem e, a outra, porque é útil também para aqueles que não a recebem.

Condorcet enfatizava a importância de limitar o papel educador do Estado: "Nenhum poder público deve ter a autoridade ou mesmo o crédito para impedir o desenvolvimento de novas verdades ou o ensino de teorias contrárias à sua própria política particular ou aos seus próprios interesses".

É notável a atualidade das ideias político-pedagógicas de Condorcet. Efetivamente, quase todas as questões que surgem hoje quando se fala em educação já foram levantadas pelo matemático francês no final do século XVIII. Não é de surpreender que, quando professores e intelectuais franceses falam em reconstruir a escola, sempre pensem em recuperar Condorcet.

Educação *vs.* Instrução. Aposta de Robespierre

O plano de Condorcet não agradou aos deputados jacobinos. Entre os insatisfeitos estava o advogado aristocrático Louis-Michel Lepeletier, Marquês de Saint-Fargeau, que elaborou um plano alternativo para a educação que, embora coincidisse com o de Condorcet nos níveis superiores, não o fazia na educação que deveria ser comum a todos os cidadãos. Sua proposta era que a educação primária, dos 5 aos 12 anos de idade, fosse a mesma para todas as crianças e estivesse sob a tutela absoluta do Estado, a única garantia de equidade.

Lepeletier não gostou do fato de Condorcet dar tanta ênfase à instrução e confiar a formação moral das crianças aos pais. Lepeletier compartilhava das ideias de Rousseau[10] e defendia o modelo espartano em que as crianças são entregues ao Estado para cuidar de sua educação completa. Seu plano previa a criação de internatos para crianças de 5 a 12 anos de idade (meninas de 5 a 11 anos), nos quais todas seriam igualmente vestidas, receberiam a mesma educação e a mesma formação moral. Dessa forma, disse Lepeletier na justificativa de seu projeto,

> todas as crianças devem receber o benefício da instituição pública por sete anos, dos cinco aos doze anos de idade. [...] Essa fase da vida é decisiva para a formação física e moral do indivíduo. É necessário dedicar-lhe vigilância absoluta, todos os dias e em todos os momentos.
>
> É bom que, até a idade de doze anos, a educação seja a mesma para todos, pois não se trata de formar operários, artesãos ou sábios, mas homens hábeis em qualquer profissão.

E resumia assim seu projeto: "Aos cinco anos de idade, a pátria receberá a criança das mãos da natureza; aos doze anos, ela mesma o devolverá à sociedade".[11]

---

10 Rousseau, em seu *Emílio*, já colocava o dilema, que ainda permanece nos dias de hoje, de não ser instruído por um preceptor, mas educado por um "gouverneur".

11 Lepeletier, *Plan d'éducation nationale*.

O deputado jacobino Louis-Michel Lepeletier, Marquês de Saint-Fargeau, apesar de ser contra a pena de morte, votou a favor da execução de Luís XVI em 20 de janeiro de 1793. Naquela mesma noite, em um restaurante no Palais Royal, um antigo guarda real o atacou com uma espada, deixando-o gravemente ferido. Ele morreu poucas horas depois. Seus restos mortais foram levados para o Panteão, onde foi homenageado como o primeiro mártir da liberdade. Félix Lepeletier, irmão do homem assassinado, aproveitou a ocasião para divulgar o projeto de seu irmão para a instrução pública, que até então havia permanecido oculto.

Em 13 de julho de 1793, cinco dias após a aprovação da prisão de Condorcet, Robespierre subiu à tribuna da Convenção para ler o plano de Michel Lepeletier de Saint-Fargeau, pedindo que fosse debatido na Assembleia. O texto lido por Robespierre começava com estas palavras:

> Declaro que o que foi dito até agora não responde plenamente à ideia que formei de um plano completo de educação. Aventurei-me a conceber uma ideia mais ampla e, considerando até que ponto a raça humana foi degradada pelo vício de nosso antigo sistema social, convenci-me da necessidade de efetuar uma regeneração completa e, se assim posso dizer, de criar um novo povo.[12]

Em agosto, depois de muita discussão, o plano foi votado e aprovado, mas nem ele nem o plano de Condorcet seriam colocados em prática.

Esse seria o eterno debate sobre educação: qual era o papel do Estado; como a instrução ou transmissão de conhecimento difere da educação ou formação completa do modo de ser e pensar de cada cidadão.

---

12 "J'avoue pourtant que ce qui a été dit jusqu'ici ne remplit pas l'idée que je me suis formée d'un plan complet d'éducation. J'ai osé concevoir une plus vaste pensée; et considérant à quel point l'espèce humaine est dégradée par le vice de notre ancien système social, je me suis convaincu de la nécessité d'opérer une entière régénération, et si je peux m'exprimer ainsi, de créer un nouveau peuple".

II
Rousseau e a educação ocidental

Rousseau é o único homem que, pela elevação de sua alma e a grandeza de seu caráter, provou ser digno do papel de mestre da humanidade.

— Robespierre

Rousseau, um louco interessante ou um santo incompreendido?

Falso, orgulhoso como Satanás, ingrato, cruel, hipócrita e perverso [...]. Um monstro que se considerava o único ser importante no universo.

— Diderot sobre Rousseau

Jean-Jacques Rousseau nasceu em Genebra em 1712. Era o segundo filho de Suzanne Bernard, uma mulher de uma família rica, e Isaac Rousseau, um relojoeiro por tradição familiar. Poucos dias após o nascimento de Jean-Jacques, sua mãe morreu de febre puerperal. O menino foi criado por seu pai e pela tia paterna. Em suas *Confissões*, Rousseau falou com carinho de seu pai e de como, desde os sete anos de idade, o convidava a ler tudo o que havia na extensa biblioteca de sua mãe: "Plutarco, acima de tudo, tornou-se minha leitura favorita". Sobre o irmão mais velho, François, que seu pai havia mandado para um reformatório, escreveu: "Eu mal o via, quase posso dizer que não o conhecia; mas não deixei de amá-lo com

O suicídio do Ocidente

ternura". De sua tia, bem como dos outros adultos ao seu redor, lembrava que recebia apenas afeto e carinho.

Essa paz doméstica foi interrompida em 1722, quando Isaac deixou Genebra para evitar um conflito com a lei. Antes de partir, ele confiou os cuidados de Jean-Jacques a seu cunhado, Gabriel Bernard, que colocou sua educação, assim como a de seu próprio filho, nas mãos de um preceptor. Após dois anos de estudo, Rousseau começou a trabalhar como aprendiz de gravador. Nem o ofício nem o mestre eram de seu agrado, então ele decidiu fugir muito antes do fim do contrato de aprendizado que o mestre havia assinado com seu tio. Deixou Genebra em 14 de março de 1728, já com mais de quinze anos de idade e determinado a ganhar a vida sozinho.

Desde cedo, conseguiu conquistar a afeição das mulheres. Sua primeira benfeitora foi Madame de Warens, a quem sempre chamou de "Maman", apesar de tê-la feito sua amante.[1] Os dois se encontraram pela primeira vez quando o jovem Rousseau havia fugido de Genebra. Ele viveu sob seu teto por nove anos, período em que trabalhou como gravador, músico, lacaio, seminarista, fazendeiro, tutor, caixa, escritor e até mesmo secretário particular de um embaixador. Depois de romper com "Maman" em 1742, foi para Paris, disposto a aproveitar qualquer oportunidade de se apresentar entre as pessoas abastadas que frequentavam os salões. Estabeleceu uma estreita amizade com Denis Diderot, quase da sua idade e ainda desconhecido na época.

O relacionamento de Rousseau com a jovem lavadeira Thérèse Lavasseur, dez anos mais nova, começou em 1745. Tiveram cinco filhos. O primeiro nasceu em 1747 e o último em 1751. Todos foram entregues ao orfanato, um fato pelo qual, em suas *Confissões*, Rousseau tenta constantemente se justificar. Essas justificativas o ajudaram a moldar sua filosofia política em relação ao Estado. Certamente, disse Rousseau a si mesmo, as crianças seriam mais felizes no orfanato do que seu próprio pai havia sido em sua família. Além disso, não há dúvida de que o mimo dos pais torna os filhos fracos. Esse era o tipo

---

1 Há vários nomes de mulheres que aparecem nas *Confissões* de Rousseau, mulheres que em algum momento de sua vida o acolheram e cuidaram dele. Além de "Maman", outros nomes relevantes são Madame d'Épinay, Sophie d'Houdetot e Madame de Luxembourg.

de argumento que o grande Rousseau sempre encontrava quando queria apaziguar sua consciência e convencer a si mesmo, e a seus leitores, de suas boas ações.

Em 1750, a vida do educador de Genebra mudou abruptamente. A Academia de Dijon havia anunciado um concurso de ensaios sobre o tema: "Se as ciências e as artes contribuíram para a melhoria dos costumes". Rousseau decidiu enviar um ensaio que fosse social e politicamente incorreto. Em meio à euforia do iluminismo, ocorreu-lhe defender a tese do "bom selvagem", que Montaigne já havia usado: as ciências e as artes afastam o homem da natureza, ou seja, da bondade e da verdade.

Em seu ensaio, avançava a postura que mais tarde assumiria sobre a educação no *Emílio*:

> Desde a mais tenra idade, uma educação tola adorna nosso espírito e corrompe nosso julgamento. Por toda parte, vejo grandes estabelecimentos nos quais, com grandes despesas, os jovens são educados para ensinar-lhes todo tipo de coisa, exceto seus deveres.[2]

Rousseau ganhou o prêmio na competição e, com ele, a fama. Da noite para o dia, tornou-se um homem cuja presença era exigida nos salões mais restritos, onde se reuniam aristocratas e intelectuais. Esse prêmio determinou sua carreira como um intelectual que amava a humanidade e estava comprometido com a moralidade e a virtude.

Em 1753, foi para Genebra, desejando recuperar seu *status* de cidadão e, para isso, converteu-se ao calvinismo (anos antes, teve que se tornar católico para garantir a proteção de Madame de Warens). Em seu retorno à França, Rousseau conheceu Madame d'Épinay, Louise, cujos salões de Montmorency eram frequentados pelos homens esclarecidos da época. Em 1756, com Thérèse e sua mãe, mudou-se para o Ermitage, uma casa arranjada para ele por Madame d'Épinay. Em um ano, o relacionamento idílico e lucrativo com essa mulher

---

2 "C'est dès nos premières années qu'une éducation insensée orne notre esprit et corrompt notre jugement. Je vois de toutes parts des établissements immenses, où l'on élève à grands frais la jeunesse pour lui apprendre toutes choses, excepté ses devoirs".

entrou em crise, por um lado porque Jean-Jacques se apaixonou por Sophie d'Houdetot e, por outro, porque Madame d'Épinay começou um caso amoroso com seu amigo Melchior Grimm.

Madame d'Épinay (1726–1783) perdeu o pai quando tinha dez anos de idade. Sua mãe, sem quase nenhum recurso financeiro, retirou os professores da criança e se refugiou com ela em um pequeno apartamento. Louise passou dois anos em um convento, de onde saiu com pouquíssima instrução. Ela se casou com um primo, de quem logo se separou. Em 1749, deixou o marido e se estabeleceu no Château de La Chevrette, no vale de Montmorency, comuna com menos de dois mil habitantes, a cerca de vinte quilômetros de Paris. La Chevrette tornou-se um ponto de encontro de intelectuais ilustres, incluindo Francueil, Rousseau, Diderot, Voltaire, D'Alembert, Duclos, Montesquieu, Saint-Lambert e Abbe Galiani. Foi com eles que Louise recebeu a formação intelectual que não tivera na juventude.

Madame d'Épinay teve dois amantes. O primeiro, entre 1749 e 1754, foi Louis Dupin de Francueil, avô de George Sand, com quem ela teve dois filhos e por meio de quem conheceu Rousseau. Francueil foi sucedido por Melchior Grimm, um escritor alemão que vivia na França e que havia sido amigo de Rousseau, mas a quem, nas *Confissões*, Rousseau não poupou críticas.

O relacionamento de Madame d'Épinay com Rousseau quase sempre se baseava em mal-entendidos, meias-verdades, quando não em mentiras diretas. Rousseau concordou em morar no Ermitage quase como se estivesse fazendo um favor à sua anfitriã, quando ela acreditava estar lhe dando um presente generoso. Quando o relacionamento se desfez, ambos usaram a literatura para acertar suas contas: Rousseau em suas *Confissões* e Louise em sua pseudomemória póstuma, *Histoire de madame de Montbrillant* (1818). Suas divergências também se manifestaram na teoria que ambos tinham sobre a educação das mulheres.

A Rousseau jamais faltaram benfeitores. Quando deixou o Ermitage, os duques de Luxemburgo lhe ofereceram uma residência desabitada em suas propriedades. Lá, ele começou a escrever suas obras mais conhecidas: *O contrato social* e *Emílio*. Em janeiro de

1761, publicou *Julia, ou a nova Heloísa*, que foi um grande sucesso, especialmente entre as mulheres. De acordo com Rousseau, "elas ficaram tão encantadas com o livro quanto com o autor, a ponto de haver poucas, mesmo entre as de alto escalão, cuja conquista ele não teria alcançado se tivesse tentado".[3]

Em abril de 1762, *O contrato social* foi publicado, seguido dois meses depois por *Emílio, ou Da educação*. Como *Emílio* demorou a sair, Rousseau acusou os jesuítas de impedirem a publicação do livro que considerava ser sua obra-prima: "Imaginei que os jesuítas, furiosos com o tom desdenhoso com que falei das escolas, haviam se apossado de minha obra, e que foram eles que impediram a publicação".[4]

Em *O contrato social*, Rousseau expôs seu pensamento político, sua ideia de Estado e da vontade geral. Emílio deveria ser educado para ser o "novo homem" capaz de entregar sua vontade à vontade geral, ou seja, ao Estado.

Tanto *O contrato social* quanto *Emílio* foram condenados pelo Parlamento de Paris e pelas autoridades de Genebra, que decretaram uma ordem contra seu autor. Obcecado com a ideia de que havia um complô contra ele, em janeiro de 1766 decidiu exilar-se na Inglaterra, onde permaneceu por quinze meses.[5]

Rousseau passou a última década de sua vida na França, sempre preocupado com sua saúde e com a incompreensão de seus concidadãos. Para Rousseau, aqueles que o atacavam o faziam por inveja; quem falava mal dele se tornava um inimigo, e todos os seus inimigos, é claro, eram pessoas más.

Atacado por Voltaire, que o censurou por ter abandonado os filhos e por tentar dar lições morais sobre a educação das crianças, e por ter rompido relações com Grimm e Diderot, Rousseau decidiu escrever um livro que lhe permitisse reivindicar-se como um bom homem que a sociedade havia maltratado. Começou a escrever

---

3 *Confissões*.

4 Ibid.

5 "Nunca gostei da Inglaterra ou dos ingleses", escreveu ele em suas *Confissões*.

suas *Confissões* em 1765 e terminou em 1770. Fez várias leituras públicas dos capítulos que estava terminando, mas a obra só foi publicada depois de sua morte.[6] O primeiro volume começa com uma primeira confissão, a confissão de um cínico: "Quero desvelar ante meus semelhantes um homem com toda a verdade da natureza, e esse homem serei eu".

Em sua magnífica autobiografia demonstra uma arrogância moral que não conhece limites:

> Quem quer que, mesmo sem ter lido meus escritos, examine com seus próprios olhos meu talento, meu caráter, meus hábitos, meus costumes, minhas inclinações, meus prazeres e meus hábitos, e possa acreditar que sou perverso, é um homem digno da forca.[7]

Ao longo do livro sobre sua vida e sentimentos, Rousseau demonstra um amor excessivo por si mesmo, nem sempre diz a verdade e, mais notavelmente, costuma justificar todas as más ações porque sua "boa alma" não as teria cometido se não fosse pela maldade do mundo e pela corrupção da sociedade.

Thérèse Lavasseur, a quem ele confessou nunca ter amado, permaneceu com ele até o fim de sua vida. Rousseau a desprezava por ser analfabeta, mas também se desprezava por ter uma companheira assim. Era obcecado por dinheiro e acusava Thérèse de ser perdulária. Casou-se com ela quase clandestinamente em 1768.

Rousseau morreu em 3 de julho de 1778. Foi enterrado na Île des Peupliers, no lago de Ermonville, que logo após sua morte se tornou um local de peregrinação secular para pessoas de toda a Europa. Em 1794, a Convenção transferiu seus restos mortais para o Panteão de Paris. Aristocratas, intelectuais, professores e pedagogos o consideravam seu mestre e o veneravam como um santo.

Nas *Confissões*, vemos constantemente o efeito do grande truque do autor. Rousseau é um homem que sempre quer fazer o bem; é

---

6 A primeira parte foi publicada em 1782 e a segunda em 1789.

7 *Confissões.*

um homem justo e honesto; se age mal, a culpa não é dele. É a outra pessoa ou a comunidade como um todo a responsável por suas más ações. Acho que o grande sucesso do paradoxo de Rousseau, e das doutrinas coletivistas que se apoiam nele, é que libera o indivíduo de toda responsabilidade e, portanto, da má consciência de seus erros ou de suas ações perversas.

O escritor britânico Paul Johnson dedicou o primeiro capítulo de seu livro *Os intelectuais* (1988) a Rousseau. Sobre a admiração que sua figura despertou por tantos anos entre filósofos, historiadores e literatos, escreveu:

> É muito desconcertante e sugere que os intelectuais são tão irracionais, tão ilógicos e supersticiosos quanto qualquer outra pessoa. A verdade parece ser que Rousseau foi um escritor de gênio, mas irremediavelmente desequilibrado tanto em sua vida quanto em suas ideias.

O escritor britânico não tinha dúvidas sobre o caráter totalitário da ideia de Estado de Rousseau:

> O Estado de Rousseau não é meramente autoritário, é também totalitário, pois ordena todos os aspectos da atividade humana, inclusive o pensamento. De acordo com *O contrato social*, o indivíduo era obrigado a "alienar-se com todos os seus direitos à comunidade total" (ou seja, o Estado) [...]. Rousseau, portanto, preparou o projeto para as principais ilusões e loucuras do século XX.

E, pelo que estamos vendo hoje, também podemos suspeitar que Rousseau tenha inspirado até mesmo as loucuras ideológicas do século XXI. Essa obsessão com a bondade da natureza, sua determinação de educar a criança longe da influência da ciência, das artes, da cultura e da família, a arrogância moral, a prepotência, o sentimentalismo, o cinismo, a justificativa do próprio erro pelo erro dos outros, a irresponsabilidade, são todas características da personalidade do esquerdista de nossos tempos. Além disso, Rousseau, com sua admiração pelo bom selvagem, já é um precursor do pós-modernismo e do pós-colonialismo no século XXI.

Pedagogia e política na obra de Rousseau. "Emílio" e o contrato social

Emílio é talvez o livro de pedagogia mais amplamente comentado e discutido desde sua publicação em 1762. Com ele, Rousseau introduziu, juntamente com um novo conceito de educação, inúmeras falácias que cativaram o coração de milhares de educadores e professores por mais de duzentos e cinquenta anos.

Rousseau rompeu com o modelo humanista de educação. Nem grego, nem latim, nem matemática, nem livros, nada deveria ser ensinado à criança, cuja infância deveria transcorrer em contato íntimo com a natureza. Emílio chegaria aos 15 anos de idade sem ter lido um único livro didático. Rousseau não queria colocar a educação de Emílio nas mãos de um preceptor, porque a tarefa do preceptor era instruir as crianças sob sua tutela, e não se tratava de "instruir", mas de "conduzir"[8] a vontade de Emílio para que cresça sem influência alguma da sociedade, que corrompe e destrói a liberdade do indivíduo.

Rousseau queria se distanciar daqueles que até então haviam se preocupado com a educação intelectual e social dos jovens e, em particular, de Locke, um dos intelectuais mais lidos de sua época.

É importante lembrar que as duas obras preferidas de Rousseau, *Emílio* e *O contrato social*, foram publicadas no mesmo ano, 1762. Diante do dilema de saber quais limitações a sociedade deveria legitimamente impor ao livre-arbítrio do indivíduo, Rousseau ofereceu uma solução engenhosa: a livre submissão do indivíduo à vontade geral, a renúncia voluntária ao exercício do direito de escolha em prol de um hipotético bem comum.

O indivíduo educado por Rousseau não será um homem capaz de tomar suas próprias decisões e formar seu próprio julgamento, mas um cidadão autômato, "livremente" sujeito ao poder do Estado.

Outra das falácias de Rousseau é que a criança nasce livre e que são as leis, regras e instituições que a escravizam. A partir da Revolução Francesa, os seguidores de Rousseau adotarão essa ideia de

---

8 "Il s'agit moins pour lui d'instruire que de conduire" (*Emílio*).

que a liberdade exige a eliminação das instituições e da hierarquia e a transferirão para a educação.

Como o filósofo Roger Scruton escreveu em seu livro *Os usos do pessimismo*, Rousseau "forneceu a linguagem e as linhas de pensamento para apresentar um novo conceito de liberdade humana, segundo o qual a liberdade é o que permanece quando removemos todas as instituições, restrições, leis e hierarquias". Para os pedagogos rousseaunianos, educar em liberdade significa educar sem autoridade, sem imposição de regras, ensinamentos ou disciplina.

Como já vimos no primeiro capítulo, os revolucionários franceses que admiravam Rousseau viram em sua doutrina a solução para acabar definitivamente com o Antigo Regime, para educar o novo cidadão de modo que fosse capaz de criar uma nova ordem social. Todos os homens importantes da Revolução eram admiradores de Rousseau.

De fato, Rousseau mostrou o aspecto político da educação. Para os revolucionários que desejam criar uma nova sociedade, o caminho mais seguro é moldar um novo homem e, para isso, é essencial controlar a educação.

A influência de Rousseau na educação ocidental. A Escola Nova

> *Todas as ideias modernas sobre educação são, até certo ponto, afetadas pela doutrina de Rousseau, especialmente por seu tratado* Emílio *(1762). Ele popularizou e, em grande parte, inventou o culto à natureza, o gosto pelo ar livre, a busca da novidade, da espontaneidade, do vigor e do natural...*
>
> — Paul Johnson, *Os intelectuais*

No final do século XIX, surgiram na Europa experiências de ensino baseadas na pedagogia desenvolvida por Rousseau no *Emílio*. Em geral, eram escolas públicas com caráter experimental e inovador, que surgiram como um contraponto à educação pública tradicional. Essa pedagogia ganhou popularidade entre professores e teóricos da educação no início do século XX. Recebeu diferentes nomes: pedagogia

O suicídio do Ocidente

moderna, nova, ativa ou também pedagogia centrada na criança. Como nome genérico, poderíamos usar Nova Pedagogia.[9]

Em 1912, o psicólogo suíço Édouard Claparède (1873–1940), um médico interessado em psicologia infantil e formas de aprendizado, teve a ideia de criar um instituto em Genebra chamado Jean-Jacques Rousseau. Era o 200º aniversário do nascimento do filósofo genebrino, e sua ideia era promover o pensamento pedagógico desenvolvido pelo autor de *Emílio*. Claparède acreditava, como Rousseau, que a natureza, e não a imposição, deveria guiar a educação da criança. Na prática, era uma questão de observar e conhecer a fundo a natureza da criança para adaptar o sistema educacional a ela.[10]

No final do século XIX, a pedagogia e a psicologia já haviam obtido reconhecimento acadêmico na Universidade de Genebra. Claparède acreditava que todos os professores deveriam ter conhecimento de medicina, psicologia e pedagogia experimental. O Instituto Rousseau[11] deveria fornecer aos educadores documentação, orientação e treinamento no método científico. Também deveria ser um centro de pesquisa pedagógica, de informação e divulgação de pesquisas e de defesa em favor da renovação pedagógica.

O Instituto foi fundado como uma instituição privada e foi dirigido pelo psicólogo Pierre Bovet (1878–1965). Pela primeira vez, o termo "ciências da educação" foi usado e a natureza científica da pedagogia foi afirmada. O Instituto abriu suas portas em 21 de outubro de 1912 com cerca de vinte alunos de 13 países diferentes. Mais tarde, foram criadas escolas dentro do Instituto para treinamento de professores, e foram organizadas palestras, cursos de verão e semanas pedagógicas.

A guerra paralisou a atividade do Instituto, que renasceu em 1920 com grande entusiasmo. O mundo precisava ser reconstruído e, para isso, uma nova educação era necessária. Em 1921, o primeiro Congresso Internacional da Escola Nova foi realizado em Calais. Lá

---

9 Este é o nome usado pela especialista sueca Inger Enkvist na maioria de seus livros sobre educação.

10 É por isso que a Nova Pedagogia também é chamada de "pedagogia centrada na criança".

11 Também era chamada de Escola de Ciências da Educação.

Rousseau e a educação ocidental

se encontraram pedagogos e psicólogos com nomes famosos como John Dewey, Ovide Decroly, Maria Montessori, Adolphe Ferrière e Jean Piaget.

No Congresso de Calais, foi criada a "Liga Internacional da Nova Educação". A Liga decidiu introduzir seus métodos educacionais nas escolas e estabelecer uma cooperação mais estreita entre educadores que aderissem aos seus princípios por meio de congressos bianuais e revistas.

O ideário da "Liga Internacional da Nova Educação" está claramente definido em seus sete princípios, que eram o denominador comum de todos os que subscreviam a ela:

> 1. O objetivo essencial de toda educação é preparar a criança para desejar e realizar em sua vida a supremacia do espírito.
>
> 2. Deve respeitar a individualidade da criança.
>
> 3. Os estudos e, de modo geral, o aprendizado da vida devem dar livre curso aos interesses inatos da criança, ou seja, àqueles que são espontaneamente despertados nela.
>
> 4. É necessário, portanto, que a disciplina pessoal e a disciplina coletiva sejam organizadas pelas próprias crianças com a colaboração dos professores.
>
> 5. A competição ou concorrência egoísta deve desaparecer da educação e ser substituída pela cooperação, que ensina a criança a colocar sua individualidade a serviço da comunidade.
>
> 6. A educação mista exigida pela Liga exclui o tratamento idêntico imposto aos dois sexos.
>
> 7. A Nova Educação prepara na criança não apenas o futuro cidadão capaz de cumprir seus deveres para com o próximo, sua nação e a humanidade como um todo, mas também o ser humano, consciente de sua dignidade humana.

Em 1922, o Instituto anexou um pequena secretaria de informações para orientar as escolas que aderissem à Nova Pedagogia. A secretaria, sob o nome de Bureau International d'Éducation[12] (BIE), estava ganhando importância à medida que escolas experimentais

---

12 Secretaria Internacional de Educação.

eram abertas em toda a Europa. Em 1969, o BIE tornou-se parte integrante da UNESCO.

A alternativa pedagógica de Gramsci

Antonio Gramsci (1891–1937) nasceu em um vilarejo da Sardenha, em uma família numerosa e com poucos recursos financeiros. Uma deformidade na coluna vertebral causada por um acidente na infância, juntamente com uma doença mal curada, gerou complicações de saúde que o afetaram por toda a vida. Além disso, as dificuldades financeiras de sua família o impediram de continuar sua formação escolar e acadêmica. Aos 20 anos, ganhou uma bolsa de estudos para estudar filologia na Faculdade de Artes da Universidade de Turim, mas não concluiu o curso. Aos 23 anos, filiou-se ao Partido Socialista Italiano e começou a contribuir para vários jornais.

Gramsci combinou a vida intelectual com o ativismo político. Em 1919, participou da fundação do jornal socialista *L'Ordine Nuovo* e criou várias instituições culturais e de propaganda. Em 1921, seu radicalismo bolchevique o levou a liderar a cisão do partido e a criar, junto com Amadeo Bordiga, o Partido Comunista Italiano.

A Marcha sobre Roma, em 28 de outubro de 1922, permitiu que Mussolini tomasse o poder na Itália. Em 1924, Gramsci se juntou ao núcleo duro do PCI; fundou o *L'Unità* (*Diário dos trabalhadores e camponeses*) como órgão oficial do partido e foi eleito para o Parlamento. Dois anos depois, poucos meses após ser nomeado Secretário Geral do Partido Comunista, foi preso e condenado à prisão.[13] Ele só deixou a prisão meses antes de sua morte, em 27 de abril de 1937.

No final da Segunda Guerra Mundial, as reflexões, notas e cartas que Gramsci havia escrito durante seus anos na prisão começaram a ser publicadas. Os seis volumes que compunham os *Cadernos do Cárcere* continham seu pensamento marxista e suas ideias sobre educação, história italiana e nacionalismo.

---

13 Em 31 de outubro de 1926, Mussolini foi vítima de uma tentativa de assassinato. Em 8 de novembro, Gramsci é preso.

Gramsci argumentava que os bolcheviques não seriam capazes de manter o poder que haviam conquistado na Revolução se não realizassem uma transformação total da mentalidade do povo. Essa mentalidade, que seria o modo de pensar, agir e reagir da maioria da população, é o que Gramsci chamou de "hegemonia cultural". Para impor uma hegemonia socialista era necessário, segundo Gramsci, penetrar em todas as instituições, especialmente as educacionais, culturais e religiosas.

As ideias de Gramsci sobre educação estão reunidas nos livros *Cartas do cárcere* e *A alternativa pedagógica*, publicados pela primeira vez em 1975 e 1988, respectivamente.[14]

Gramsci, assim como Rousseau, pensava na educação como o melhor instrumento para coletivizar a sociedade e criar um novo homem. Em uma carta que escreveu da prisão para sua esposa, aconselhando-a sobre a educação a ser dada aos filhos, ele explicou que o objetivo da nova educação deveria ser "criar, por assim dizer, o homem italiano da Renascença, o tipo moderno de Leonardo da Vinci, transformado em um homem-massa ou homem coletivo, mantendo sua forte personalidade e originalidade individual".

A educação deveria criar esse tipo de homem e esse modelo de sociedade. Um homem renascentista não poderia ser treinado para ser um trabalhador. A sociedade sem classes que Gramsci aspirava não era compatível com a organização escolar tradicional, que separava os ensinamentos humanísticos e científicos dos profissionais. É por isso que Gramsci, e nisso sempre concordou com os velhos socialistas, defendia uma escola única, uma educação igual para todos, que acabasse com a diferença tradicional entre formação acadêmica e profissional, entre ensino primário e secundário. Para Gramsci, todo homem é um intelectual em potencial, portanto todos os indivíduos devem receber a formação própria de um intelectual.

Gramsci seguiu a filosofia coletivista de Rousseau. Para ele, esse "homem coletivo", assim como o novo homem de Rousseau, deve

---

14   O Partido Comunista Italiano era responsável por coletar e selecionar as cartas a serem publicadas.

ser capaz de renunciar à sua liberdade individual para entregar livremente sua vontade à vontade geral. A sociedade coletivizada de Gramsci deveria ter como sua primeira célula não um indivíduo, mas um organismo, o partido.

No entanto, Gramsci não aceitava as ideias pedagógicas que, na época, eram defendidas pela maioria dos partidos socialistas europeus e que, inspiradas no *Emílio* de Rousseau, haviam dado origem à Nova Pedagogia. O comunista italiano considerava a pedagogia da Escola Nova "cheia de esnobismo" e, analisando as escolas que haviam se tornado moda entre a "esquerda burguesa" da época, escreveu: "É útil conhecer todas essas tentativas que não são mais que 'excepcionais', mais para ver o que não deve ser feito do que por qualquer outra razão".

Gramsci não queria ser considerado um inimigo de Rousseau. Para ele, os intelectuais socialistas haviam se desviado dos autênticos princípios rousseaunianos e transformado em dogmas o que, no fundo, havia sido simplesmente uma expressão dos rancores religiosos do genebrino:

> Não se levou em conta que as ideias de Rousseau constituíam uma reação violenta contra a escola e os métodos pedagógicos dos jesuítas e, como tal, representavam um progresso, mas depois disso formou-se uma espécie de igreja que paralisou os estudos pedagógicos e deu origem a curiosas involuções.

Para Gramsci, não fazia sentido separar educação e instrução porque ele não acreditava que se pudesse educar sem instruir. Tampouco compartilhava da ideia de que as crianças aprendem melhor de forma natural e espontânea, sem que o conhecimento lhes seja imposto, ou que a autoridade e a disciplina possam ser eliminadas da escola.

Gramsci considerava importante o papel da elite intelectual na educação das crianças. Lamentava que, até então, os "intelectuais leigos" tivessem negligenciado a educação, deixando-a nas mãos do clero. Defendia uma política pedagógica que proporcionasse uma alternativa genuína à educação oferecida nas escolas religiosas e convidou os intelectuais leigos a se envolverem nessa tarefa.

Isaiah Berlin: Rousseau, um dos grandes inimigos da liberdade

Isaiah Berlin nasceu em Riga (Letônia) em 1909 e faleceu em Oxford em 5 de novembro de 1997. Ele era o único filho de um casal judeu. Em 1915, a família se mudou para São Petersburgo, onde ele testemunhou a Revolução de 1917. De acordo com Michael Ignatieff, autor de uma biografia de Berlin intitulada *Isaiah Berlin: uma vida*, os pais de Isaiah foram inicialmente contagiados pelo entusiasmo revolucionário de fevereiro, mas quando o governo caiu nas mãos do Soviete de Petrogrado e a gangue bolchevique assumiu o controle das ruas, eles não puderam escapar das visitas inoportunas da Cheka, a polícia secreta de Lênin, ou das habituais buscas domiciliares.

Em 1920, Mendel Berlin, o pai de Isaiah, decidiu tirar sua família da Rússia comunista de Lênin e fixar residência na Inglaterra. Anos depois, Mendel explicou os motivos de sua decisão de se exilar:

> A sensação de estar preso, sem contato com o mundo exterior, sendo constantemente espionado, prisões repentinas e a sensação de total impotência diante dos caprichos de qualquer vândalo vestido de bolchevique.

Os Berlin chegaram a Londres em fevereiro de 1921. Isaiah era um garoto de 12 anos que mal sabia inglês, mas logo se tornou um dos alunos mais promissores da St. Paul's School em Londres, uma venerável instituição cristã que não excluía judeus. Em 1927, ganhou uma bolsa de estudos para o Corpus Christi College, em Oxford, onde passaria o resto de sua vida.

Berlin, educado em três grandes tradições — russa, judaica e britânica — e testemunha das correntes filosóficas e políticas do século XX, foi um dos intelectuais de sua época que mais profundamente explorou o tema da liberdade e o perigo que representam as promessas dos vendedores ambulantes de falsas utopias que seduzem as pessoas com a ideia de um Admirável Mundo Novo.

A leitura de Berlin, quando tudo parece indicar que os princípios sobre os quais nossas democracias ocidentais foram construídas estão

O suicídio do Ocidente

cambaleando, pode fornecer argumentos sólidos para defender os valores liberais de nossa civilização contra aqueles que procuram desenterrar velhas ideologias liberticidas.

A traição da liberdade: seis inimigos da liberdade humana é o título de um livro publicado em 2004, sete anos após a morte de seu autor, que compila seis palestras que Isaiah Berlin deu para a BBC em 1952. Essas palestras foram um grande sucesso, não apenas pela curiosidade despertada pelo título, "Os limites da liberdade", mas também pelo tom envolvente, claro e rigoroso que Berlin utilizou.

Berlin abordou o assunto com uma pergunta muito simples: por que alguém deveria obedecer a alguém? E, para responder a essa pergunta de uma forma facilmente compreensível, utilizou seis pensadores que viveram na mesma época e que desenvolveram teorias sobre a liberdade e seus limites que, segundo Berlin, continham armadilhas destrutivas para a própria liberdade.

Os seis personagens escolhidos por Berlin foram Rousseau (1712––1778), Helvétius (1715–1771), De Maistre (1753–1821), Saint Simon (1760–1825), Fichte (1762–1814) e Hegel (1770–1831).

Se a liberdade for considerada como "o direito de moldar a própria vida livremente como desejar", sem nenhuma outra barreira além da "necessidade de proteger outros homens com relação aos mesmos direitos, ou então proteger a segurança comum de todos eles", esses seis pensadores, segundo Berlin, "eram hostis à liberdade, suas doutrinas eram uma contradição direta a ela, e sua influência sobre a humanidade, não apenas no século XIX, mas principalmente no século XX, foi poderosa nessa direção antilibertária".

No século XX e até agora no século XXI, educadores e pedagogos de todo o mundo, alguns bem-intencionados e outros nem tanto, foram seduzidos pelo hino à educação em liberdade que o *Emílio* aparenta ser. Portanto, é de particular interesse conhecer os motivos que levaram Isaiah Berlin a considerar o filósofo genebrino como "um dos mais sinistros e formidáveis inimigos da liberdade em toda a história do pensamento moderno".

Rousseau e a educação ocidental

***

Os pensadores do século XVIII preocupados com a liberdade refletiram muito sobre o problema colocado por seus limites. Quase todos eles chegaram à conclusão de que era necessário um tipo de contrato ou acordo social para conciliar o desejo de liberdade do homem com a necessidade de uma autoridade para controlar o cumprimento de determinadas regras de convivência.

Hobbes (1588–1679), que acreditava que os homens eram mais maus do que bons, havia optado, no século anterior, por uma autoridade forte e pela limitação da liberdade individual. Já Locke (1632–1704), que acreditava que os homens eram mais bons do que maus, deu mais espaço à liberdade e defendeu uma autoridade menos coercitiva. De acordo com Berlin, a originalidade de Rousseau está no fato de adotar uma nova abordagem para o problema. Ao fazer isso, ele usa as mesmas palavras que seus predecessores — liberdade, natureza, contrato — mas dá um novo significado a cada uma delas.

Para Rousseau, a liberdade é um valor absoluto, uma espécie de conceito religioso que está na própria essência do homem. Pois, se o homem não fosse livre, se não pudesse escolher entre diferentes alternativas, não teria responsabilidade moral por suas ações. Quando o homem é obrigado por outra pessoa ou pelas circunstâncias a fazer certas coisas, ele deixa de agir por si mesmo e deixa de ser uma pessoa. Para Rousseau, o homem, em seu estado natural, é bondoso, livre e feliz. Portanto, quanto mais próximo estiver de seu estado natural, mais feliz, bondoso e livre será.

De acordo com Berlin, com base nessa ideia e sem conseguir evitar o ressentimento que sentia em relação ao iluminismo, Rousseau descreve o homem bom como detentor de uma sabedoria instintiva, bem diferente da sofisticação corrupta das cidades.

O conceito mais genuíno de Rousseau, o da "vontade geral", aparece pela primeira vez em seu ensaio O *contrato social*. Para o autor, a "vontade geral" não é a soma das vontades individuais. É um novo conceito, com um certo caráter místico, que representa a vontade única de toda a comunidade.

A vontade geral exige, diz Rousseau, "a entrega de cada indivíduo com todos os seus direitos a toda a comunidade". Se nos rendermos, nenhuma instituição, nenhum tirano estará restringindo nossa liberdade, pois o Estado é cada um de nós que, juntos, unidos, buscamos o bem comum.

Dessa forma, Rousseau passa da noção de um grupo de indivíduos que se relacionam livre e voluntariamente, cada um buscando seu próprio bem, para a noção de submissão a algo que está acima do indivíduo: a comunidade, o Estado.

Rousseau dá à natureza um caráter quase sagrado. Como o homem é bom, se ele deseja o mal é porque não sabe o que é bom para si, então é lícito que alguém (o educador quando ainda é criança, o Estado ou a vontade da maioria quando já é adulto) assuma a responsabilidade de lhe dizer o que é melhor para ele, o que é justo e bom.

> Não há ditador no Ocidente — escreve Berlin — que nos anos seguintes a Rousseau não tenha usado esse paradoxo monstruoso para justificar sua conduta. Os jacobinos, Robespierre, Hitler, Mussolini e os comunistas: todos eles empregam esse mesmo método de argumentação, dizendo que os homens não sabem o que realmente querem; e, portanto, ao desejarmos isso para eles, ao desejarmos isso em seu nome, estamos dando-lhes o que, em algum sentido oculto, sem que eles mesmos saibam, eles realmente desejam.[15]

Rousseau, com seu paradoxo, transformou a liberdade em um tipo de escravidão. O indivíduo entrega sua liberdade política e sua própria consciência àquela autoridade que reconhece como suprema e que realmente sabe o que é bom para ele. Essa autoridade pode ser representada por um ditador, pelo Estado, pela comunidade ou pela assembleia.

Isaiah Berlin encerrava sua conferência com estas palavras claramente condenatórias:

---

15 *La traición de la libertad. Seis enemigos de la libertad humana*. México: Fondo de Cultura Económica, 2004.

Rousseau e a educação ocidental

Rousseau, que afirma ter sido o mais apaixonado e ardente adorador da liberdade humana, que buscou abolir os grilhões, as restrições da educação, do refinamento, da cultura, da convenção, da ciência, da arte, de qualquer coisa, porque todas essas coisas, de alguma forma, violavam sua liberdade natural como homem... Rousseau, apesar de tudo isso, foi um dos mais sinistros e formidáveis inimigos da liberdade em toda a história do pensamento moderno.[16]

---

16 Ibid.

III

Educação na Europa no século XIX e primeira parte do século XX

Educação na Prússia. Wilhelm von Humboldt

Wilhelm von Humboldt, o arquiteto da educação prussiana, nasceu em 1767 em Potsdam, em uma família da nobreza prussiana. A morte prematura de seu pai, um oficial da corte do príncipe herdeiro, deixou a educação dos dois irmãos, Wilhelm e Alexander, nas mãos de sua mãe, uma mulher de origem francesa com profundas preocupações intelectuais.

A família Humboldt passava grande parte do ano no Palácio Tegel, uma propriedade perto de Berlim que pertencia à família materna. As crianças eram educadas por preceptores em um ambiente rigoroso, mas intelectualmente aberto e liberal. Wilhelm estudou direito, filologia clássica e filosofia na Universidade de Göttingen, enquanto seu irmão Alexander se especializou no estudo de geografia e se tornou um famoso geógrafo e explorador.

Em janeiro de 1789, Wilhelm entrou para o Tribunal de Contas de Berlim como advogado. Ele permaneceu nesse cargo por pouco mais de um ano, pois suas ideias contra o poder do Estado e seu casamento iminente eram incompatíveis com o trabalho em Berlim. Em julho do mesmo ano, Wilhelm, acompanhado de seu preceptor, foi a Paris para assistir ao que ele chamou de "o funeral do despotismo francês". Seus princípios, que eram próximos aos do iluminismo francês, o afastaram da violência revolucionária e o levaram a um caminho reformista. Em meio à Revolução Francesa, Humboldt começou a escrever a obra mais importante de sua vida, *Os limites da ação do Estado*, que concluiu em 1792, mas que, em sua totalidade, só viu a luz do dia anos depois de sua morte. Algumas de suas ideias sobre educação foram publicadas em uma revista de Berlim, em dezembro de 1792, com o título *Über öffentliche Staatserziehung*[1] [Sobre a educação pública estatal].

Em *Os limites da ação do Estado*, Humboldt expressou sua crença de que a intervenção estatal excessiva leva à uniformidade e que isso condiciona o progresso do indivíduo e, portanto, o da sociedade. Essa ideia de que a diversidade de comportamento e opiniões é fundamental para o progresso científico, econômico e social seria mais tarde adotada por John Stuart Mill como o princípio orientador de sua obra *Sobre a liberdade*.

Na mesma linha de Condorcet, Humboldt temia a intervenção excessiva do Estado na educação. Argumentava que a educação deveria se limitar à formação de seres humanos, e não à formação de um determinado tipo de cidadão. Para ele, o indivíduo é o principal responsável por sua educação, ou seja, pela construção[2] de sua personalidade e pelo desenvolvimento máximo de seus talentos.

Em 1802, Humboldt foi nomeado embaixador na Santa Sé. A família passou a residir em Roma e lá permaneceu até outubro de 1808, quando os Estados Papais, invadidos por Napoleão, tornaram-se parte do Império Francês.

Em 1809, quando a Prússia estava imersa na guerra contra Napoleão, Humboldt, que então vivia com sua esposa e filhos em Roma, foi chamado a Berlim com a missão de empreender uma reforma total do sistema educacional. Em pouco mais de um ano, Humboldt estabeleceu o modelo de educação pública mais eficaz e duradouro que já existiu na Europa.

---

1 *Staatserziehung*: Educação estatal (*Erziehung*: Educação).

2 O verbo alemão *bilden* significa construir. O significado de *Bildung* seria a construção da personalidade individual. O Ministério da Educação na Alemanha é chamado de *Ministerium für Bildung*.

O sistema de instrução de Humboldt, assim como o concebido por Condorcet, deveria ser desenvolvido em três níveis: um ensino elementar que fornecesse conhecimentos básicos; o *Gymnasium*, o elemento central do sistema, como uma extensão de conhecimentos mais profundos e preparação para estudos superiores; e a Universidade, que deveria ter como objetivo o treinamento intelectual universal dos estudantes longe das estreitas especializações.

O sistema foi projetado para permitir que cada indivíduo, independentemente de sua origem social, construísse sua própria personalidade e se esforçasse para o desenvolvimento mais completo de suas capacidades intelectuais. Como ponto culminante de suas reformas, Humboldt fundou a primeira universidade em Berlim, que hoje leva seu nome.

É significativo que Humboldt tenha usado a palavra *Bildung* e que, ainda hoje, o Ministério da Educação alemão seja chamado de *Ministerium für Bildung*, enquanto a França, em 1932, e a Espanha, após a Guerra Civil, substituíram o termo Instrução por Educação nos nomes de seus respectivos ministérios.

Com as modificações lógicas introduzidas pelo passar do tempo, o projeto de Humboldt ainda é válido nos países de língua alemã e pode ser uma das chaves para os bons resultados que eles continuam obtendo tanto na formação universitária quanto na formação profissional dos jovens e em suas baixas taxas de desemprego juvenil.

No século XIX, quase todos os países europeus adotaram uma estrutura de educação pública semelhante à estabelecida por Humboldt: um ensino fundamental comum para toda a população, um ensino médio mais exigente e seletivo e estudos universitários para a elite intelectual. No início do século XX, entretanto, os sindicatos e os partidos de esquerda começaram a questionar essa estrutura. Eles argumentaram que a verdadeira igualdade de oportunidades só seria alcançada se o ensino médio se tornasse obrigatório e comum a toda a população. Isso significava que não deveria haver obstáculos acadêmicos na transição do ensino fundamental para o ensino médio.

Jules Ferry e a escola da Terceira República francesa[3]

A primeira lei francesa importante sobre educação pública foi escrita pelo historiador François Guizot (1787–1874). Guizot pertencia a uma família burguesa protestante. Seu pai, simpatizante dos girondinos, foi guilhotinado em 1794, quando Guizot tinha apenas 7 anos de idade. Sua mãe foi morar com os filhos em Genebra; quando completou 18 anos, François voltou a Paris para estudar Direito.

Guizot iniciou sua vida política como deputado em janeiro de 1830. Nos dias revolucionários de julho, ele se tornou um forte apoiador de Louis-Philippe d'Orléans, de cujo governo fez parte, primeiro como ministro do Interior e, em 1832, como ministro da Instrução Pública. Sua Lei de Educação Primária, de 28 de junho de 1833, deu um grande impulso ao estabelecimento de escolas primárias em todo o país; seguia essencialmente as linhas do modelo de Condorcet, mas com grande respeito pela educação privada.

A segunda lei escolar importante do século XIX foi elaborada durante a Segunda República (1848–1852), quando Alfred Falloux (1811–1886) era ministro da Instrução Pública. Redigida no ambiente de reação que se seguiu aos dias revolucionários de junho de 1848 e aprovada em março de 1850, quando Falloux já havia renunciado ao cargo, essa lei favoreceu a educação privada e, especialmente, as escolas religiosas.

Em reação à Lei Falloux, formou-se um movimento secular em favor da educação obrigatória, gratuita e secular. Em 1866, um pedagogo chamado Jean Macé (1815–1894) criou a Ligue de l'Enseignement na França, imitando a criada na Bélgica em 1864.[4] A historiadora francesa Mona Ozouf (1931), em seu livro *L'École, l'Église et la*

---

3 Repúblicas na França: I República, de 1792 a 1804; II República, de 1848 a 1852; III República, de 1870 a 1940; IV República, de 1946 a 1958; e V República, de 1958 em diante.

4 A Ligue de l'Enseignement foi criada em Bruxelas em 26 de dezembro de 1864 por um grupo de livres pensadores filiados ao círculo cultural La Libre Pensée. A Liga fundou a École Modèle, que abriu suas portas em 1875 e serviu de inspiração para os professores da nossa Instituição Livre de Educação.

République [A escola, a Igreja e a República], publicado em 1982, explica as ideias da Liga e argumenta que ela recebeu dinheiro das lojas maçônicas.

No final da guerra franco-prussiana em 1871, alguns setores da sociedade francesa começaram a acreditar que a derrota poderia ter sido causada pelo treinamento deficiente de suas milícias em comparação com o dos exércitos alemães. Os republicanos anticlericais atribuíram essa ignorância ao poder que a Lei Falloux havia dado à Igreja e começaram a exigir abertamente o secularismo nas escolas.

A figura mais proeminente da história da educação francesa nas últimas décadas do século xix foi Jules Ferry (1832–1893). Nascido em uma família da alta burguesia católica, estudou direito em Estrasburgo e Paris e imediatamente voltou todo o seu interesse intelectual para questões de educação. Membro da Ligue de l'Enseignement, foi deputado da esquerda radical, prefeito de Paris durante a Comuna revolucionária de 1871 e ministro plenipotenciário na Grécia. Em 1879, foi nomeado ministro da Instrução Pública, cargo que ocupou várias vezes até 1883.

Jules Ferry promulgou as leis necessárias para estabelecer a gratuidade (1881), a natureza obrigatória e a secularidade (1882) do sistema escolar público francês. Para ele, sempre foi claro que a educação e a República deveriam andar de mãos dadas.

Em 1880 aprovou o decreto que expulsava os jesuítas do ensino e obrigou as demais congregações religiosas a regularizarem sua situação administrativa.

Em 1881, foi aprovada a lei que tornava a educação primária gratuita e a formação exigida dos professores foi regulamentada. Um ano depois, a educação primária tornou-se obrigatória dos 6 aos 13 anos de idade. As crianças podiam frequentar escolas públicas ou privadas. As escolas privadas eram livres para organizar seu ensino.

A instrução era obrigatória, mas a escolarização não era, portanto, as crianças podiam ser educadas em casa sem frequentar a escola. As crianças que não frequentavam escolas públicas eram obrigadas a passar em um exame anual sobre os currículos estabelecidos para a educação pública.

A lei eliminava o ensino de religião na escola, mas estabelecia que, além do domingo, haveria um dia semanal livre para que os pais dessem instrução religiosa a seus filhos fora do estabelecimento escolar.

De acordo com Virginie Subias Konofal,[5] autora do livro *Histoire incorrect de l'École* (2017), a lei sobre o secularismo escolar foi a mais original das promulgadas por Jules Ferry: "O verdadeiro cavalo de batalha de Jules Ferry é o secularismo, um secularismo combativo que é visto como uma reconquista do terreno dominado pela Igreja sobre as almas das crianças em idade escolar".

Jules Ferry é lembrado hoje com nostalgia por aqueles professores franceses que sentem que a exigente escola republicana, que permitia que tantas crianças de famílias pobres subissem na hierarquia social, desapareceu. Professores que tentam encontrar, entre as leis e os princípios do político do século XIX, as ideias reformadoras que poderiam ser úteis para recuperar o antigo prestígio do ensino e dos professores franceses. Agora, percebendo que pode ser tarde demais, em sua impotência, incapazes de reconhecer sua parcela de responsabilidade, culpam os políticos por terem cometido um mal irreparável: a destruição da escola de Jules Ferry.[6]

A instrução pública na Espanha. Da Constituição de 1812 à Segunda República

O Título IX da Constituição de Cádiz,[7] aprovada em 19 de março de 1812, é dedicado à instrução pública e tem a seguinte redação:

---

5 Virginie Subias Konofal é professora associada de línguas clássicas e chefe do departamento de cultura geral do Institut Libre de Formation Des Maîtres (ILFM), um instituto privado criado em 2007 para a formação de professores.

6 Existem vários livros que criticam o estado da educação na França e que lembram com nostalgia a obra de Jules Ferry, como, por exemplo, *Pourquoi ont-ils tué Jules Ferry?* (1991) de Philippe Nem,o ou *Réveille-toi Jules Ferry ils sont devenus fous!* (2006) de Emmanuel Davidenkoff.

7 A única Constituição espanhola que dedicou um título inteiro à educação.

Educação na Europa no século XIX e primeira parte do século XX

> Constituição de 1812. Título IX. Da instrução pública. Capítulo único:
>
> Art. 366. Em todas as cidades da Monarquia, serão estabelecidas escolas de primeiras letras, nas quais as crianças serão ensinadas a ler, escrever e contar, e o catecismo da religião católica, que também incluirá uma breve exposição das obrigações civis.
>
> Art. 367. Da mesma forma, serão organizadas e criadas universidades e outros estabelecimentos de instrução em número suficiente, considerados convenientes ao ensino de todas as ciências, literatura e belas artes.
>
> Art. 368. O plano geral do ensino será uniforme em todo o reino, devendo a Constituição Política da Monarquia ser explicada em todas as universidades e estabelecimentos literários onde se ensinem ciências eclesiásticas e políticas.
>
> Art. 369. Haverá uma direção geral de estudos, composta de pessoas de reconhecida instrução, a quem caberá, sob a autoridade do Governo, fiscalizar a instrução pública.
>
> Art. 370. As Cortes, por meio de planos e estatutos especiais, disporão de tudo o que se refere ao importante objetivo da instrução pública.
>
> Art. 371. Todos os espanhóis têm a liberdade de escrever, imprimir e publicar suas ideias políticas sem necessidade de qualquer licença, revisão ou aprovação prévia à publicação, sob as restrições e responsabilidades estabelecidas por lei.

Uma vez promulgada a Constituição, alguns deputados liberais consideraram necessária uma Lei de Instrução Pública que desenvolvesse esses princípios constitucionais. Em março de 1813, foi criado o Conselho de Instrução Pública, responsável por preparar um Relatório sobre a reforma geral da educação nacional. O chamado Relatório Quintana, escrito em seis meses, foi assinado em 9 de setembro de 1813 pelas seguintes personalidades: o Padre Martín González de Navas, o matemático, marinheiro e diretor da Academia de História, José de Vargas Ponce, o jurista Eugenio de Tapia, o escritor e acadêmico Diego Clemencín; o cientista Ramón Gil de la Cuadra e o poeta Manuel José Quintana. Todos eles eram deputados e membros do Conselho de Instrução Pública.

O suicídio do Ocidente

Manuel José Quintana (1772–1857) foi responsável por apresentar as conclusões da Comissão de Instrução Pública às Cortes, o que foi feito em 7 de março de 1814, dois meses antes de Fernando VII dissolver as Cortes e suspender a Constituição. Com o retorno de Fernando VII e o golpe de Estado de maio de 1814, o poeta Quintana foi condenado a seis anos de prisão.

O Relatório consistia em pouco mais de 30 páginas que analisavam a situação da educação na Espanha na primeira década do século XIX. É o primeiro documento importante no qual são estabelecidos os princípios do liberalismo espanhol no campo da educação.

O Relatório Quintana foi inspirado no Relatório sobre Instrução Pública que Condorcet havia lido perante a Assembleia Legislativa Francesa em 1792. Para os liberais de Cádiz, a instrução pública, que deveria ser gratuita, teria o mesmo plano de estudos para toda a nação espanhola, enquanto a educação privada permaneceria "absolutamente livre" da autoridade do governo, que cuidaria apenas para que não se ensinasse doutrinas ou máximas contrárias "à religião divina professada pela nação" e aos princípios constitucionais.

Foram estabelecidos três níveis de ensino: um ensino elementar para toda a população, estudos de ampliação de conhecimentos para aqueles que pudessem pagar e tivessem a capacidade de fazê-lo, e ensino superior para os alunos mais dotados para os estudos.

Em 1814, esse Relatório, com algumas modificações, tornou-se um projeto de decreto para a organização geral da educação pública e, em 1821, o primeiro Regulamento Geral de Instrução Pública.

Em 1836, Ángel de Saavedra, Duque de Rivas (1791–1865), foi nomeado ministro do Interior. O Duque de Rivas era um homem de fortes convicções liberais. Ele havia sido deposto por Córdoba durante o Triênio Liberal (1820–1823) e, até a morte de Fernando VII em 1833, viveu no exílio em Londres, Paris e Malta. Naquele ano, 1836, apresentou um Plano de Instrução Pública que, embora tenha vigorado por apenas alguns dias, lançou as bases sobre as quais se assentaram os dois currículos que obtiveram o maior consenso político antes da Restauração: o Plano Pidal (1845), durante o governo de Narváez, e a Lei Moyano (1857), sob o mandato de O'Donnell.

No preâmbulo do plano do Duque de Rivas, podemos ler alguns parágrafos admiravelmente escritos que ilustram bem a preocupação dos políticos liberais em não interferir no que eles consideravam um direito e dever sagrado das famílias, a educação de seus filhos:

> O pensamento é, por si só, a mais livre das faculdades do homem; e, por essa razão, alguns governos tentaram escravizá-lo de mil maneiras; e como não há meio mais seguro de segui-lo do que apoderar-se da fonte de onde emana, ou seja, a educação, daí seus esforços para direcioná-lo sempre a seu critério, de modo que os homens possam ser moldados de acordo com suas próprias opiniões e interesses. Mas, embora isso possa se adequar aos interesses de governos opressivos, não é de forma alguma o necessário para o bem da humanidade e o progresso da civilização. Para atingir esses objetivos, a educação deve ser emancipada; em uma palavra, é forçoso proclamar a liberdade de ensino.

Outra das questões mais discutidas nos círculos educacionais durante a primeira metade do século XIX foi a questão da educação gratuita. Os liberais de Cádiz, quando aprovaram as primeiras leis para regulamentar o estabelecimento de escolas, a criação de universidades e outros centros de instrução pública, queriam estender a gratuidade a toda a educação pública. A primeira vez que, a partir de posições liberais, foi proclamado um princípio oposto à gratuidade absoluta foi o já mencionado plano do Duque de Rivas, para quem a gratuidade da educação deveria chegar apenas às famílias que não pudessem pagá-la. Em seu plano, o Duque de Rivas afirma:

> O ensino gratuito nunca produziu os efeitos que se esperava dele, e o fato de ter sido adotado em uma nação não foi suficiente para acelerar seu progresso. O que custa pouco também é pouco apreciado e, com efeito, é comum na Espanha que, ao iniciarem os cursos, se matriculem infinitos alunos e que, ao concluírem-se aqueles, as cátedras estejam quase desertas. Quando a matrícula custar algo, não acontecerá o mesmo; pois os pais cuidarão para que seus filhos assistam a todas as lições, e o façam com aproveitamento para não perderem a quantia, ainda que pequena, que porventura tenham desembolsado.

O suicídio do Ocidente

Essa ideia de gratuidade relativa foi mantida tanto no Plano Pidal de 1845 quanto na Lei de Claudio Moyano de 1857. Durante a segunda metade do século XIX, a principal questão debatida no campo da educação foi a liberdade de ensino, e a questão da educação gratuita começou a perder interesse.

A primeira lei que organizou completamente a educação pública na Espanha foi aprovada em 1857, quando Claudio Moyano era ministro de Obras Públicas. Era uma lei de consenso político cujas bases já estavam no Regulamento Geral da Instrução Pública de 1821, no Plano Geral da Instrução Pública do Duque de Rivas (Real Decreto de 4 de agosto de 1836) e no Plano Geral de Estudos (Plano Pidal, Real Decreto de 17 de setembro de 1845). Foi a lei educacional mais duradoura da Espanha; embora tenha havido muitas mudanças, as linhas fundamentais da Lei Moyano permaneceram em vigor até a Lei Geral de Educação de 1970.

A Lei Moyano estabeleceu a escolaridade obrigatória até os 9 anos de idade e uma estrutura do sistema educacional[8] semelhante à concebida por Nicolas de Condorcet e pelo iluminismo francês durante os anos da Revolução Francesa e que havia se consolidado ao longo do século XIX em boa parte da Europa.

Claudio Moyano (1809–1890) nasceu em um vilarejo de Zamora e estudou latim, filosofia e direito nas universidades de Valladolid e Salamanca. Em 1841, foi eleito prefeito de Valladolid e, em 1843, reitor da Universidade. Em 1850, foi nomeado reitor da Universidade Central de Madri. Durante o reinado de Isabel II, foi três vezes

---

8 A Lei Moyano consistia em quatro seções:

– *"Dos estudos"*, onde os níveis do sistema educacional são padronizados: primeira educação, dividida em ensino fundamental (obrigatório e gratuito para aqueles que não podiam pagar) e ensino superior; segunda educação, compreendendo seis anos de estudos gerais e estudos de aplicação a profissões industriais; e, no nível superior, os estudos de faculdades, ensino superior e educação profissional.

– *"Dos estabelecimentos de ensino"*, que regulamenta os estabelecimentos de ensino públicos e privados.

– *"Do professorado público"*, que organiza a formação inicial, a forma de acesso e os órgãos do professorado do ensino público.

– *"Do governo e a administração da educação pública"*, que estabelece três níveis de administração educacional, central, provincial e local, perfeitamente hierárquicos, e regulamenta algumas tentativas tímidas de participação da sociedade no assessoramento das diversas administrações.

Educação na Europa no século XIX e primeira parte do século XX

ministro de Obras Públicas[9] entre 1853 e 1864. A Lei Moyano foi promulgada em 9 de setembro de 1857.

A educação como tal não teve um ministério específico até 1900. Até então, era uma Diretoria Geral subordinada a diferentes ministérios. Desde 1855 fazia parte do Ministério das Obras Públicas. O Decreto Real de 18 de abril de 1900 (Diário do dia 19) extinguiu o Ministério das Obras Públicas e criou dois novos ministérios em seu lugar: o Ministério da Instrução Pública e Belas Artes, e o Ministério da Agricultura, Indústria, Comércio e Obras Públicas (este último seria chamado novamente de Ministério das Obras Públicas a partir de 1905).

O primeiro ministro da Educação Pública foi o conservador García Alix que, onze meses depois, foi substituído pelo Conde de Romanones, do partido liberal. Romanones incorporou os salários dos professores ao orçamento geral e reformou o currículo do ensino primário. Com exceção dessas reformas de Romanones, o sistema de ensino sofreu poucas mudanças durante a Restauração. Naqueles anos, a maioria dos ministros da Educação Pública, alguns conservadores e outros liberais, permaneciam apenas por alguns meses.

O conservador Eduardo Callejo de la Cuesta foi nomeado ministro da Instrução Pública pelo ditador Miguel Primo de Rivera em 3 de dezembro de 1925 e ocupou esse cargo político até 28 de janeiro de 1930. Por meio do Decreto Real de 25 de agosto de 1926, introduziu uma reforma no bacharelado conhecida como Plano Callejo. O bacharelado, então de seis anos, foi dividido em duas etapas: três anos de bacharelado elementar, com o objetivo de aperfeiçoar a cultura geral adquirida na educação primária, e outros três anos de bacharelado superior, preparando para o acesso à educação superior. O deputado monarquista Sainz Rodríguez, que seria nomeado por Franco como ministro da Educação Nacional em 1938, foi o maior opositor do Plano Callejo.

Os anos de ensino primário, comuns a toda a população, foram ampliados à medida que o desenvolvimento econômico e social dos

---

9 A primeira vez, de 21 de junho de 1853 a 1º de agosto de 1853. Depois, no governo de Narváez, de 12 de outubro de 1856 a 15 de outubro de 1857. E, finalmente, de 17 de janeiro de 1864 a 1º de março do mesmo ano.

países ocidentais avançava, mas, em geral, isso foi feito sem modificar a estrutura tradicional do sistema educacional. Assim, em muitos casos, foi criado um caminho duplo: de um lado, os alunos que faziam o bacharelado e, de outro, aqueles que prolongavam sua educação primária por mais alguns anos.[10]

A necessidade social de uma nova estrutura do sistema escolar tornou-se evidente. Nos primeiros anos do século XX, houve muita discussão sobre como estender o ensino médio: até que idade ele deveria ser igual para todos e a partir de que ponto deveriam ser abertas diferentes opções. Os chamados igualitários defendiam a universalização do ensino médio com o mesmo currículo para todos os alunos.

Como veremos mais adiante, a ideia de uma escola unificada surgiu no Congresso Nacional do PSOE em 1918 e foi defendida pelo pedagogo socialista Lorenzo Luzuriaga. Desde então, e até agora, é a reivindicação pedagógica mais proeminente do socialismo espanhol.

Quando a esquerda republicana chegou ao poder em 1931, o Ministério da Instrução Pública iniciou as mudanças necessárias para realizar seu sonho de uma escola única, mas o governo republicano não conseguiu implementar nem mesmo os estágios preliminares, por um lado, porque não tinha tempo e, por outro, porque os grupos envolvidos se opunham fortemente a isso. Parece que, durante a Guerra Civil, na zona republicana e especialmente na Catalunha, esses princípios estavam em processo de ser colocados em prática, pelo menos no que se refere aos níveis básico e intermediário.

O artigo 48 da Constituição de 1931 refletia essa aspiração socialista que não teve tempo de se desenvolver: "O serviço cultural é atribuição essencial do Estado e será prestado por meio de instituições educacionais vinculadas ao sistema escolar unificado".

---

10 Na Espanha, a Lei 27/1964 estendeu a escolaridade obrigatória até os 14 anos de idade. Uma parte da população cursou o bacharelado elementar e outra parte continuou com os programas de educação primária.

Educação na Europa no século XIX e primeira parte do século XX

O krausismo e a instituição livre de ensino (ILE)

A pedagogia nada mais é do que a aplicação aos problemas educacionais de uma maneira de pensar e sentir o mundo, digamos, de uma filosofia.

— José Ortega y Gasset, *La misión de la Universidad. Pedagogía y anacronismo*

Quando se repassa a história da educação na Espanha desde que as Cortes de Cádiz ditaram as primeiras normas que regem a instrução pública até os dias atuais, é um tanto surpreendente que, no início do século XX, a Instituição de Livre Ensino (ILE) tenha sido o modelo educacional para os políticos liberais e, ao mesmo tempo, tenha servido como ponto de referência para o que, a partir do 11° Congresso do PSOE (1918), seria o projeto educacional socialista.

É possivelmente essa estranha ambivalência no pensamento pedagógico de Francisco Giner de los Ríos (1839–1915) e seus discípulos que faz com que qualquer crítica, por menor que seja, à ILE e aos chamados "institucionalistas" seja tão malvista hoje em dia, não apenas por intelectuais de esquerda, mas também por muitos setores da direita, que professam um respeito mais do que reverencial por Giner de los Ríos e sua obra.

Para buscar uma explicação lógica de por que, em um determinado momento, liberais e socialistas parecem compartilhar os mesmos princípios pedagógicos ou, melhor dizendo, de como na Espanha vai desaparecendo, em matéria de instrução pública, todo princípio liberal, é preciso levar em conta, por um lado, o que foi o krausismo espanhol e sua relação com os homens da ILE e, por outro, o triunfo das ideias de Rousseau no século XX, um triunfo que no campo da educação foi tão grande que se considerou como *escola livre* aquela inspirada na filosofia educativa que o pensador francês havia exposto detalhadamente em sua obra *Emílio*.

Essa relação entre a ILE e as teorias de Krause é explicada por José María Marco em seu livro *Francisco Giner de los Ríos: pedagogía y poder* (Ciudadela, 2008). A doutrina fundada pelo filósofo alemão

O suicídio do Ocidente

Friedrich Krause (1781–1832), embora não tivesse muito mais do que uma dúzia de seguidores na Alemanha, tornou-se bastante importante na política espanhola na segunda metade do século XIX. Os exilados espanhóis na França durante os anos do absolutismo de Fernando VII conheceram um discípulo de Krause que vivia em Paris, Heinrich Ahrens (1808–1874), que os apresentou às ideias filosóficas de seu mestre. O krausismo de Ahrens que os liberais espanhóis conheceram era centrado na liberdade, nos direitos individuais e na desconfiança em relação ao Estado. No campo político, Ahrens pregava o equilíbrio e a temperança.

No início da década de 1840, os liberais espanhóis mais moderados, incluindo Sanz del Río (1814–1869), estavam ansiosos por uma renovação ideológica e encontraram no pensamento krausista de Ahrens uma boa base para construir sua nova filosofia política. Sanz del Río, que não falava alemão, estudou a doutrina de Krause em francês. Em 1843 viajou para a Alemanha para conhecer o círculo krausista de Heildelberg. Ao retornar, concentrou-se na tarefa de elaborar os fundamentos filosóficos do que viria a ser o krausismo espanhol. Quando, em 1863, aos 24 anos, Francisco Giner de los Ríos chegou a Madri para escrever sua tese de doutorado, juntou-se ao grupo de discípulos de Sanz del Río.

Naqueles anos de 1860, havia também em Madri um grupo de economistas liberais que haviam lido o francês Frédéric Bastiat e eram defensores do livre-comércio. Entre eles estavam Figuerola, Gabriel Rodríguez e o então jovem engenheiro civil, que se tornou ganhador do Prêmio Nobel de Literatura e um político conhecido, José Echegaray. Pois bem, Echegaray, quando no final da sua vida recordou o pensamento político dos krausistas, nos meses que antecederam a Revolução de Setembro de 1968, fê-lo desta forma no seu livro *Recuerdos* (Madri, 1917):

> Os krausistas eram nossos companheiros de combate, mesmo que não houvesse conformidade absoluta de opinião entre eles e nós [...]. Para nós não havia quase nada além do direito individual. No que diz respeito à lei coletiva, ou melhor, à lei estadual, os mais radicais de nosso grupo a negavam, outros a reduziam

Educação na Europa no século XIX e primeira parte do século XX

muito e todos nós a considerávamos suspeita. Por outro lado, os krausistas, ao mesmo tempo em que afirmavam o direito do indivíduo, afirmavam fortemente o direito do Estado.

É interessante saber o que foi e o que significou o Colégio Internacional fundado por Nicolás Salmerón (1838–1908), que é frequentemente citado como precursor do colégio da ILE. Salmerón nasceu em Almería, onde cursou o bacharelado [ensino médio]. Para iniciar seus estudos em direito e filosofia, foi para Granada, onde deve ter conhecido Francisco Giner de los Ríos. Em 1858, mudou-se para Madri para concluir seus estudos de filosofia. Seu professor foi Sanz del Río, por meio de quem possivelmente entrou em contato com os krausistas. Em 1860, obteve um cargo de professor assistente na Faculdade de Filosofia e Letras da Universidade Central de Madri.

Salmerón e outros discípulos de Sanz del Río desejavam ter seus próprios centros de ensino para difundir as ideias krausistas. Em agosto de 1866, abriram um colégio, "El Internacional", do qual o próprio Salmerón era diretor, elaborando um conjunto de regulamentos muito alinhados com as ideias do Relatório Quintana e da Constituição de 1812. Ele afirmava, por exemplo, que a escola deveria ser uma instituição privada dedicada ao ensino, "o que não significa que devemos dispensar a educação", mas sempre levando em conta que "na educação, a ação soberana é a da família".

Para lhe dar uma dimensão internacional, o Regulamento estabelece:

> Como complemento ao nosso propósito, consideramos essencial proporcionar às famílias meios para enviar os seus filhos para o exterior sem incorrer em despesas maiores do que as exigidas pela sua estadia em nosso Colégio.

Foi previsto que a escola teria alunos internos, semi-internos e diurnos. Esses últimos participariam apenas das aulas e não de outras atividades. Com relação às atividades dos alunos internos, os regulamentos diziam:

> Nas datas festivas [...] será celebrada missa depois do café da manhã, após a qual se dedicará uma ou duas horas à

> leitura [...] da seguinte maneira: o inspetor de estudos da Seção de Literatura fará ler clássicos latinos e castelhanos, explicando-os segundo o nível de cultura dos alunos e designará um deles para apresentar e julgar no dia feriado seguinte o que foi lido no dia anterior, oralmente ou por escrito.

O corpo docente do Internacional receberia treinamento krausista e, de fato, o colégio foi uma resposta dos krausistas à política de ensino do partido moderado. Giner colaborou com a escola desde o ano de sua fundação com um curso intitulado "Princípios Elementares de Literatura", ao mesmo tempo em que se preparava para os concursos para a cadeira de Filosofia do Direito e Direito Internacional na Universidade de Madri.

A experiência do Colégio Internacional durou apenas oito anos. Com o fim da Primeira República, Salmerón transferiu o colégio para um dos professores que o manteve aberto por mais um ano.

Em 11 de fevereiro de 1873, foi declarada a Primeira República Espanhola. Nicolás Salmerón foi o presidente do Poder Executivo[11] de 18 de julho a 6 de setembro de 1873. Após a instabilidade do período revolucionário de seis anos (1868–1874), com a chegada da Restauração, nasceu a *Institución Libre de Enseñanza* [Instituição Livre de Ensino], uma das experiências pedagógicas mais influentes na educação espanhola.

Com a Restauração, em dezembro de 1874, o Marquês de Orovio foi nomeado ministro do Desenvolvimento no gabinete de Cánovas. Orovio já havia ocupado esse cargo duas vezes, entre 16 de abril e 21 de junho de 1865, e entre 10 de julho de 1866 e 23 de abril de 1868, em confronto com os professores krausistas, entre os quais estavam Castelar e Salmerón.

Com Orovio novamente no Ministério de Fomento, ocorreu um novo confronto com os professores amigos dos krausistas. Ficou conhecido como "segunda questão universitária", cujo desencadeador foi a assinatura de um decreto que ordenava aos reitores que vigilassem para que não se ensinasse

---

11 Não houve presidente da República porque a Constituição não foi aprovada.

> nada contrário ao dogma católico nem à sã moral, zelando para que os professores se atenham rigorosamente à explicação das matérias que lhes são confiadas, sem induzir o espírito dócil da juventude por caminhos que conduzam a erros sociais funestos.

No pano de fundo desse decreto estava a controvérsia europeia sobre a teoria evolucionista de Darwin. Embora *A origem das espécies*, que havia sido publicada na Inglaterra em 1859, não tenha sido publicada na Espanha até 1877, o darwinismo há muito tempo era uma questão de debate na universidade.

Diante da discordância pública de alguns professores com o decreto de Orovio, o governo decidiu suspendê-los de suas funções e até mesmo exilar alguns e confinar outros em partes dispersas da Espanha. Neste caso, Azcárate foi enviado para Badajoz, Giner de los Ríos para Cádiz e Salmerón para Lugo. Mais tarde, Salmerón se estabeleceu em Paris e só retornou em 1881, quando o liberal Sagasta se tornou presidente do governo.[12]

No verão de 1876, os professores afetados pelo decreto criaram a *Fundación de la Institución Libre de Enseñanza* (ILE). O objetivo era criar uma universidade livre (privada) que garantisse a liberdade científica, o que, de acordo com Giner de los Ríos e seus amigos, a universidade pública não garantia. Entre seus primeiros acionistas estavam liberais conhecidos, como Figuerola, Gabriel Rodríguez, José Echegaray e Juan Valera.

O projeto de criar uma Universidade Livre acabou sendo um fracasso. Por outro lado, dois dos discípulos de Giner, Manuel Bartolomé Cossío e Germán Flórez, no ano acadêmico de 1878–79, abriram uma escola maternal que começou a ter bastante sucesso, tanto que Giner decidiu abandonar o projeto da universidade e se dedicar à nova escola e ao treinamento de seus professores. Para isso, eles se inspiraram no colégio "El Internacional", dirigido por Nicolás Salmerón.

Na segunda metade do século XIX, por iniciativa da Alemanha, foram organizados os Congressos Pedagógicos Internacionais, dos quais

---

12 Salmerón morreu na cidade francesa de Pau em 1908.

O suicídio do Ocidente

os professores da ILE começaram a participar, tomando conhecimento das ideias mais modernas que circulavam na Europa. No verão de 1878, a ILE enviou o jurista Manuel Torres Campos (1850–1918) como representante à Exposição Universal de Paris. Ele voltou de lá entusiasmado com as novas ideias pedagógicas que estavam em voga na França. Provavelmente foram as ideias modernas, inspiradas por Rousseau, dos pedagogos belgas da *Ligue de l'Enseignement* que entusiasmaram Torres Campos.

A filosofia da educação que Rousseau expôs em *Emílio* exerceu uma dupla atração sobre os institucionalistas de Giner de los Ríos. Por um lado, a aparente liberdade em que o jovem Emílio cresceu, sempre guiado pela natureza e sem que ninguém aparentemente exercesse qualquer autoridade sobre ele, deve ter soado gloriosa aos ouvidos dos pedagogos renovadores da ILE; e, por outro lado, não havia dúvidas de que *Emílio* era um magnífico manual para alcançar a regeneração social e cultural através da educação, com a qual os discípulos de Friedrich Krause sempre sonharam.

Em 1882, aconteceu em Madri o primeiro Congresso Pedagógico Nacional, que discutia a educação obrigatória, a educação gratuita, a natureza da educação primária, o método intuitivo, a cultura da mulher, as condições dos professores e as Escolas Normais. Por meio de Cossío, a ILE definiu sua posição em uma das questões mais debatidas da época: o papel da educação secundária. Para os institucionalistas, o ensino primário e o secundário deveriam ser fundidos para que houvesse apenas dois períodos na educação do homem: um de educação integral e geral, para todos os indivíduos, e outro de educação especial, opcional, técnica ou universitária:

Os legisladores começam a não saber o que fazer com o ensino secundário, e daí todas essas tentativas, em cujo pano de fundo pulsa, embora talvez ainda de forma incerta, esta ideia: ou o ensino secundário está destinado a desaparecer por ser inútil, retórico e abstrato, ou tem de se fundir com o ensino primário, como parte dele, adotando completamente o seu caráter.[13]

---

13 Eugenio M. Otero Urtaza, *Manuel Bartolomé Cossío*. Madri: CSIC Press, 1994.

Educação na Europa no século XIX e primeira parte do século XX

O mais notável daquele congresso foi o confronto entre a ILE e os professores das escolas públicas, que acusaram os discípulos de Giner de cuidar apenas de crianças "privilegiadas pelo talento ou pela fortuna", algo que feriu profundamente Giner, que saiu de lá se sentindo incompreendido. O congresso acabou abrindo uma enorme lacuna entre a ILE e a educação pública.

Nos últimos anos do século XIX, os principais pontos de discussão se concentravam na liberdade de educação, ou seja: quem poderia abrir escolas e sob qual controle estatal, como essas escolas seriam regulamentadas, quais qualificações oficiais seus professores deveriam ter e como os alunos seriam examinados. Essas discussões tiveram como ponto mais recorrente os direitos adquiridos pela Igreja em matéria educacional. É preciso levar em conta que, durante a Restauração, a Igreja tinha, praticamente, o monopólio do ensino secundário. Em 1900, por exemplo, havia 59 institutos públicos e 466 escolas religiosas na Espanha. Esse poder da Igreja obcecou tanto os liberais que, apesar de seus princípios, estes tentaram colocar obstáculos ao ensino livre.

A eterna questão da liberdade de ensino gradualmente deixou de ser uma preocupação. Diante do poder da Igreja, levantar-se-á um novo e indiscutível poder: o do Estado. O novo liberalismo tomará um caráter mais social e conservará quase como única marca de identidade seu anticlericalismo.

Outra questão pouco explicada na história da educação espanhola é como o modelo pedagógico da ILE se tornou, em 1918, o modelo educacional do PSOE. O ativismo político e pedagógico dos socialistas Manuel Núñez de Arenas e Lorenzo Luzuriaga talvez possa explicar essa relação.

Núñez de Arenas nasceu em Madri, em 1º de abril de 1886, em uma família de classe média alta e esclarecida. Cursou o ensino secundário na escola jesuíta de elite em Chamartín, um colégio interno ao qual somente os filhos de famílias muito ricas tinham acesso. Em seguida, foi para a França para estudar ciências químicas, mas antes de concluir o curso retornou à Espanha e se formou em filosofia e artes. Ingressou no PSOE em 1909. Foi membro do comitê executivo do PSOE de 1918 a 1921. Membro da Terceira Internacional, participou da fundação do Partido Comunista Espanhol (PCOE). Viveu no exílio na França de 1923 a 1930. Inspetor de Educação durante a Segunda República, teve que retornar ao exílio no final da Guerra Civil Espanhola. Na França, foi preso pelos nazistas. Morreu em Paris em 1951.

Em 1910, Núñez de Arenas fundou o que chamou de Escola Nova de Madri, uma associação cultural que buscava estabelecer laços entre intelectuais e trabalhadores. O objetivo do fundador era formar grupos de professores e escritores que, de tempos em tempos, realizassem reuniões na Casa do Povo com trabalhadores e trabalhadores braçais. Durante o primeiro ano de existência, a Escola manteve um caráter aberto e não politizado. Em certos setores socialistas não foi muito bem-vista, mas aos poucos foi se politizando e, dois anos depois de sua criação, em setembro de 1912, Núñez de Arenas a apresentou no IX Congresso do PSOE, do qual saiu definido como um "centro de estudos socialistas".

Em outubro de 1915, ocorreu o X Congresso do PSOE, ao qual a Escola Nova enviou uma delegação. Núñez de Arenas está disposto a afirmar o "caráter socialista" de sua Escola, desde que socialismo e cultura andem de mãos dadas. A Escola Nova de Madri passou a ter sede própria na Calle del Prado, em Madri, e constituiu o ponto de união entre o socialismo espanhol e a Instituição Livre de Educação. O que não significa que todos os intelectuais próximos ao ILE compartilhassem as mesmas ideias pedagógicas e políticas.

De acordo com Manuel Tuñón de Lara em seu livro *Medio siglo de cultura española* (Urgoiti, 2018), em 1918 a Escola de Núñez Arenas já contava com 104 membros das mais diversas famílias ideológicas, embora um terço fosse membro do Partido Socialista. Entre os membros estavam professores universitários e vários professores de escolas secundárias. Tuñón de Lara menciona Manuel Azaña, José Ortega y Gasset, José Castillejo e Lorenzo Luzuriaga como figuras importantes.

O 11º Congresso do PSOE foi realizado em 30 de novembro de 1918. Nele apresentou um documento sobre educação, "Bases para um Programa de Instrução Pública", que, a partir de então, tornou-se o programa socialista para a educação. Na introdução, foi estabeleci-do o princípio da educação gratuita em todos os níveis e o princípio da "escola unificada". Também falava sobre a educação infantil, o ensino primário obrigatório dos 6 aos 14 anos de idade, a extensão da educação até os 18 anos de idade em escolas secundárias ou em escolas profissionalizantes. Além disso, foi estabelecido um corpo único de professores e a criação de uma Faculdade de Pedagogia. Lorenzo Luzuriaga foi um dos pedagogos que redigiu esse relatório.

Luzuriaga (1889–1959) nasceu em Valdepeñas (Ciudad Real) em uma família de professores. Ele estudou na *Escuela de Estudios Superiores de Magisterio*,[14] onde assistiu a aulas de psicologia e filosofia ministradas por José Ortega y Gasset. Essa escola foi fundada em Madri em 1909 para complementar o treinamento de professores e inspetores de educação. Pedagogos, filósofos e cientistas de prestígio lecionavam lá. Ela foi suprimida pela Segunda República quando foi criada a seção de Pedagogia da Faculdade de Filosofia e Letras de Madri.

Luzuriaga começou a frequentar a Biblioteca do Museu Pedagógico Nacional, outra das iniciativas promovidas pela ILE, onde conheceu algumas de suas principais figuras. Em 1912, depois de concluir seus estudos na Escola Superior de Magistério de Madri, a *Junta para Ampliación de Estudios* (JAE), criada e dirigida pela própria insti-tuição, concedeu-lhe uma bolsa de estudos para viajar à Alemanha e aprofundar seus estudos em pedagogia. Lá ele entrou em contato com figuras importantes da Nova Pedagogia Europeia, entre elas George Kerensteiner, um estudioso das teorias de Dewey sobre educação e defensor da escola unificada e das pedagogias "ativas".

Após seu retorno, Luzuriaga começou a frequentar o Colégio Núñez de Arenas. Fundou e dirigiu a *Revista de Pedagogía*, onde lutou por seu ideal de uma escola nova, única, pública e laica. Tanto Manuel Núñez de Arenas quanto Lorenzo Luzuriaga eram membros do Partido Comunista Operário Espanhol (PCOE), a cisão marxista-leninista do PSOE que ocorreu quando os socialistas se recusaram a ingressar na

---

14 Fundada em 1909.

Terceira Internacional (Comintern) em 1921. E ambos faziam parte do grupo mais politizado da Instituição Livre de Ensino.

Na década de 1920, Luzuriaga se envolveu na luta pedagógica da Liga Internacional de Educação Nova por uma escola única, ativa e pública. Ele traduziu John Dewey, publicou muitos livros e artigos sobre as novas pedagogias e a escola única ou unificada.[15]

Curiosamente, em um livro que reúne ensaios de Ortega y Gasset, publicado pela Alianza (*Revista de Occidente*) com o título "Misión de la Universidad y otros ensayos sobre educación y pedagogia" [Missão da Universidade e outros ensaios sobre educação e pedagogia], encontrei um artigo publicado em 1923 pela *Revista de Pedagogía*, no qual Ortega criticava a pedagogia de Kerschensteiner. O artigo era intitulado "Pedagogia e Anacronismo" e começava assim:

> Ouvi dizer que Kerschensteiner é um dos pedagogos mais eminentes da atualidade. No entanto, acho que, para o Sr. Kerschensteiner, o objetivo geral da educação é formar cidadãos úteis, na medida em que eles devem servir aos objetivos de um determinado estado e da humanidade. Não consigo entender como um homem de tão bom senso pode dizer uma coisa dessas. Isso dá uma medida do descuido em que se encontram as ideias pedagógicas em nosso tempo.

Um século depois, em novembro de 2021, novos renovadores internacionais da educação se reuniram em Calais para comemorar o centenário do Congresso de 1921 que lançou a Liga Internacional da Educação Nova. Seu objetivo era reviver os princípios pedagógicos destinados a formar o cidadão que mudaria o mundo. Seu efeito já começa a ser sentido nas Faculdades de Ciências da Educação de alguns países europeus.

Francisco Giner de los Ríos morreu em 1915. Seu aluno favorito, Manuel Bartolomé Cossío, tornou-se o herdeiro do programa reformista da ILE. Cossío contou com um discípulo de Giner, José Castillejo, para sua tarefa.

---

15 Herminio Barreiro, *Lorenzo Luzuriaga y la escuela pública en España* (1889–1936). Ciudad Real: Diputación Provincial, 1984.

Educação na Europa no século xix e primeira parte do século xx

José Castillejo (1877–1945) nasceu e estudou em Ciudad Real. Após concluir seus estudos de direito em Madri, queria completar sua formação humanística e cursou as matérias que também lhe permitiriam obter um diploma em filosofia e artes. Ao concluir seus estudos, procurou Francisco Giner de los Ríos para pedir-lhe que supervisionasse sua tese de doutorado. A partir de então, sua vida esteve ligada à ILE.

Em 1920, Castillejo, que já tinha mais de quarenta anos, decidiu se casar com uma jovem inglesa, Irene Claremont, dezoito anos mais jovem que ele, formada em história e economia pela Universidade de Cambridge, que conhecera quando ela ainda era criança, por ocasião das viagens que fazia à Inglaterra em nome da ILE para buscar intercâmbios para os alunos da Instituição.

Naquela época, Castillejo era secretário da *Junta para la Ampliación de Estudios* e também diretor do *Instituto Escuela*, que havia sido criado em 1918 como uma escola secundária financiada pelo Estado, mas com uma organização e um currículo diferentes daqueles que regiam a maioria dos institutos espanhóis. A família Castillejo estabeleceu sua residência em Madri, em El Olivar de Chamartín, no local hoje ocupado pela *Fundación Olivar de Castillejo*. O casal teve quatro filhos, Jacinta (1923), Leonardo (1924), David (1927) e Sorrel (1928).

A vida familiar de Castillejo antes da Guerra Civil e os motivos que o levaram a deixar a Espanha para se estabelecer em Londres são o tema de um livro de memórias de Irene Claremont, publicado em espanhol por sua filha Jacinta em 1995 sob o título *Respaldada por el viento* (Castalia, 1995). Neste livro, Irene Claremont relembra os primeiros anos de seu casamento no cenário idílico de El Olivar, suas dificuldades para se adaptar a um mundo que era absolutamente estranho para ela e criar seus filhos ao lado desse "desconhecido" com quem se casou e por quem sua admiração cresceu ao longo dos anos.

As crianças da Castillejo Claremont cresceram em um ambiente familiar totalmente bilíngue. Quando chegou a hora de irem para a escola, seus pais procuraram uma escola onde pudessem estudar em espanhol e inglês. Teria sido lógico que as crianças fossem para o Colégio Institución, dirigido por Manuel Bartolomé Cossío, ou para as aulas preparatórias do Instituto Escuela, do qual o próprio Castillejo era diretor, mas, como Irene Claremont nos conta, nenhuma dessas escolas estava disposta a iniciar uma experiência bilíngue, então eles decidiram criar sua própria escola.

Em 1928, a inovadora Escola Plurilíngue de Madri abriu suas portas com um grupo de crianças de 4 e 5 anos. A escola foi colocada sob o controle de um grupo de pais do círculo da ILE, entre eles personalidades de prestígio como Jorge Guillén, Pedro Salinas e Andrés Segovia. Irene Claremont escreveu sobre a escola:

> A intenção não era formar crianças plurilíngues. Era uma escola de espanhol para crianças espanholas que estudavam as matérias básicas em sua língua materna. Mas todas elas conseguiam ler e falar alguns idiomas estrangeiros com certa fluência e, a partir dos dez anos de idade, podiam acompanhar facilmente uma aula em outro idioma. Nossos próprios filhos aprenderam três idiomas, além do latim. José causou consternação ao permitir que os meninos mais velhos tivessem aulas de história com professores ingleses e franceses, além dos espanhóis.

Castillejo queria professores do Estado para a escola com contratos anuais. Isso, juntamente com sua pretensão de incorporar professores nativos, entrava em conflito com o *status* do professor funcionário público e logo se tornou motivo de inquietação entre os professores da escola, que se queixavam da falta de segurança no emprego e da excessiva interferência dos pais nas decisões acadêmicas.

A firmeza de Castillejo nessas questões provocou um cisma entre os professores. Um grupo deles, liderado por Jacinta Landa, filha do krausista estremenho Rubén Landa, tornou-se independente, assumindo o nome de Escola Plurilíngue. Com os professores e pais leais restantes, Castillejo manteve sua escola aberta, dando-lhe o nome de Escola Internacional. Ambas as escolas foram fechadas com a eclosão da Guerra Civil.

Aparentemente, a ambição de Castillejo era vincular essa experiência com outras semelhantes em outros países. Pensava que escolas internacionais poderiam ser criadas na França, Alemanha e Inglaterra com um currículo comum que permitiria o intercâmbio de alunos e professores. Nessas escolas, pensava José, poderia ser formada uma "elite de espírito cosmopolita", da qual poderiam surgir diplomatas, estadistas e funcionários de organizações internacionais. Essa foi uma ideia que Castillejo expressou em todas as conferências e congressos internacionais dos quais teve a oportunidade de participar. As Escolas Europeias para os filhos de funcionários da UE que existem hoje têm muitas semelhanças com o projeto de Castillejo.

A vida idílica de *El Olivar*, os projetos pedagógicos de Castillejo, a educação espanhola das crianças e tudo o que Irene e José sonhavam em fazer na Espanha desmoronou no verão de 1936.

> Desde o início — escreve Irene — o terror reinava em ambos os lados. Não havia escapatória nem liberdade de escolha; ou você se juntava ao lado que dominava seu próprio distrito ou corria o risco de ser fuzilado contra o paredão. [...] Aconteceu que, quando a guerra estourou, estávamos em Benidorm, então nas mãos dos republicanos, e a área, por sua vez, nas mãos dos comunistas. Mas José estava em Genebra.

Irene conta que um dia um bando de garotos de um vilarejo próximo chegou a Benidorm, prontos para incendiar a igreja. Os habitantes locais, que gostavam da igreja, mas, acima de tudo, não queriam que sua igreja fosse incendiada por intrusos, expulsaram-nos com os punhos, e os agressores se contentaram em jogar as imagens no mar. Essa anedota é basicamente representativa do clima de anarquia, caos e improvisação que a Espanha vivia na época.

Assim que soube da eclosão da Guerra Civil, Castillejo decidiu deixar suas ocupações em Genebra e se juntar à família em Benidorm. Ele pegou um trem que o deixaria no dia seguinte em Barcelona, mas a viagem se transformou em uma experiência intensa que durou dez dias. Uma das "experiências" que José teve nessa viagem foi a contemplação do assassinato do pároco de um pequeno vilarejo próximo a Barcelona, que havia embarcado no trem em busca de refúgio.

Com uma ingenuidade incompreensível, Irene conta como, uma vez juntos, os Castillejo teriam passado o resto do verão aproveitando

O suicídio do Ocidente

o Sol e a praia em Benidorm, onde as pessoas, "depois de verem as imagens religiosas alegremente afogadas", estavam calmas e inofensivas. Mas, em uma tarde, eles receberam um telegrama do cônsul britânico pedindo que partissem para Londres. Era sua última chance de escapar em um navio-hospital inglês que estava prestes a zarpar de Alicante. Depois de deixar a esposa e os filhos em segurança no navio, Castillejo decidiu ir para Madri para servir ao governo. "Sou espanhol", argumentou José, "meu país está com problemas. Não participo da política, mas estou à disposição de qualquer governo que esteja no poder no momento. Voltarei a Madri para oferecer meus serviços".

Uma vez em Madri, se apresentou ao ministro da Instrução Pública, Francisco Barnés Salinas, um homem também ligado à ILE. Barnés reconheceu sua incapacidade de dar proteção:

> Não há nada que você possa fazer aqui, Castillejo. Reúna-se com sua família o mais rápido possível. Não quero seu assassinato em minha consciência. Providencie para que lhe chamem do exterior; sem isso, você nunca obterá a autorização. "Mas você mesmo não pode dá-la a mim?", perguntou José. "Eu?", riu Barnés: "Não tenho autoridade; espero ser preso a qualquer momento. Os comunistas e anarquistas têm o poder agora, não eu".

Irene relembra em seu livro o relato de seu marido sobre os dias aterrorizantes que passou em Madri. O medo que o acometeu quando estava prestes a ser "levado" por quatro indivíduos que ele conhecia, alguns deles ligados à própria Instituição Livre de Ensino. Indivíduos que, na opinião de Irene, por alguma razão desconhecida, deviam odiar José, embora ele fosse um dos seus:

> Um dia, depois de comer com suas irmãs no Olivar e enquanto tirava uma soneca em sua própria cama, Mariana (Castillejo) saiu correndo de sua casa, do outro lado do jardim. "Paulino ligou. Ele os ouviu conversando e estão vindo atrás de você". Quase imediatamente, o carro inevitável estava na porta; lá dentro, quatro homens com rifles; os quatro, professores, todos conhecidos de José, um deles até do Instituto

Educação na Europa no século XIX e primeira parte do século XX

> Escola, armados e vingativos porque Castillejo talvez lhes tivesse negado uma bolsa de estudos, ou algum favor tivessem que aspirado.

A vida de Castillejo foi salva por um milagre graças a Juan López Suárez, marido de sua irmã Mariana, e à intervenção do ministro Barnés.[16] Enquanto isso, Irene e as crianças esperavam impacientemente por sua chegada a Londres.

> Doze dias depois de deixar a Espanha — recorda Irene — bateram à porta de minha mãe em Londres. Um velho de ombros pesados e olhos assustados estava na porta. José! Subitamente, um velho! "Levaram-me para me matar", sussurrou, ainda com medo e horror nos olhos.

Irene conta que, anos depois, em Londres, em uma reunião íntima, ouviu seu marido dizer com imensa tristeza: "Se me perguntassem quem é o responsável pela Guerra Civil, eu teria de responder: 'Eu, eu não fiz o suficiente'".

---

16 Francisco Barnés Salinas foi ministro da Instrução Pública de 12 de junho a 12 de setembro de 1933 e, posteriormente, de 13 de maio a 4 de setembro de 1936. Seu irmão Domingo, professor do ILE, o substituiu em 12 de setembro de 1933 e foi ministro até 16 de dezembro de 1933.

SEGUNDA PARTE

A REVOLUÇÃO PEDAGÓGICA

O que na Europa permaneceu em nível experimental, algo experimentado e testado aqui e ali em algumas escolas e instituições de ensino isoladas, na América do Norte, há cerca de vinte e cinco anos, baniu completamente, de um dia para o outro, todas as tradições e todos os métodos estabelecidos de ensino e aprendizagem [...]. O fato significativo é que, por causa de certas teorias, boas ou ruins, todas as normas de sensatez humana foram rejeitadas.

— Hannah Arendt, *A crise da educação*

Em 1958, a filósofa alemã Hannah Arendt, que estava morando nos EUA na época, deu uma palestra em Bremen sobre a crise da educação daquele país. Nessa palestra, Arendt não apenas identificou as causas dessa crise, como também se aprofundou nos dogmas políticos e pedagógicos por trás do modelo de escola unificada e da pedagogia ativa, que se originaram na Europa e triunfaram nos Estados Unidos nas décadas de 1930 e 1940. A crítica de Arendt foi dirigida ao movimento de educação progressista, do qual o filósofo e educador americano John Dewey foi uma das principais figuras. Hannah Arendt alertou que as ideias que haviam inspirado a pedagogia progressista nos EUA se espalhariam por toda a educação no Ocidente. E foi o que aconteceu. Maio de 68 seria o veículo para a transmissão do vírus da educação progressista.

A explosão da rebelião universitária em Paris na primavera de 1968 surpreendeu o governo do General De Gaulle, mas também os intelectuais e políticos da esquerda francesa tradicional. Uma testemunha excepcional dos eventos foi o filósofo Raymond Aron, que em julho de 1968 registrou os eventos e suas reflexões sobre eles em um livro praticamente desconhecido na Espanha, intitulado *La Révolution introuvable*.[1]

Aron foi praticamente o único intelectual francês a perceber que maio de 68, mais do que uma revolução, era uma farsa com consequências imprevisíveis. Indignado com a atitude de seus colegas e com a inconsciência de grande parte da sociedade, que aplaudia os pirralhos revolucionários, Aron recorreu a Tocqueville e às suas memórias de outra revolução, a de fevereiro de 1848, para expressar os próprios sentimentos.

Aquela geração de jovens nascidos entre 1945 e 1950, que se rebelou contra a sociedade burguesa de seus antepassados, contra seus valores morais e religiosos, contra suas instituições, contra seu modo de vida, não tinha ideia do mundo que queria construir e era movida por um sentimento visceral de destruição.

Maio de 68 estimulou o espírito criativo de seus protagonistas que, na ausência do Twitter, usaram as paredes dos melhores edifícios de Paris para expressar suas ideias com *slogans* mais ou menos criativos. Alguns deles já anunciavam o pensamento dos revolucionários do século XXI, a geração que o político francês François Xavier Bellamy chamou de "os deserdados":[2] *Soyez réalistes demandez l'impossible* ("Sejam realistas, exijam o impossível"), *L'imagination prend le pouvoir* ("A imaginação leva ao poder"), *Prenez vos désirs pour des réalités* ("Tomem seus desejos por realidades"), *Je décrete l'état de bonheur permanente* ("Eu decreto o estado de felicidade permanente").

---

1 Há uma tradução portuguesa da obra de Aron: *A revolução inexistente*. Tradução de João Belchior Viegas. Colecção Documentos de Todos os Tempos. Lisboa: Livraria Bertrand, 1968 — NT.

2 *Os deserdados* é o título de um ensaio do político francês François Xavier Bellamy.

A crise na educação americana. O vírus igualitário chega à Europa

John Dewey e o movimento da educação progressista

Os especialistas no estudo da história da educação geralmente se referem ao período entre 1925 e 1955 como a era de ouro da educação americana. O arquiteto dessa era de ouro foi o filósofo, psicólogo e educador John Dewey (1859–1952).

Dewey expôs sua filosofia da educação em um livro intitulado *The School and Society* [A escola e a sociedade], publicado em 1899. A escola deve ser sempre o motor da reforma social e, portanto, disse Dewey, é necessário acabar com um sistema de educação projetado para reproduzir a sociedade e não para transformá-la. De sua posição como mestre de professores no Teachers College da Universidade de Columbia, teve a oportunidade de dirigir o treinamento de uma geração de professores e especialistas em educação que, nas décadas de 1920 e 1930, espalharam suas ideias pelas Faculdades de Educação dos Estados Unidos.

Em contraste com os métodos tradicionais de ensino, baseados no aprendizado sistemático de conhecimentos básicos por meio de aulas organizadas e dirigidas pelo professor, os discípulos de Dewey acreditavam que as crianças deveriam aprender sozinhas apenas o que despertasse seu interesse, e baniram o uso da memória e o ensino de conteúdos "impostos" desde fora. Essa ideia de que as crianças só podem aprender o que querem aprender e que, portanto, não deve haver conhecimento imposto externamente, está na raiz do que foi chamado de "pedagogia centrada na criança". Os discípulos de Dewey também não eram favoráveis à disciplina ou aos exames, que, na opinião deles, só serviam para traumatizar os alunos. Esse ódio aos exames seria uma característica constante dos autoproclamados educadores progressistas.

Em torno das ideias pedagógicas de Dewey formou-se um movimento para promover a reforma total do sistema escolar, que foi chamado de Progressive Education Movement [Movimento da Educação Progressista]. Essa educação progressista era, na realidade, a versão norte-americana da pedagogia ativa ou pedagogia moderna típica do movimento da Escola Nova europeia. Como destacou Hannah Arendt, o que na Europa não passava de uma experiência pedagógica praticada em algumas escolas particulares, enraizou-se nos Estados Unidos com tanta força que inspirou todas as reformas do sistema educacional oficial realizadas na primeira metade do século xx.

No início do século passado, a organização da educação nos EUA seguia mais ou menos o modelo europeu de Condorcet, com três estágios distintos: ensino fundamental, médio e superior. As escolas de ensino médio ofereciam uma educação acadêmica para os alunos que desejavam ser admitidos em uma universidade. A partir da década de 1930, o número de alunos matriculados em escolas de ensino médio começou a crescer rapidamente. Esse crescimento trouxe consigo um influxo de alunos com interesses e habilidades muito diferentes. Para lidar com a nova situação, programas especiais voltados para o ingresso precoce no mundo do trabalho começaram a ser introduzidos em algumas escolas de ensino secundário.

Os seguidores da escola progressista de Dewey se opuseram a essa "segregação" de alunos e promoveram uma reforma nos planos de estudo para que o conteúdo das disciplinas e o nível de exigência estivessem ao alcance da maioria da população. Uma das consequências

A crise na educação americana. O vírus igualitário chega à Europa

dessa "democratização" da escolarização foi a substituição das disciplinas mais abstratas, como latim ou geometria, por outras mais práticas e acessíveis a todos os alunos.

A escola progressista triunfou nos EUA. A América do Norte parecia ter encontrado o modelo educacional ideal para uma sociedade democrática. Entretanto, em meados da década de 1950, os resultados cada vez piores dos alunos no exame de admissão à universidade, conhecido como SAT (Scholastic Aptitude Test), fizeram soar o alarme. Começaram a surgir vozes de diferentes setores da sociedade que criticavam cada vez mais o sistema escolar. Nas escolas secundárias, os problemas de disciplina aumentavam a cada dia e os professores exigiam medidas para fortalecer a autoridade do governo.

Dewey morreu em julho de 1952, aos 93 anos. Em 1955, o livro *Why Johnny Can't Read. And What You Can do About It* [Por que Johnny não sabe ler e o que você pode fazer a respeito] foi publicado e causou grande alvoroço. Seu autor, Rudolf Flesh, um judeu austríaco que se exilou nos Estados Unidos para fugir do nazismo, acusou o sistema de ensino "global", que nos Estados Unidos substituiu o método silábico tradicional de ensinar as crianças a ler, não só de ter atrasado a idade de aprender a ler, mas também de ser a causa do declínio do interesse e do gosto dos jovens pela leitura. A questão abordada por Flesh parecia ser de menor importância, mas, surpreendentemente, o livro acabou se tornando um *best-seller* e um símbolo do declínio da pedagogia progressista.

Surgiu então um movimento antiprogressista, exigindo um retorno aos valores tradicionais de ensino. Como foi possível que a escola tivesse se desviado de sua verdadeira missão, a de transmitir os conhecimentos que o homem ocidental vinha aperfeiçoando ao longo dos séculos? Como foi possível que a sociedade tenha esquecido seu dever de fornecer aos jovens a força de espírito e a compreensão necessárias para contribuir com suas vidas e trabalho para o progresso da nação? Essas foram algumas das perguntas levantadas naquela época.

Como se isso não bastasse, em outubro de 1957, a União Soviética lançou o primeiro Sputnik no espaço, ultrapassando assim os

Estados Unidos na corrida espacial. A mídia americana apresentou novos argumentos para atacar um sistema educacional no qual, segundo eles, o treinamento tecnológico e científico era claramente ineficaz. O governo do então presidente Eisenhower[1] já tinha motivos suficientes para apresentar um projeto de reforma baseado na recuperação da disciplina, das exigências acadêmicas, dos exames e do respeito à autoridade do professor. Era o fim da era de ouro da educação americana. O triunfo do movimento progressista havia levado a uma profunda crise na educação. Uma crise que estava longe de ser resolvida.

Hannah Arendt faz uma análise aprofundada da crise na educação americana

Em 1961, um livro de Hannah Arendt (1906–1975), *Between Past and Future* [Entre o passado e o futuro],[2] foi publicado nos Estados Unidos, reunindo uma coleção de ensaios sobre questões políticas que a filósofa judia alemã, que vivia ali desde 1941, havia escrito entre 1954 e 1961.

Um deles, *The Crisis in Education* [A crise na educação], foi publicado originalmente em 1958 e continha o texto de uma palestra, "Die Krise in der Erziehung", que Arendt proferiu em Bremen em 13 de maio do mesmo ano. Nela, Arendt fez um relato da profunda crise na educação nos Estados Unidos e refletiu sobre as origens filosóficas de uma série de preconceitos pedagógicos e políticos que, em sua opinião, estavam presentes no mundo educacional americano desde a década de 1920 e que tornavam muito difícil a implementação de qualquer medida destinada a melhorar os resultados escolares, por mais razoável que fosse.

---

1 Eisenhower, um republicano, foi presidente dos Estados Unidos de janeiro de 1953 a janeiro de 1961.

2 Hannah Arendt, *La crisis de la educación. Entre el pasado y el futuro*. Madri: Península, 1996, reeditado em 2016. [Há uma tradução brasileira: *Entre o passado e o futuro*. 7ª ed. São Paulo: Perspectiva, 2011 — NT.]

A crise na educação americana. O vírus igualitário chega à Europa

Para Arendt, a origem dos preconceitos políticos estava na maneira particular de entender a igualdade dos democratas norte-americanos. Para eles, o conceito de igualdade ia além da igualdade perante a lei e até mesmo além do que significa igualdade de oportunidades. Essa ideia particular de igualdade levou à universalização do ensino secundário com um currículo idêntico para todos, com a consequência lógica de ter transformado o ensino secundário numa mera extensão do ensino primário, privando assim os alunos mais intelectualmente dotados da formação acadêmica necessária para posteriormente prosseguirem o ensino superior. Cada vez mais estudantes chegavam às universidades sem preparação adequada, o que fazia com que muitos abandonassem os estudos antes de concluir o curso.

Em relação aos preconceitos pedagógicos, Hannah Arendt se referia às teorias da corrente pedagógica que nos Estados Unidos era chamada de *progressive education* e tinha suas raízes teóricas no pensamento de John Dewey. Arendt não citou Dewey em seu ensaio, mas ressaltou que os seguidores da *progressive education* sustentavam que era inútil ensinar uma criança que não estava suficientemente motivada, que o esforço deveria ser substituído pela brincadeira, que não se deveria esforçar muito para ensinar às crianças conhecimentos específicos e que, acima de tudo, "o mundo das crianças" deveria ser respeitado, o que levou professores e pais a abrirem mão de sua autoridade. Nas palavras de Hannah Arendt, essas eram "teorias educacionais modernas que se originaram na Europa Central e que consistem em uma mistura de sensatez e insensatez que buscavam alcançar, sob a bandeira da educação progressista, uma revolução radical em todo o sistema educacional".

Hannah Arendt, uma das pessoas que mais profundamente analisou as origens do totalitarismo, considerou que os fundamentos do dogmatismo da *progressive education* vinham da Revolução Francesa e, em particular, da influência que Rousseau teve entre os revolucionários jacobinos, que viam a educação como o instrumento político por excelência para transformar a sociedade. A filósofa apontou os seguidores de Rousseau como os arquitetos de um novo "ideal educacional, no qual a educação se tornou um instrumento da política e

O suicídio do Ocidente

a própria atividade política foi concebida como uma forma de educação". E na política, acrescentou Arendt, "a palavra educação tem um som perverso; fala-se em educação, mas o verdadeiro objetivo é a coerção sem o uso da força".

Toda crise, dizia Arendt, nos obriga a levantar questões que pensávamos já resolvidas e a dar respostas que podem ser novas ou velhas, mas que, em qualquer caso, exigem a tomada de decisões. Nesse sentido, uma crise é sempre uma oportunidade. Mas se nos recusarmos a refletir profundamente sobre as origens dos problemas sérios que uma crise traz à tona, então a crise pode se transformar em um desastre.

Em seu artigo, Arendt também expressou seu temor de que esses preconceitos, que naquela época afetavam apenas a educação norte-americana e que, segundo ela, ameaçavam transformar a crise educacional em um verdadeiro desastre nacional, se espalhassem como um vírus e infectassem toda a educação ocidental. Arendt, além de denunciar os dogmas pedagógicos e políticos que haviam produzido essa crise, refletiu sobre sua origem filosófica, fornecendo-nos, assim, argumentos sólidos para compreender a essência nociva da pedagogia progressista, que, apesar da advertência da filósofa alemã, espalhou-se pelo mundo ocidental. Arendt, talvez por ser uma filósofa e não uma pedagoga ou professora, sabia que para abordar o problema da educação era preciso ir além de perguntar por que Johnny não sabia ler.

Essa rejeição do ensino tradicional, esse desaparecimento do bom senso, foi para Arendt, há mais de sessenta anos, o sinal mais claro da crise da educação nos Estados Unidos, e ela se perguntava por que isso havia acontecido no país mais avançado do mundo e como era possível que por tantos anos a sociedade tivesse permanecido seduzida por teorias pedagógicas tão distantes do bom senso:

> Em nenhum outro lugar os problemas educacionais de uma sociedade de massa se tornaram tão graves, e em nenhum outro lugar as teorias pedagógicas mais modernas foram aceitas de forma menos crítica e mais servil.

A crise na educação americana. O vírus igualitário chega à Europa

O fato de a crise eclodir nos Estados Unidos, uma democracia igualitária, uma "sociedade de massas" segundo a expressão usada por Hannah Arendt, tinha a dificuldade de que toda a sociedade era de alguma forma responsável pelas más decisões tomadas, e isso tornava muito difícil para ela aceitar seus erros e lutar para remediá-los. Mas também tinha a vantagem de alertar aqueles em outros países que poderiam ser tentados a seguir os passos "inovadores" de pedagogos e políticos americanos.

Arendt comparou o modelo americano de educação com o que existia na Inglaterra na época, o chamado "sistema tripartite", introduzido pela Lei de Educação de 1944 sob o comando de Richard A. Butler, que era responsável pela educação. Como veremos em detalhes mais adiante, essa lei, que foi elaborada em meio à Guerra Mundial, estendeu a educação obrigatória até os 15 anos de idade com três modelos de escolas secundárias: Grammar School, Technical School e Modern School. Somente as Grammar Schools preparavam os alunos para o estudo universitário. Um sistema meritocrático, segundo Arendt, que seria inaceitável nos EUA.

Para entender a origem do igualitarismo que hoje prevalece na educação ocidental, é importante conhecer a explicação que a filósofa alemã deu para a diferença entre um sistema de educação baseado no mérito e no esforço individual e outro, cujo objetivo é igualar as diferenças intelectuais e que, consequentemente, impede o desenvolvimento máximo da capacidade intelectual de cada indivíduo. Arendt dizia:

> Na Grã-Bretanha, no final da escola primária, quando têm onze anos de idade, as crianças precisam fazer os temidos testes de seleção que eliminam quase noventa por cento dos alunos e aceitam os demais para o próximo nível de ensino. Mesmo na Inglaterra, o rigor dessa seleção não foi recebido sem protestos. Nos Estados Unidos, isso teria sido simplesmente impossível. No país europeu, busca-se uma "meritocracia" que, mais uma vez, é o estabelecimento claro de uma oligarquia, nesse caso não baseada em riqueza ou sobrenome, mas em talento. [...] Nos Estados Unidos, essa divisão quase física das crianças em superdotadas e não superdotadas seria

considerada intolerável. A meritocracia contradiz o princípio da igualdade, o princípio de uma democracia igualitária, assim como qualquer outra oligarquia. O que torna a crise educacional americana tão aguda, portanto, é o caráter político do país, que se esforça para igualar ou apagar, na medida do possível, as diferenças entre jovens e idosos, entre superdotados e não superdotados, entre crianças e adultos e, em particular, entre alunos e professores. Está claro que esse processo só pode ser realmente cumprido às custas da autoridade do professor e às custas dos alunos mais talentosos.

Após essa explicação de por que o igualitarismo acadêmico era, naquela época, específico dos Estados Unidos e não dos países europeus, Arendt passou a analisar os fatores específicos que influenciaram as decisões que levaram à crise. Para ela, essas medidas desastrosas baseavam-se em três pressupostos básicos: existe um mundo das crianças, a pedagogia é uma ciência e só se pode aprender brincando.

Como o mundo das crianças existe, ele deve ser governado pelas próprias crianças: "Os adultos devem apenas ajudar nesse governo. A autoridade que diz a cada criança o que fazer e o que não fazer está dentro do próprio grupo de crianças". Mas, como bem observou Arendt, "dentro do grupo, a criança está muito pior do que antes, porque a autoridade de um grupo, mesmo de um grupo de crianças, é sempre muito mais forte e mais tirânica do que a mais severa das autoridades individuais pode ser". Portanto, a criança não é liberada, mas está sujeita a "uma autoridade muito mais aterrorizante e tirânica: a da maioria".[3]

Como consequência de tornar a pedagogia uma ciência, "o professor não precisa conhecer sua própria matéria", ele deve saber apenas um pouco mais do que seus alunos. Isso significa que "já não existe a fonte mais legítima da autoridade do professor: ser uma pessoa que, de onde quer que se olhe, sabe mais e pode fazer mais do que seus alunos".

Com relação à ideia de que só se pode aprender brincando, Arendt escreveu:

---

3 O aumento do *bullying* nas salas de aula poderia estar relacionado ao abandono do princípio de autoridade pelos professores?

A crise na educação americana. O vírus igualitário chega à Europa

> Além da questão de se isso é possível ou não, é bastante claro que esse procedimento tenta conscientemente manter a criança, mesmo que não seja mais uma criança, no nível do infante pelo maior tempo possível [...]. O que deveria preparar a criança para o mundo adulto, o hábito de trabalhar e não de brincar, adquirido pouco a pouco, é deixado de lado em favor da autonomia do mundo da infância.

Essa mistura de sensatez e insensatez que Arendt via na pedagogia progressista jamais teria adquirido grande transcendência se não fosse porque respondia a uma nova visão da educação como instrumento para transformar a sociedade. Emílio, a criatura de Rousseau, devia ser educado para se tornar o germe de uma nova sociedade, de um mundo novo.

A educação, vista dessa forma, tornou-se um instrumento da política. Apesar das experiências totalitárias do século XX, não se levou em conta que, como lembrou Hannah Arendt e como Condorcet tantas vezes advertiu, todos os regimes totalitários assumiram a educação de crianças e jovens para impor seus princípios ideológicos à sociedade. Nas palavras de Arendt:

> Na Europa, a ideia de que quem queira produzir novas condições deve começar pelas crianças, foi monopolizada sobretudo por movimentos revolucionários tirânicos: quando chegaram ao poder, tiraram as crianças dos pais e simplesmente as doutrinaram. Foi isso que os nazistas fizeram na Alemanha e os comunistas na URSS.

Arendt, que não se considerava conservadora em questões políticas, era conservadora em questões educacionais:

> Precisamente por causa do que é novo e revolucionário em cada criança, a educação tem de ser conservadora; tem de preservar esse novo elemento e introduzi-lo como uma novidade em um mundo antigo [...] o conservadorismo, no sentido de conservação, é a essência da atividade educacional.

E explicava isso porque, para ela, a parte realmente difícil da educação é formar a criança para ser a seiva renovadora do mundo.

O elemento reformador do mundo é constituído pela chegada dos "novos",[4] mas estes só poderão reformá-lo se o conhecerem bem: o professor e os pais são responsáveis por torná-lo conhecido para eles.

Por outro lado, disse Arendt, é absurdo pensar que as crianças podem ser educadas para um novo mundo, para um futuro utópico que não conhecemos. Seria muito mais sensato pensar que devemos ensiná-las como é o mundo ao qual chegaram e confiar que elas trarão novas ideias para o nosso velho mundo.

Neste ensaio magistral, Arendt pergunta por que pais e professores têm tanto medo de exercer sua autoridade. A autoridade dos governantes sobre os cidadãos ou dos adultos sobre os outros pode ser questionada, mas na educação, diz Arendt, não pode haver ambiguidade quanto à exigência de autoridade. Para a criança, o professor é uma espécie de representante de todos os adultos, aquele que tem a autoridade para lhe mostrar todos os detalhes do mundo em que ela viverá.

A pedagogia moderna, disse Arendt, caiu no absurdo de considerar as crianças como uma minoria oprimida a ser libertada. Por isso, os professores dispensaram o uso da autoridade. Para Arendt, o fato de os adultos descartarem a autoridade só pode significar uma coisa: que eles se recusam "a assumir a responsabilidade pelo mundo para o qual trouxeram seus filhos".

Arendt percebeu que a crise da educação estava intimamente ligada à crise da tradição. É como se os pais dissessem todos os dias aos filhos: "Neste mundo, mesmo em nossa casa, não estamos seguros; como se mover nele, o que é preciso saber, quais habilidades adquirir também são um mistério para nós. Você deve tratar de fazer o melhor que puder; de qualquer forma, não pode nos responsabilizar. Somos inocentes, lavamos nossas mãos em relação a você".

Essa crise de confiança em nosso patrimônio cultural, da qual Arendt falava, era uma das características da geração de professores que haviam sido os protagonistas das revoltas de maio de 68. Os

---

4 Arendt toma emprestado dos gregos o termo "os novos" para designar aqueles que deixaram a infância e estão se preparando para entrar no mundo dos adultos.

A crise na educação americana. O vírus igualitário chega à Europa

ativistas de maio repudiaram a herança de seus pais e professores e, mesmo que não tivessem consciência disso, transmitiram seu próprio estado de confusão a seus filhos e alunos. O ensinamento do filósofo alemão é bastante claro: se tivermos vergonha de nosso passado, da civilização à qual pertencemos, será difícil transmitir seus valores ou tornar sua história e suas grandes conquistas conhecidas, seja na ciência, nas artes, na cultura ou na política. E ao caminhar sem passado, como disse Tocqueville, esse novo homem que dizem querer criar caminhará entre trevas.

O igualitarismo acadêmico vence a batalha na Inglaterra

Em 13 de maio de 1940, o primeiro-ministro Chamberlain apresentou sua renúncia ao Parlamento britânico. A sucessão coube a Winston Churchill, que havia sido Primeiro Lorde do Almirantado por menos de um ano. Churchill formou um governo de coalizão nacional composto de conservadores, trabalhistas e liberais. Sua principal prioridade era vencer a guerra contra Hitler e, por isso, não teve nenhum constrangimento em colocar os assuntos internos do país sob a supervisão do líder do Partido Trabalhista, Clement Attlee. As únicas diferenças com Attlee, escreveu Churchill em suas memórias sobre a Segunda Guerra Mundial, diziam respeito ao socialismo, "mas foram engolidas por uma guerra que logo exigiu a subordinação quase total do indivíduo ao Estado".

Nesse governo de coalizão, Churchill nomeou Red Butler, um conservador de quem ele nunca gostou muito, como secretário de Estado da Educação, com a tarefa de reformar o sistema educacional britânico. No início da década de 1940, apenas um quinto da população britânica tinha acesso ao ensino médio. Churchill estava ciente de que a sociedade passaria por uma grande transformação após a guerra e que seria necessário dar ao sistema educacional uma estrutura que permitisse que uma parcela muito maior da população tivesse acesso ao ensino secundário.

O suicídio do Ocidente

Sob a supervisão de Attlee, Butler elaborou a Lei de Educação de 1944 (*Education Act 1944*), com o objetivo principal de estabelecer um sistema que permitisse que toda a população com menos de 18 anos frequentasse a escola. A nova lei ampliou a idade escolar obrigatória para 15 anos (prorrogável para 16) e, como mencionado acima, estabeleceu três tipos diferentes de escolas secundárias, denominadas *Grammar*, *Technical* e *Modern Schools*.

A lei previa que, aos 11 anos de idade, após a conclusão do ensino primário, todos os alunos fariam um exame chamado *Eleven Plus* (*11+*). Somente os aprovados poderiam ingressar em uma *Grammar School*. Essas escolas, que eram totalmente gratuitas, ofereciam uma educação acadêmica muito exigente e preparavam diretamente para o ingresso na universidade.

As *Technicals* forneciam a educação necessária para o ingresso precoce na vida profissional. Essas escolas nunca se desenvolveram totalmente, pois a maioria dos alunos que não passavam no exame *11+* ia para uma *Modern School*. As *Secondary Modern Schools* foram projetadas para atender à maioria dos alunos de 11 a 15 anos de idade. Os alunos podiam então ir para a universidade, desde que fossem aprovados nos exames oficiais.

Além dessas escolas, que eram públicas e financiadas pelo Estado ou pelos municípios, a lei também criou as chamadas *Independent Schools* (escolas independentes), como escolas particulares com uma determinada porcentagem de vagas financiadas pelo Estado.

A Lei de 1944 também previa a possibilidade de abrir outro tipo de escola, chamada *Comprehensive Schools*, que oferecia ensino secundário integrando as três opções sem a necessidade de aprovação em um exame. Essas escolas deveriam ser abertas principalmente em áreas rurais com pequeno número de alunos. Muitos membros do Partido Trabalhista consideravam o sistema tripartite "segregacionista" e fizeram da defesa das escolas abrangentes a base de seu projeto educacional.

Em 1956, foi publicado na Inglaterra um livro que teria grande influência na história da educação europeia, *The Future of Socialism* [O futuro do socialismo]. Seu autor, o trabalhista Anthony Crosland

A crise na educação americana. O vírus igualitário chega à Europa

(1918–1977), era de uma família da aristocracia britânica e havia estudado nas melhores e mais elitistas faculdades e universidades inglesas.

Quando a Inglaterra entrou na Segunda Guerra Mundial, Crosland deixou seus estudos no Trinity College, em Oxford, para lutar como piloto na Força Aérea Britânica. No final da guerra, com a patente de capitão, ele retornou à sua universidade e, em um ano, recebeu um diploma em filosofia, política e economia. Deputado trabalhista de 1950 a 1955 e depois de 1959 a 1977, Crosland foi ministro por vários mandatos sob o comando de Harold Wilson (1916–1995) e depois de James Callaghan (1912–2005). Durante o governo de Harold Wilson, ele foi secretário de Estado para Educação e Ciência (equivalente a um ministro) entre 1965 e 1967.

Em seu livro, Crosland defendeu a necessidade de uma revisão profunda do pensamento socialista do Partido Trabalhista Britânico. Em certo sentido, ele era a favor do abandono do marxismo porque era uma ideologia obsoleta para uma sociedade moderna e democrática. A nova esquerda socialista teve que estabelecer como objetivo político alcançar maior igualdade social. E, para conseguir isso, mais importante do que nacionalizar a indústria, disse Crosland, era ter controle sobre a educação dos cidadãos.

Crosland se insurgiu contra o elitismo intelectual e a discriminação social das *Grammar Schools* que, segundo ele, criavam desigualdades sociais ainda maiores, pois davam aos filhos de famílias pobres a oportunidade de prosperar na sociedade somente se fossem bons alunos. Era a favor de um sistema de educação uniforme, não seletivo e não elitista, como o que existia na América do Norte. Ciente da impossibilidade de fechar as escolas públicas tradicionais e elitistas, Crosland defendia a eliminação das *Grammar Schools* seletivas e a generalização do modelo das *Comprehensive*.

Na década de 1960, mais e mais *Comprehensive Schools* foram abertas, incorporando todas as experiências pedagógicas com o "prestígio" de progressistas e inovadoras da época. Em contraste, o ensino de gramática continuou a ser caracterizado por ser disciplinado, exigente e tradicional.

A coexistência dos modelos foi mantida enquanto os conservadores estiveram no poder. Em 1965, após a vitória do Partido Trabalhista nas eleições, o novo primeiro-ministro, Harold Wilson, nomeou Anthony Crosland como ministro da Educação que, fiel a seus princípios, poucos meses após assumir o cargo emitiu a Circular 10/65, que obrigava todas as autoridades locais a modernizar suas escolas com o sistema "abrangente". Nos anos seguintes, apenas as *Comprehensive Schools* foram abertas, e as autoridades educacionais forçaram a integração dos três modelos, *Grammar*, *Technical* e *Modern Schools*, em um único modelo, o das *Comprehensive*.

Além disso, Crosland obteve o apoio pedagógico do chamado Comitê Plowden, criado em 1963 pelo ministro da Educação conservador Sir Edward Boyle. Dizem que, em um jantar oficial, Sir Edward sentou-se ao lado de Lady Plowden, então magistrada da juventude e presidente de diversas instituições de caridade. Impressionado com a inteligência dessa mulher, propôs que ela presidisse um comitê especial dedicado a estudar a situação da educação primária na Inglaterra. O Comitê era composto de pedagogos, psicólogos e sociólogos e tinha como missão realizar um amplo estudo da situação do ensino primário e estabelecer as diretrizes do que deveria ser uma educação liberal e progressista. O relatório, uma vez concluído pelas autoridades educacionais de Crosland, foi publicado em 1967. Talvez influenciados pela ideologia do novo governo, seus autores eram a favor da abolição do exame *11+* e apoiavam fortemente as *Comprehensive Schools*.

Com base no fato de que as crianças aprendem por si mesmas e sem esforço quando estão suficientemente motivadas, o Comitê Plowden concluiu que é inútil forçar uma criança a estudar ou a aprender o que o professor insiste em ensinar a ela. Do ponto de vista sociológico, o Comitê concluiu que o excesso de conhecimento era um artifício inventado pelas classes dominantes para dar a certos grupos sociais uma vantagem sobre outros; mais um motivo para desaprovar a transmissão de conhecimento até então inquestionável. Teorias que, como já vimos, não eram muito novas, pois estavam sendo aplicadas nos EUA há mais de 30 anos.

A crise na educação americana. O vírus igualitário chega à Europa

A aplicação da Circular 10/65 foi posteriormente suspensa por Margaret Thatcher quando o conservador Edward Heath venceu as eleições em 1970 e a nomeou ministra da Educação. Thatcher relatou em suas memórias que, naquela época, a situação era irreversível, que a filosofia igualitária e a pedagogia progressista estavam tão difundidas na educação que até mesmo os conservadores acreditavam na superioridade moral do modelo de escola abrangente. Seleção, competição, reconhecimento do mérito escolar, disciplina e esforço eram expressões associadas a um elitismo acadêmico que era visto como prejudicial à educação dos futuros cidadãos de uma sociedade democrática.

Anthony Crosland morreu em 1977 de hemorragia cerebral. Sua viúva, Susan Crosland, escreveu uma biografia dele na qual afirma tê-lo ouvido dizer muitas vezes: "Mesmo que seja a última coisa que eu faça, destruirei todas as malditas *Grammar Schools* da Inglaterra, do País de Gales e da Irlanda do Norte".[5]

Em 1979, 90% dos alunos britânicos estavam frequentando uma das *Comprehensive Schools*. E assim, enquanto em nome da igualdade e da justiça social aboliam as seletivas escolas públicas que haviam dado a muitos filhos da classe média e trabalhadora a oportunidade de acessar as melhores universidades da britânicas, a classe dominante continuou enviando seus filhos para as elitistas *Public Schools*.

---

5 "If it's the last thing I do, I'm going to destroy every fucking grammar school in England. And Wales and Northern Ireland", Susan Crosland, *Tony Crosland*. Londres: Jonathan Cape Ltd, 1982.

II

Maio de 68, uma revolução *"introuvable"*

> *Os eventos de maio de 1968, como todas as jornadas revolucionárias da França, não se perderam nas brumas do passado, seguem presentes, heroicos ou grotescos, segundo a disposição de cada um; continuam a despertar paixões, inclusive ou especialmente entre os sociólogos [...]. Qual foi o significado desse terremoto que por alguns dias ameaçou demolir o imponente edifício que os dez anos de gaullismo haviam erigido?*

— Raymond Aron[1]

Nicolas Sarkozy, em sua campanha eleitoral de 2007, pediu para que se "liquidasse de uma vez por todas o legado de maio de 68", que havia imposto um "relativismo intelectual e moral" à sociedade e, acima de tudo, ao mundo da educação. Cinco anos depois, o presidente socialista François Hollande defendeu esse movimento porque, segundo ele, representava a expressão das "aspirações dos jovens" que "acreditavam que outro mundo era possível".

Por sua vez, o próximo presidente da República, Emmanuel Macron, lançou a ideia de uma grande comemoração em 2018 para o cinquentenário do *Mai 68*, a fim de analisar esse movimento estudantil de forma imparcial, "sem ser influenciado por dogmas ou preconceitos". Mas essa imparcialidade não agradou a ninguém, e Macron teve de abandonar sua ideia.

---

1 Raymond Aron, *Memorias. Medio siglo de reflexión política*. Barcelona: RBA, 2013. Título original: *Mémoires* (1983).

Para alguns, a comemoração só poderia servir para ressuscitar velhas querelas; para outros, seria uma reunião lamentável de septuagenários melancólicos; e para outros, ofereceria uma nova oportunidade de revolta aos eternos vendedores de falsas ilusões.

Essa revolução, que foi descrita pelo filósofo Raymond Aron como "inencontrável", continua a despertar grandes paixões em todos os sentidos, não apenas entre os franceses, mas também entre aqueles de nós que, então estudantes de diferentes países europeus, de uma forma ou de outra, participamos dessa convulsão cultural, social e política.

O filósofo inglês Roger Scruton (1944–2020), que estava em Paris na primavera de 1968, declarou em várias ocasiões que seu contato com a esquerda subversiva, que estava pronta para varrer todas as instituições acadêmicas que considerava "opressoras", sem outro ideal que não fosse o da Revolução Cultural Chinesa, levou-o ao conservadorismo: "Eu queria conservar o que eles queriam destruir".

Os fatos

Na década de 60 do século passado, ocorreram revoltas estudantis em várias universidades do mundo. Houve revoltas em Berkeley, em Berlim, mas nenhuma teve o caráter mítico de maio de 68 em Paris.

No início do outono de 1964, um grupo de estudantes da Universidade de Berkeley, na Califórnia, lançou uma campanha de protesto contra a administração do *campus* em defesa de seu direito à liberdade de expressão. Esses protestos estudantis deram origem ao *Free Speech Movement* [Movimento pela Liberdade de Expressão]. O movimento acabou politizando e radicalizando centenas de estudantes universitários, muitos dos quais se juntaram às lutas do Movimento pelos Direitos Civis em Oakland, Berkeley e São Francisco, e ao Movimento contra a Guerra do Vietnã.

Os protestos, as manifestações e os tumultos continuaram em Berkeley até que, em 1969, Ronald Reagan, então governador da Califórnia, ordenou o envio de tropas da Guarda Nacional para pôr

Maio de 68, uma revolução "introuvable"

fim à situação.[2] Vale lembrar que, nas eleições realizadas no ano seguinte, Reagan foi reeleito como governador.

Em Berlim, em 2 de junho de 1967, durante uma manifestação estudantil contra a visita do Xá da Pérsia, Benno Ohnesorg, de 26 anos, casado e pai de dois filhos, foi baleado por um membro da polícia alemã chamado Kurras, que alegou legítima defesa e foi exonerado de toda culpa. A morte de Ohnesorg gerou uma onda de indignação e protestos em toda a Alemanha Ocidental. Após a morte de Ohnesorg, o movimento estudantil alemão tornou-se mais radical. Em 2009, foi relatado que Kurras possivelmente estava trabalhando sob as ordens da Stasi, a polícia secreta da República Democrática Alemã (RDA). Nada pôde ser comprovado porque os arquivos do caso haviam desaparecido, portanto, mesmo que haja suspeitas, não há certeza de que a morte tenha sido um assassinato e não um acidente.

Em 1964, em Nanterre, nos arredores de Paris, foi construída uma Faculdade de Letras que seria o embrião de uma universidade modelo. Era uma área desolada, cercada de escombros, onde os estudantes se sentiam deslocados e frequentemente causavam tumulto.

O nascimento de Nanterre coincidiu com a aprovação da reforma do ensino superior pelo então ministro da Educação Nacional, Christian Fouchet. O chamado "Plano Fouchet" buscava abordar dois problemas graves nas universidades francesas: o fracasso dos estudantes universitários nos primeiros anos de seus estudos e a falta de oportunidades profissionais para muitos cursos de graduação. Para resolver esses problemas, o Plano Fouchet reorganizou o ensino universitário em três ciclos e criou os Institutos Universitários de Tecnologia (IUTs) como uma variante do ensino superior.

O Plano deveria ser implementado no ano acadêmico de 1966–67. Desde o início, os sindicatos estudantis, em especial a UNEF (União Nacional de Estudantes da França), rejeitaram a reforma ministerial por considerá-la "segregadora" e "seletiva", dois conceitos que eles consideravam inaceitáveis.

---

2 Ronald Reagan (1911–2004) foi governador da Califórnia de janeiro de 1967 a janeiro de 1975 e presidente dos Estados Unidos de janeiro de 1981 a janeiro de 1989.

O suicídio do Ocidente

Mas o presidente De Gaulle estava determinado a consolidar as reformas e, em abril de 1967, nomeou um dos seus homens fortes, Alain Peyrefitte,[3] até então ministro da Pesquisa, como ministro da Educação, com ordens de não ceder nem um pouco às exigências do sindicato. Christian Fouchet assumiu a pasta do Interior.

No início de 1968, um clima preocupante de tensão se fazia sentir no *campus* da universidade. Em janeiro, o ministro Peyreffite visitou a Universidade de Caen. Grupos de esquerda organizados pelos sindicatos estudantis, especialmente a UNEF, decidiram boicotar o evento. O ministro foi forçado a sair por uma porta dos fundos quando foi avisado.

Em 8 de janeiro do mesmo ano, o ministro da Juventude e Esportes foi à Universidade de Nanterre para inaugurar uma piscina. Um estudante ruivo (o ministro não sabia na época que se tratava de Daniel Cohn-Bendit) o repreendeu e o censurou por sua falta de interesse nos problemas sexuais dos jovens. O ministro quis ser engraçado e sugeriu um mergulho na nova piscina como a melhor solução para esses problemas. Alguns dias depois, os rapazes de Nanterre organizaram uma marcha barulhenta até os dormitórios das moças. Eles estavam protestando contra a proibição de acesso aos seus quartos.

Em 15 de março de 1968, o jornal *Le Monde* publicou um artigo de Pierre Viansson-Ponté intitulado "Quand la France s'ennuie" [Quando a França se entedia], no qual escreveu:

> A juventude está entediada. Estudantes se manifestam, agitam e lutam na Espanha, Bélgica, Argélia, Japão, América, Egito, Alemanha e até na Polônia. [...]. Enquanto isso, os estudantes franceses estão preocupados se as garotas de Nanterre e Antony[4] terão livre acesso aos quartos dos rapazes...

---

3 Alain Peyrefitte é o autor do famoso livro *Quand la chine s'eveillera... le monde tremblera.* Paris: Fayard 1973.

4 Em 1965, a polícia teve de agir contra estudantes que recorreram à violência para obter a livre circulação de rapazes e moças na residência universitária de Antony, uma comuna em Île-de-France localizada a 8 km da Porte d'Orléans, em Paris. A residência havia sido construída na década de 1950.

Maio de 68, uma revolução "introuvable"

Esse artigo deve ter soado como um chamado à revolta para os agitadores de Nanterre. Uma semana depois, em 22 de março, Cohn-Bendit, um estudante de sociologia de Nanterre e futuro líder do Maio de 68, juntamente com uma dúzia de estudantes, tomou o anfiteatro da universidade e proclamou o movimento dos *Enragés du 22 mars* [Os indignados de 22 de março].

Durante todo o mês de abril, houve tumultos em Nanterre. Estudantes ativistas interromperam as aulas todos os dias para expulsar seus colegas, boicotaram exames e clamaram contra a reforma universitária. Em 2 de maio, a situação em Nanterre tornou-se insustentável e o reitor ordenou o fechamento da faculdade.

Os "indignados" marcharam então para Paris e, durante a manhã de sexta-feira, dia 3, tomaram a Sorbonne. No dia seguinte, a pedido do reitor, a polícia evacuou a universidade. O despejo da Sorbonne foi seguido por uma semana de loucura. O Quartier Latin tornou-se um campo de batalha. As manifestações cada vez mais numerosas e violentas foram brutalmente repelidas pela polícia. Inúmeras prisões foram feitas e centenas de pessoas ficaram feridas em ambos os lados (estudantes e policiais). Apesar disso, o governo se manteve firme. "O poder não recua!", era a frase favorita do General De Gaulle.

Na noite de sexta-feira, dia 10, a violência chegou a extremos intoleráveis. Tudo se resumia a correr de um lado para o outro e à detonação de coquetéis Molotov. Os estudantes montaram barricadas no bulevar Saint Germain. Às duas horas da manhã, o ministro da Justiça, Louis Jox, decidiu enviar quinhentos soldados das Companhias Republicanas de Segurança (CRS), especializadas em distúrbios violentos, com a ordem de restaurar a paz nas ruas. Às duas horas e dez minutos da manhã, o ataque começou, as barricadas foram caindo uma a uma em meio aos gritos dos manifestantes: "CRS=SS!".

Às cinco e meia da manhã, Cohn-Bendit comunicou seu pessoal pelo rádio e deu a ordem de dispersão. O sindicato de trabalhadores mais poderoso da França, a CGT (de filiação comunista), convocou uma greve geral para a segunda-feira, 13 de maio. No sábado, dia 11, os parisienses estavam se perguntando: "Será que enlouquecemos?".

Às 19 horas daquele sábado à noite, o primeiro-ministro Georges Pompidou, que havia deixado Paris em 2 de maio para uma viagem ao Irã, aterrissou de volta no aeroporto de Orly. Ao pé do avião, foi recebido por ministros com rostos pálidos e um olhar de catástrofe. O desaparecido voltou pronto para governar uma situação que alguns de seus ministros consideravam insustentável. Pompidou anunciou na televisão que a Sorbonne abriria suas portas na segunda-feira.

Na segunda-feira, 13 de maio, estudantes rebeldes ocuparam a Sorbonne em vão, formando a Comuna Estudantil. A Comuna permaneceria ativa até junho, quando as greves terminaram e os franceses estavam se preparando para as eleições gerais convocadas para 23 de junho.

Naquela mesma segunda-feira, enquanto os estudantes se trancavam em uma Sorbonne convertida em museu da Revolução, a greve geral paralisou os serviços públicos. Ao meio-dia, trezentas mil pessoas marcharam pelas ruas de Paris gritando: "58–68, dix ans, c'est assez!", "Au revoir mon général!" [58–68, dez anos, é o suficiente!; Adeus, meu general!].

De Gaulle, convencido de que os comunistas acabariam restaurando a ordem, decidiu manter seu compromisso de viajar para a Romênia e deixou Paris em 14 de maio. Na noite de quarta-feira, 15, os manifestantes ocuparam o Teatro Nacional, o Odéon.

No dia 18, o general voltou de sua viagem pronto para pôr fim à rebelião: "Reforma, sim, *'la chienlit'*, não!". A *chienlit*,[5] um termo arcaico ressuscitado pelo general, teve um efeito bumerangue imediato. "La chienlit c'est lui!", gritavam os manifestantes, cada vez mais encorajados. De Gaulle, em desespero, prometeu falar à nação às 20 horas do dia 24.

Na noite de 24 de maio, De Gaulle se dirigiu aos franceses pelo rádio. Pela primeira vez em muitos anos, o tão amado orador não

---

5 *Chie-en-lit* (literalmente, "cocô na cama") era um personagem típico do Carnaval de Paris que se vestia com uma camisola manchada de mostarda no traseiro. "La chienlit", como substantivo feminino, entrou na política quando De Gaulle o usou em 1944 em sua entrada em Paris e pode ser traduzido como agitação, caos.

conseguiu transmitir emoção ou segurança. De Gaulle estava ciente de seu fracasso. "J'ai mis à coté de la plaque" [Meti os pés pelas mãos], disse ele ao se afastar do microfone.

O discurso infeliz é seguido por uma noite de terror. A comuna revolucionária atravessa o Sena até a margem direita (*la rive droite*), incendeia a Bolsa de Valores e invade as ruas mais elegantes de Paris, semeando pânico entre a burguesia que até então via o espetáculo revolucionário de "seus meninos" com alguma simpatia.

Após o fracasso do discurso do general, o primeiro-ministro Pompidou tomou as rédeas e convocou empregadores e sindicatos para o Ministério do Trabalho na Rue Grenelle, prontos para iniciar as negociações. Após dois dias de discussões, os trabalhadores da Renault estavam relutantes em conversar. Finalmente, no dia 27, chegou-se a um acordo verbal que não conseguiu pôr fim às greves.

Nesse meio-tempo, o sindicato dos estudantes, a UNEF e organizações de esquerda obtiveram autorização do governo para realizar uma manifestação na noite de segunda-feira, 27, no estádio parisiense de Charlétey. O evento contou com a participação de 40 mil pessoas, incluindo líderes sindicais e políticos como Michel Rocard e Pierre Mendès France.

Por sua vez, o Partido Comunista, vendo que estava perdendo terreno, decidiu convocar uma manifestação e uma greve geral para a quarta-feira, dia 29. O Presidente da República, que sempre confiou nos comunistas para pôr fim ao delírio revolucionário, entrou em pânico.

Entre a manhã de quarta-feira, 29, e a tarde de quinta-feira, 30, De Gaulle desapareceu. Sabe-se que voou para Baden-Baden para se encontrar com o General Massu, Comandante das Forças Armadas Francesas na Alemanha, e que passou a noite de quarta-feira em sua residência particular em Colombey-les-deux-Églises, mas o que realmente fez durante essas trinta e seis horas críticas tem sido objeto de especulação há muitos anos.

Ao retornar, às 16h30 de quinta-feira, 30 de maio, falou novamente aos franceses pelo rádio. Em um tom firme, muito diferente de seu discurso anterior, De Gaulle anunciou a dissolução da

Assembleia e a convocação de novas eleições gerais (legislativas). Dessa vez, foi um general quem falou com eles. Uma hora após o discurso radiofônico, a Place de la Concorde começou a se encher de gente. Cerca de meio milhão de pessoas saíram espontaneamente às ruas e ocuparam a Champs Elysées, aplaudindo o general. A revolução havia sido interrompida justamente quando estava prestes a estourar.

A ordem social foi restaurada, mas a Sorbonne ainda estava ocupada. A Comuna não estava preparada para se dissolver com o simples anúncio de uma eleição. "Élections-trahison", "Élections-piège à cons" [eleição-traição; eleição-armadilha para imbecis] foram os *slogans* preparados para a ocasião.

Raymond Aron e o psicodrama de maio

Na memória coletiva daquela aventura revolucionária, o filósofo Raymond Aron (1905–1983) permaneceu como a voz dissidente, o intelectual que ousou, em meio àquela turbulência, nadar contra a maré. Seus artigos no *Le Figaro*, em maio e junho, e a publicação, no início de agosto de 1968, de seu livro *La révolution introuvable* foram um tapa na cara das autoridades acadêmicas e de todos os intelectuais que optaram por se deixar levar pela corrente revolucionária. Eles nunca o perdoaram.

Raymond Aron escreveu *La révolution introuvable* em julho de 1968, quando o calor dos eventos de maio ainda persistia, com o objetivo de "desmistificá-los" e "dessacralizá-los": "Hoje, no início de julho de 1968", escreveu Raymond Aron, "não estou me dirigindo aos jovens, a maioria dos quais ainda não está pronta para ouvir minhas palavras, mas estou tentando me explicar, ou seja, lutar pelas ideias mais do que contra homens". Esse livro de "combate", como seu autor o chamou, consiste em duas partes: a primeira é uma entrevista com o então jovem jornalista francês Alain Duhamel (1940), e a segunda é uma coleção de artigos que Aron publicou em maio e junho no jornal francês *Le Figaro*.

Em 1955, semanas após a publicação de um de seus livros mais famosos, *O ópio dos intelectuais*, Raymond Aron se candidatou a um cargo de professor na Sorbonne. Apesar da oposição de grande parte do corpo docente, especialmente daqueles que defendiam ideias marxistas, ele foi eleito professor da Faculdade de Letras, cargo que ocupou até 1º de janeiro de 1968.

Quando maio estourou, Aron tinha 63 anos, havia deixado a universidade francesa e não tinha motivo para se envolver na crise. Entretanto, como redator editorial do *Le Figaro*, sentiu que deveria contribuir da melhor forma possível para "apagar o incêndio". Durante a primeira semana dos tumultos, o professor e jornalista francês observou com espanto e silêncio a escalada da violência nas manifestações. Ele sempre foi muito crítico em relação ao sistema de ensino superior francês, mas o espetáculo de estudantes fazendo barricadas nas ruas, acompanhados e aplaudidos por um grande número de professores, não só lhe pareceu não ter nada a ver com a necessária reforma universitária, como também poderia ser terrivelmente perigoso para as instituições democráticas: "As barricadas, a violência estudantil, o apoio de um grande número de professores, me pareceram mais um desejo de destruir do que de reformar a universidade. Por isso fiquei calado".

Entre 15 e 20 de maio, Aron teve que deixar Paris devido a um compromisso de dar uma série de palestras em várias universidades americanas. Antes de partir para os Estados Unidos, ele escreveu dois artigos para o *Le Figaro*, que foram publicados em 15 e 16 de maio com o título *Reflexões de um universitário*. O primeiro desses artigos começava com estas palavras:

> Um velho professor que amou sua profissão não pode comentar com confiança e sem tristeza os acontecimentos da última semana. Durante os dias de crise, abstive-me de escrever para não aumentar a confusão criada progressivamente pelas manobras e falsas manobras de um lado ou de outro. O governo cometeu muitos erros, mas o Sr. Cohn-Bendit, que a imprensa e o rádio transformaram em uma figura histórica, não acredito que seja um renovador da universidade francesa.

O suicídio do Ocidente

Ao retornar dos Estados Unidos em 20 de maio, Aron encontrou uma situação muito tensa no jornal. Naquela época, o *Le Figaro*,[6] assim como os outros meios de comunicação, estava sofrendo uma tremenda perseguição por parte dos funcionários da empresa. Como ele conta em suas *Memórias*,[7] achou a situação tão desconfortável que decidiu copiar parte do texto do livro *Souvenirs* [Lembranças de 1848: As jornadas revolucionárias em Paris], escrito mais de um século antes por Alexis de Tocqueville.

> Em 23 de maio — escreve Aron — o governo parecia ter desaparecido e toda a França estava paralisada por uma greve geral. Nessa situação, como eu poderia escrever sobre uma crise universitária que não interessava mais ao público em geral, obcecado, e com razão, por uma sociedade que ameaçava se desintegrar e se destruir? [...] Naqueles momentos, todos nós representamos um papel. Até eu, que adotei o de Tocqueville, o que pode parecer ridículo, mas não comparado a outros que decidiram representar o de Saint-Just, Robespierre ou Lênin.[8]

Embora o nome de Tocqueville fosse bem conhecido na América, ele não era tão conhecido na França até que Raymond Aron descobriu no autor de *A democracia na América* um "pioneiro do pensamento sociológico". Em suas *Memórias*, Aron conta que descobriu Tocqueville (1805–1859) quando, para preparar suas aulas de sociologia na Sorbonne, buscava argumentos para refutar as ideias marxistas: "Tocqueville, negligenciado pelos filósofos e historiadores literários, que não perceberam que ele era um grande escritor, pertence doravante aos sociólogos, aos americanistas e, finalmente, aos historiadores".[9]

Em 29 de maio de 1968, o *Le Figaro* publicou um novo artigo de Raymond Aron intitulado *Immuable et changeant*,[10] que era uma cópia exata de uma seleção de textos do livro *Souvenirs* de Tocqueville,

---

6 Entre 1947 e 1977, Raymond Aron foi editorialista do jornal francês *Le Figaro*.

7 *Mémoires. 50 ans de réfexion politique*. Paris: France Loisirs/Julliard, 1983.

8 *Révolution introuvable*.

9 Raymond Aron, *Mémoires*.

10 "Imutável e cambiante": este foi o título de um livro de Raymond Aron publicado em 1959 após o advento da Quinta República.

Maio de 68, uma revolução "introuvable"

com o desejo expresso de que seus leitores pudessem extrair deles suas opiniões sobre o que estava acontecendo na França na primavera de 1968.

Aron contou em *La révolution introuvable* que, por um momento, pensou em usar *A educação sentimental* de Flaubert, onde se poderiam encontrar algumas páginas que "provavelmente causam indignação em Jean-Paul Sartre, mas que descrevem muito melhor do que eu saberia fazer certos movimentos de massa que despertam tanta admiração nos estetas". Talvez essa ideia tenha surgido a partir de algumas declarações de Sartre, que estava então ocupado escrevendo uma coletânea de ensaios sobre Flaubert, na qual ele chama o autor de *A educação sentimental* de "o idiota da família".[11]

Carlos Semprún Maura, em seu livro *Vida y mentira de Jean-Paul Sartre*, refere-se à "obra imensa e inacabada" que Sartre escreveu sobre Flaubert. "Um livro que detesto" diz Semprún, porque "considero Flaubert um grande romancista e sua *Educação sentimental* uma obra-prima". Ele acrescenta:

> Reli-o à noite, em maio de 1968, e a melancolia do romance, sua música romântica — para mim — eram como um contraponto existencial aos acontecimentos às vezes violentos daqueles dias. Tenho uma lembrança vívida dessa releitura e da minha esquizofrenia lúdica, e não suporto as sandices que Sartre diz sobre Flaubert.[12]

Como na Espanha o livro *La révolution introuvable* é um livro praticamente impossível de ser encontrado, pode ser interessante para o leitor ler alguns dos parágrafos que Aron extraiu do livro *Lembranças* de Tocqueville para expressar seus próprios sentimentos sobre a estranha revolução que colocou em xeque o governo do general De Gaulle.

Como todas as revoluções, escreveu Tocqueville, a revolução de fevereiro nasceu de causas gerais fertilizadas por uma série de acidentes.

---

11 O livro de Sartre *L'Idiot de la famille* foi publicado em três volumes em 1971. Edição espanhola: *El idiota de la família*. Tiempo Contemporáneo, 1975.

12 Carlos Semprún Maura, *Vida y mentira de Jean Paul Sartre*. Madri: Nossa y Jara, 1996.

O suicídio do Ocidente

Entre esses acidentes, o autor destacou "a imbecilidade senil de Louis-
-Philippe" e a maneira como o governo lidou com a sedição, uma
repressão que foi "a princípio excessiva e depois abandonada". Esses
foram os mesmos erros que Aron atribuiu ao governo francês antes
da eclosão de maio de 68. Então, para denunciá-los, usou as palavras
de Tocqueville sobre a atitude de Louis-Philippe d'Orléans.

> Algumas vezes me perguntei o que poderia ter produzido no
> espírito do rei essa súbita e estranha prostração. Luís Filipe
> havia passado sua vida em meio a revoluções, e certamente
> não era experiência, coragem ou inteligência que lhe faltava,
> embora, naquele dia, ele absolutamente não as tivesse. Acredi-
> to que sua fraqueza decorreu do excesso de surpresa: foi der-
> rubado antes de ter entendido. A Revolução de Fevereiro foi
> imprevisível para todos, mas para ele mais do que para nin-
> guém. Nenhuma advertência alheia o havia preparado, pois,
> depois de muitos anos, seu espírito havia se retirado para essa
> espécie de solidão orgulhosa onde a inteligência dos príncipes
> há muito felizes sempre acaba vivendo, que, confundindo a
> sorte com o gênio, não querem ouvir nada porque acreditam
> que não têm mais nada a aprender de ninguém.

Na tarde de 25 de fevereiro de 1848, Tocqueville encontrou seu
amigo J. J. Ampère,[13] um estudioso literário, historiador e professor do
Collège de France. Na atitude de Ampère, Aron viu a atitude de todos
os colegas que celebravam com entusiasmo a rebelião estudantil, sem
ter consciência do perigo representado pela atividade destrutiva dos
revolucionários. Daí a inclusão em seu artigo do seguinte parágrafo
das *Lembranças* de Tocqueville:

> Ampère era um homem de talento e, o que é melhor, um ho-
> mem de grande coração, de maneiras gentis e seguras [...].
> Infelizmente, ele era muito dado a transferir para a literatu-
> ra o espírito dos salões e para a política o espírito literário.
> O que chamo de espírito literário na política consiste em ver
> o que é engenhoso e novo mais do que o que é verdadeiro, em
> amar o que torna um quadro interessante em vez do que é útil,
> em ser muito sensível à boa atuação e à boa dicção dos atores,

---

13 Filho do famoso físico André-Marie Ampère.

independentemente das consequências da peça, e em suma, em decidir com base nas impressões e não nas razões.

Aron achava que a aceitação com que a burguesia parisiense havia recebido a revolta estudantil poderia ser descrita nas palavras que Tocqueville dedicou à hipocrisia dos aristocratas, burgueses e pregadores de 1848:

> Percebia um esforço universal para se acomodar aos acontecimentos que a fortuna acabava de improvisar, e para lisonjear o novo amo. Os grandes proprietários gostavam de recordar que sempre haviam sido inimigos da classe burguesa e favoráveis à classe popular. Os sacerdotes haviam encontrado o dogma da igualdade no Evangelho, e asseguravam que sempre o haviam visto ali. Os burgueses, por sua vez, recordavam com certo orgulho que seus pais haviam sido operários [...]. Punha-se tanto interesse em assinalar aquele antepassado, como se teria posto, pouco tempo antes, em escondê-lo, a tal ponto que a vaidade dos homens, sem mudar de natureza, pode oferecer os espetáculos mais diversos. Essa vaidade tem uma cara e uma coroa, mas é sempre a mesma moeda.

Quanto aos projetos dos revolucionários de 68 para construir um novo mundo, eis o parágrafo de Tocqueville escolhido por Raymond Aron:

> De 25 de fevereiro em diante, mil sistemas estranhos brotaram impiedosamente do espírito dos inovadores e se espalharam no espírito desordenado da multidão. Tudo ainda estava de pé, exceto a realeza e o parlamento, e parecia que, como resultado do choque da revolução, a própria sociedade havia sido reduzida a cinzas, e que a nova forma a ser dada ao edifício que seria erguido em seu lugar havia sido colocada em licitação. Cada um propôs seu plano: este o apresentou nos jornais, aquele nos panfletos que logo cobriram as paredes, este simplesmente o lançou ao vento de boca em boca. Um pretendia destruir a desigualdade de fortunas; o outro, a desigualdade de faculdades; e o terceiro aspirava nivelar a mais antiga das desigualdades, a de homens e mulheres. Prescreviam remédios contra a pobreza e remédios para o mal do trabalho que atormenta a humanidade desde que ela existe.

O que impressiona é tanto a percepção de Tocqueville sobre os acontecimentos de 1848 quanto a inteligência de Raymond Aron na seleção dos textos que expressavam mais claramente sua crítica ao comportamento do governo, seu desconforto com a atitude de seus colegas, seu desgosto pela apatia da sociedade e seu desprezo pelo desejo destrutivo dos revolucionários e pelo infantilismo de suas utopias.

A comuna universitária

No início de junho, Aron publicou dois novos artigos intitulados "Depois da tempestade", nos quais expressou sua interpretação pessoal dos eventos:

> Cento e cinquenta estudantes de Nanterre, liderados por um "anarquista alemão", deram o golpe de picareta que, em poucos dias, precipitou o desmoronamento de um velho edifício carcomido, a velha universidade. Em duas semanas, a exaltação dos jovens contagiou as massas operárias: dez milhões de grevistas paralisaram a vida nacional. [...]
>
> Repentinamente, na quinta-feira, 30 de maio, uma voz se levantou e, em poucos minutos, restaurou o Estado e mobilizou centenas de milhares de parisienses, milhões de franceses. A febre, que havia subido em quinze dias, caiu em poucas horas. Os franceses despertaram de um sonho e, para citar Alexis de Tocqueville, "ficaram tão surpresos quanto os estrangeiros ao ver o que tinham acabado de fazer".

No dia seguinte, durante um programa sobre os eventos de maio na Radio-Luxembourg, Aron provocou a indignação de muitos dos presentes no estúdio ao descrever os eventos que os franceses tinham acabado de vivenciar como "psicodrama". Em *La révolution introuvable*, Aron explica em que sentido usou o termo "psicodrama": "Psicodrama mais do que de drama, porque tudo aconteceu sem violência física. Psicodrama, mais do que drama, até o momento em que a desintegração aparente do poder propagou um grande sentimento de terror".

Maio de 68, uma revolução "introuvable"

A revolução social e política que, de acordo com o escritor francês, a UNEF queria provocar na universidade, não aconteceu, pois embora estivesse prestes a explodir nos dias seguintes ao primeiro discurso do General De Gaulle, desapareceu com suas palavras em 30 de maio.

A atitude de admiração, até mesmo de entusiasmo, que muitos de seus colegas demonstraram diante da revolta estudantil indignou Raymond Aron:

> Muitas pessoas da esquerda antistalinista reencontraram com alegria, com ardor juvenil, a atmosfera dos sovietes de 1917, as lembranças da Comuna de Paris ou as lembranças ainda mais distantes da Comuna Jacobina. Eles admiravam os grafites da Sorbonne, julgavam essa juventude como "generosa, ardente, maravilhosa". Minha atitude era exatamente a oposta.

Para Aron, a única revolução que realmente existiu em maio de 1968 ocorreu na universidade, e começou em 13 de maio, quando Pompidou decidiu reabrir a Sorbonne, com a subsequente ocupação pelos estudantes revolucionários e a formação da "Comuna Estudantil".

O que aconteceu na Sorbonne entre 13 de maio e 12 de junho foi uma verdadeira revolução, porque, por meio de atos, um novo modelo de governo universitário inspirado em um sistema pré-marxista de "democracia direta" seria introduzido.

Sem ter mudado a lei das universidades, as assembleias de professores foram substituídas por assembleias plenárias, órgão tipicamente revolucionário, que eram presididas por estudantes pertencentes a minorias ativistas e nas quais as decisões eram tomadas por votação de mão erguida. As autoridades acadêmicas foram "convidadas" a solidarizar-se com o movimento ou a apresentar sua demissão.

Por isso, a partir de 12 de junho, Raymond Aron dedicou todos os seus artigos no *Le Figaro* à "crise da universidade". Agora que a tempestade havia passado, era necessário preparar o caminho para a reconstrução. Antes do início da crise de maio, Aron já havia escrito artigos criticando o sistema de ensino superior francês. Neles, analisava o endeusamento dos professores, que eram senhores e mestres de suas cátedras, o sistema de acesso à universidade, os exames de capacitação profissional para professores e a falta de oportunidades de carreira para os graduados universitários.

Aron concordava com algumas das exigências dos revolucionários, mas, quando se tratava de "seleção" — palavra que, depois de maio de 68, como ele escreveu em suas *Memórias*, "estava carregada com o potencial de paixões e ressentimentos cegos" —, Aron estava mais à direita. Um número excessivo de alunos estava fracassando em suas escolhas de carreira e desistindo sem concluir seus estudos. Para evitar isso, era essencial um sistema de seleção antes do início do ensino superior.

O que mais irritava Raymond Aron era que nas reuniões plenárias da comunidade estudantil realizadas na Sorbonne, tudo era discutido, exceto como construir um novo sistema que resolvesse os problemas reais da universidade. As cinco semanas do "carnaval" estiveram mais próximas de uma terapia de grupo do que de uma experiência pedagógica útil para o futuro do ensino universitário.

Uma terapia de grupo, um carnaval ou um psicodrama que não se revelou inofensivo. A revolução universitária havia aberto uma ferida incurável: a politização *sine die* da universidade. Foi isso que Raymond Aron denunciou e que "os clérigos", seus colegas, não perdoaram na época, mesmo que agora, anos depois, muitos dos que viveram os eventos de maio estejam de acordo com ele.

O triunfo político da direita e sua rendição pedagógica

As eleições francesas foram realizadas em 23 de junho de 1968, com o segundo turno no dia 30. O partido gaullista (UDR, União dos Democratas pela República) venceu de forma retumbante, obtendo 354 dos 487 assentos.[14] A greve geral convocada pelo Partido Comunista

---

14 Em março de 1967 conseguiram apenas 243 assentos. O partido de Mitterrand ficou com 57 assentos e os comunistas com 34.

Maio de 68, uma revolução "introuvable"

e o desaparecimento do Presidente da República trouxeram de volta à realidade a sociedade conservadora francesa, que durante muitos dias olhou com simpatia para a revolta estudantil. O "psicodrama" havia terminado.

A primeira decisão do General De Gaulle foi remover os ministros mais afetados pelo incêndio, incluindo Alain Peyrefitte, que já havia se demitido em maio. Imediatamente depois, confiou a elaboração de uma nova lei sobre universidades ao seu novo ministro da Educação, Edgar Faure.[15]

Em outubro de 1968, Faure apresentou ao Parlamento um projeto de lei sobre o ensino superior com o nome de Lei de Orientação. Os deputados de direita ficaram surpresos com o texto do documento; o projeto de lei contemplava quase todas as exigências dos revolucionários de maio. No entanto, como a lei agradava ao General De Gaulle e tinha a aprovação de grande parte da esquerda, foi aprovada quase por unanimidade.

Resolvido o problema da educação, o general preparou-se para realizar o referendo que teve de abandonar em meio à batalha. Apesar de sua vitória nas eleições, ele sente que perdeu a *auctoritas* sobre seu eleitorado e precisa de apoio explícito do povo para reforçar sua autoridade, daí sua determinação em convocar um referendo. Dada a impossibilidade constitucional de submeter à votação uma lei sobre participação cidadã, De Gaulle decide que o referendo será realizado sobre a questão da regionalização do país.

O referendo foi realizado em 27 de abril de 1969. A pergunta era: "Você apoia o projeto de lei proposto ao povo francês pelo presidente da República sobre a criação de regiões e a renovação do Senado?". 52,2% dos eleitores responderam "NÃO".

Naquela mesma noite, De Gaulle anunciou sua aposentadoria da política. Sob os paralelepípedos, os estudantes procuravam a praia; Charles de Gaulle encontrou o abismo.

---

15 Faure foi ministro da Educação de 12 de julho de 1968 a 20 de junho de 1969. De sua posição como membro do Parlamento, foi nomeado pela UNESCO para presidir a Comissão de Educação em 1972. Nessa função, ele apresentou o Relatório Faure, que lançou as bases da Nova Educação com seu *slogan* "Aprender a ser, aprender a aprender".

Onze meses após o discurso de 30 de maio e a grande manifestação na Champs-Elysées, o General De Gaulle, derrotado por um referendo, estava voltando para casa. Esse, e não o triunfo gaullista nas eleições de junho, foi o verdadeiro fim de maio de 68. Isso explica por que, a partir de então, a esquerda imporia sua hegemonia cultural e pedagógica na França e em grande parte da Europa Ocidental e por que, há mais de cinquenta anos, os políticos de direita têm tanto medo das revoltas estudantis.

III

As ideias que abalaram a França

Embora as causas variem substancialmente de Dacar a Berkeley, de Harvard à Sorbonne, os motins universitários que se multiplicam de uma ponta à outra do mundo não comunista revelam ou significam algo. Revelam, no mínimo, o enfraquecimento da autoridade dos adultos, dos professores, da instituição como tal. [...] A revolução cultural, que atingiu seu auge na década de 1960, constitui o contexto, o pano de fundo para os distúrbios.

— Raymond Aron, *Memórias*

Os revolucionários de maio

Um ano antes de maio de 68, parecia que os jovens franceses pensavam apenas em seu próprio bem-estar: um casamento bem-sucedido e um bom emprego que lhes permitisse educar bem seus filhos. Ou, pelo menos, era o que dizia um *Livro Branco sobre a juventude*, elaborado na França com base em um estudo sobre as aspirações dos jovens.

Algo havia acontecido para fazer com que os nascidos entre 1945 e 1950, que não haviam conhecido a privação ou o drama da guerra, se levantassem tão repentina e violentamente contra todas as autoridades e instituições. Como era possível que jovens cujo futuro era seguro pudessem, de repente, de um dia para o outro, lançar-se com inesperado entusiasmo revolucionário para tomar as universidades e provocar violentos tumultos nas ruas de Paris?

Talvez nesse futuro "burguês" (trabalho, casamento, família...) que os aguardava vissem uma vida sem emoção, sem risco, sem paixão, na qual certamente não morreriam de fome, mas de tédio. Pois uma coisa era clara: os militantes do movimento de maio de 68, como aqueles que haviam se levantado em Berkeley ou na Alemanha, queriam romper com sua vida burguesa, não queriam se curvar a nenhuma autoridade, nem a de seus pais, nem a de seus professores, nem a de qualquer instituição religiosa ou estatal.

De certa forma, eles lembravam os niilistas russos da década de 1860 descritos por Ivan Turguêniev (1818–1883) em seu romance *Pais e filhos* (1862). O protagonista, Bazarov, um estudante de medicina que se declara um ateu racionalista, era, de acordo com seu criador, um tipo arrogante que acredita estar em posse da verdade, despreza seus semelhantes, não tem compaixão, é cético em relação ao amor e não tem confiança na amizade. Turguêniev o chama de "niilista" porque, segundo ele, é "uma pessoa que não se curva a nenhuma autoridade, que não aceita nenhum princípio como um dogma de fé, não importa quanto respeito esse princípio inspire naqueles ao seu redor".

No verão de 1968, além de *La révolution introuvable*, de Raymond Aron, vários livros foram publicados na França, escritos por atores ou simples testemunhas do psicodrama de maio que tentaram explicar, ou explicar a si mesmos, as razões do que havia acontecido. Mencionarei três deles:[1]

Ces idées qui ont enbranlé la France [Essas ideias que abalaram a França], escrito por um professor de Nanterre, Didier Azieu, sob o pseudônimo de Epistémon, relata e comenta o que aconteceu em sua universidade entre novembro de 1967 e junho de 1968. Esse livro apresenta um relato em primeira mão das origens políticas do Movimento dos Indignados de 22 de março.

La Révolte étudiante, les animateurs parlent [A Revolta Estudantil, os animadores falam] é uma coletânea de entrevistas com os principais atores do "événement", Jacques Sauvageot, Alain Geismar e

---

1 Esses livros pertencem a um lote que Carlos Semprún me enviou de Paris. Em uma de suas visitas a Madri, eu lhe disse que estava muito interessada em maio de 68.

As ideias que abalaram a França

Daniel Cohn Bendit. Jacques Sauvageot (1943–2017), formado em direito e história da arte, foi vice-presidente da União Nacional dos Estudantes da França (UNEF) em 1968. Alain Geismar (1939), doutor em física e engenheiro civil de minas, foi secretário-geral do Sindicato Nacional de Ensino Superior (SNESUP). O mais famoso dos três, Daniel Cohn-Bendit (1945), de nacionalidade alemã,[2] era estudante de sociologia em Nanterre e líder do Movimento 22 de Março. Embora esses três ativistas tenham se juntado às barricadas e participado do encerramento na Sorbonne, a verdadeira estrela do movimento foi Daniel Cohn-Bendit, apelidado de "Dany, o Vermelho" devido à cor de seu cabelo. Esse jovem alemão, educado nos círculos anarquistas parisienses, não gostava muito de seus dois companheiros de viagem, mas, quando chegou a hora de organizar as revoltas, percebeu que eram necessários.

Gauchisme, reméde à la maladie sénil du communisme [Esquerdismo, remédio para a doença senil do comunismo] foi escrito pelos irmãos Daniel e Gabriel Cohn-Bendit no tempo recorde de cinco semanas. Com base nos eventos de maio e junho de 1968, os autores pretendiam não apenas escrever um tratado sobre revoluções, mas também enviar uma mensagem aos protagonistas do "evento": "Isso foi apenas o começo, nós continuaremos a luta!".[3] O livro foi publicado pela primeira vez na Alemanha com o título *Linksradikalismus, Gewaltkur gegen die Alterskrankheit des Kommunismus* [literalmente "Esquerdismo radical, cultura da violência contra a doença senil do comunismo"].[4]

Gabriel e Daniel eram filhos de um casal judeu comunista que havia deixado a Alemanha em 1933 e se refugiado na França. Gabriel nasceu em 1936 e Daniel em 1945. O mais velho, Gaby, passou a maior parte de sua vida na França e adotou a nacionalidade francesa, enquanto Dany cursou o ensino secundário na Alemanha, em uma

---

2 Em 2015, ele também adotou a nacionalidade francesa.

3 *Esquerdismo, o remédio para a doença senil do comunismo* (Introdução). Tradução própria.

4 Provavelmente como uma réplica ou como um lembrete do livro de Lênin, *Esquerdismo: uma doença infantil do comunismo*.

escola progressista que usava um método pedagógico "alternativo". Ele cresceu sem nacionalidade e, em 1959, optou pela nacionalidade alemã, aparentemente para evitar o serviço militar francês.

Em 1965, órfão de pais e tendo passado no Abitur (exame final do ensino secundário alemão), Dany retornou à França para iniciar seus estudos superiores. Seu irmão Gabriel cuidou dele e de sua formação política. Gabriel Cohn-Bendit foi membro do PCF desde muito jovem, depois se tornou trotskista, anarquista e, mais tarde, socialista e ambientalista. Foi um pedagogo ativista da pedagogia moderna da Escola Nova.[5] Esteve envolvido na fundação de várias escolas alternativas e autogeridas durante os anos da presidência de Mitterrand. Em 1982, o governo francês criou quatro escolas secundárias experimentais. Gabriel foi fundador e mais tarde professor de uma delas, Saint-Nazaire.

Quando, em 1965, Dany chegou a Paris, Gabriel frequentava os círculos anarquistas e era colaborador de um pequeno grupo editorial, Noir et Rouge. Dois anos depois, Daniel se matriculou em sociologia na Faculdade de Letras de Nanterre, onde logo se viu transformado em líder do Movimento 22 de março. Assim, Dany não era simplesmente um arruaceiro ruivo e atrevido sem formação política, como às vezes se disse. Quando chegou a Nanterre, já levava dois anos na França recebendo doutrina e treinamento em estratégias revolucionárias anarquistas.

A esquerda de Nanterre

> *O Movimento 22 de Março não é uma "invenção genial" de "meninos prodígio", mas o resultado de práticas revolucionárias estudadas por jovens intelectuais, independentemente de sua situação social.*
>
> — Daniel e Gabriel Cohn-Bendit, *Esquerdismo, o remédio para a doença senil do comunismo*

---

5 De cujas ideias beberam Dewey e seus discípulos.

As ideias que abalaram a França

No início de março de 1968, vários edifícios americanos em Paris foram atacados. Os autores eram ativistas militantes contra a Guerra do Vietnã. No dia 22, a polícia interrogou alguns membros do Comitê Nacional do Vietnã, entre os quais estudantes de Nanterre. O Comitê Nacional do Vietnã (cvn) foi formado em 30 de novembro de 1966 para protestar contra a intervenção americana no Vietnã. Foi presidido pelo importante matemático Laurent Schwartz, ganhador da Medalha Fields[6] e membro do grupo de matemáticos artífices da matemática moderna, Nicolas Bourbaki.

Naquela tarde, quatro representantes dos grupos mais à esquerda de Nanterre se reuniram e ocuparam a sala de reuniões do Conselho de Professores. Fingindo ser autoridades universitárias, declararam que os estudantes haviam tomado o poder, elaboraram uma lista de suas reivindicações e, já de madrugada, partiram de forma ordeira. Naquele dia, o Movimento 22 de Março tomou forma.

O nome deste movimento foi inspirado na revolução cubana. Fidel Castro e seus companheiros de luta contra o ditador Batista adotaram o nome de Movimento 26 de Julho (M-26-7), em memória de sua primeira ação revolucionária: o ataque à fortaleza de Moncada em 26 de julho de 1953.[7] Os indignados de Nanterre, que queriam se distanciar dos partidos tradicionais, devem ter se identificado com o comunismo revolucionário cubano.

A Universidade de Nanterre foi proclamada como a força motriz da nova utopia universitária, que se basearia nos seguintes princípios inquestionáveis:

1. Toda pessoa tem o direito de frequentar a universidade, sem qualquer sistema de seleção.

2. A frequência às aulas deve ser voluntária.

3. A aprovação no curso deve ser automática.

---

6 Equivalente ao Prêmio Nobel de Matemática.

7 O Movimento 26 de Julho foi criado em Cuba em 12 de junho de 1955, secretamente, durante a ditadura de Fulgencio Batista (1952–1959). Naquela época, Fidel Castro, seu promotor, tinha acabado de ser anistiado e libertado da prisão onde cumpria pena por ter liderado o ataque ao Quartel Moncada em 26 de julho de 1953.

O suicídio do Ocidente

4. O aluno que concluir o curso terá direito ao título sem outro obstáculo além da aprovação de um júri misto de professores e alunos. Os alunos terão o direito de vetar qualquer decisão tomada pelo júri.

5. A posse de um diploma universitário deve permitir o ingresso imediato na prática profissional.[8]

Naquele dia, o Conselho da Faculdade, em clara oposição ao regulamento, mas com o acordo da reitoria e do Ministério, decidiu autorizar reuniões políticas em determinadas instalações da faculdade. Algo que já não era mais suficiente para os insurgentes, que exigiam o direito de ocupar o anfiteatro para suas reuniões e eventos quando quisessem, sem necessidade de maiores comunicações do reitor. E se já houvesse uma aula programada no anfiteatro, os ativistas exigiam que ela fosse cancelada. Seus direitos vinham em primeiro lugar, seu lema, "aqui e agora", se tornaria um dos grandes princípios do movimento de maio: fazer uma tábula rasa do passado, tudo é possível e é aqui e agora.

Em 1975, Dany, "o Vermelho" publicou um livro intitulado *O grande bazar*, que contém um relato bastante completo de seu período como líder anarquista em maio de 1968. Tanto este quanto o livro publicado com seu irmão em 1968 dissipam dúvidas sobre a espontaneidade do surto revolucionário em Nanterre. Como Aron suspeitava, Daniel Cohn-Bendit não tinha interesse em resolver os problemas da universidade; ele queria destruir a própria universidade e até mesmo acabar com o regime gaullista.

Os irmãos Cohn-Bendit, em seu livro *Esquerdismo, o remédio para a doença senil do comunismo*, explicaram que, para ser um esquerdista moderno, era preciso "dispensar as tentações judaico-cristãs, como a abnegação e o sacrifício, e entender que a luta revolucionária só pode ser um jogo do qual todos sentem o desejo de participar".

Na Universidade de Nanterre, durante o primeiro período do ano acadêmico de 1967–68, os revolucionários organizaram seminários

---

8 *Ces idées qui ont ébranlé la France*. Nanterre: Epistémon, novembro de 1967 a junho de 1968.

As ideias que abalaram a França

sobre educação sexual. Ninguém havia explicado o valor revolucionário da liberdade sexual como o psicanalista marxista Wilhelm Reich. Folhetos explicativos foram distribuídos e ações foram planejadas, como a ocupação do prédio das garotas pelos rapazes nos alojamentos da universidade.

Os alunos leram com entusiasmo o livro de Reich, *A função do orgasmo*, que havia sido um *best-seller* entre os jovens esquerdistas americanos na década de 1960. Wilhelm Reich, médico, psiquiatra e psicanalista, nasceu em 24 de março de 1897 em Dobrzanica, um vilarejo no que era então o Império Austro-Húngaro e hoje faz parte da Ucrânia. Ele nunca foi à escola e foi educado em casa por um preceptor. Um dia, Wilhelm descobriu que o preceptor e sua mãe eram amantes. Sua consciência o levou a relatar o fato ao pai. Quando tinha apenas quatorze anos de idade, sua mãe se suicidou.

Wilhelm Reich lutou na Primeira Guerra Mundial. Após a guerra, foi para Viena, onde estudou medicina (psiquiatria), mas também se interessou por filosofia, ciências naturais e psicologia. Ele foi o aluno mais promissor de Sigmund Freud até 1927, quando publicou *A função do orgasmo*, para grande desgosto de seu mestre.[9]

Wilheilm Reich mudou-se para Berlim em 1930 e filiou-se ao Partido Comunista Alemão (KPD). Lá, cercou-se de psicanalistas de convicção marxista, criando uma corrente chamada "freudo-marxismo". Ele conseguiu fazer inimigos entre os comunistas e também entre os psicanalistas puros e, em 1939, emigrou para os Estados Unidos, onde fundou seu próprio centro de pesquisa sobre "orgônio", que definiu como "a energia cósmica que faz parte de toda matéria viva" e que, segundo ele, poderia curar o câncer e doenças mentais. Reich afirmou ter construído uma máquina para produzir orgônio. Embora tenha sido proibido de fabricá-la, ele construiu e vendeu várias delas. Acusado de fraude e estelionato, foi condenado e sentenciado à prisão. Em 1957, morreu na prisão em decorrência de um ataque cardíaco.

De acordo com Reich, a repressão sexual é um comportamento reacionário favorecido pela família e pela educação burguesas, que

---

9 O livro trata do valor energético do orgasmo.

são os maiores inimigos da revolução. Assim como Rousseau, Reich argumentou que as crianças são naturalmente boas e que seu mal vem da sociedade e de nossa civilização. Reich estabeleceu a conexão entre consciência política e sexual, uma característica predominante do anarquismo em 1968, que considerava a luta contra a repressão sexual inseparável da luta pela liberdade. Uma teoria que se encaixava perfeitamente na estratégia revolucionária de Cohn-Bendit.

Não é de se espantar que em seu livro *O grande bazar*, Dany, "o Vermelho" se gabasse de sua atitude "desinibida" com as crianças da creche alternativa onde trabalhava quando, expulso da França, retornou a Frankfurt: "Eu podia sentir perfeitamente como as meninas de cinco anos tinham aprendido a me excitar".

Como já vimos, após os incidentes de 2 de maio na faculdade de Nanterre, o reitor decidiu fechar a universidade *sine die*. No dia seguinte, os militantes de 22 de março, que haviam provocado os tumultos, viram sua faculdade fechada e se mudaram para o Quartier Latin, ocupando o pátio da Sorbonne. O reitor, incapaz de dispersá-los pela força, decidiu chamar a polícia e fechar a universidade.

Os "indignados", imersos na sua escalada de provocação, não tinham qualquer intenção de dialogar; estavam dispostos a tomar o que consideravam seu de direito. Foi o que disse Daniel Cohn-Bendit em uma entrevista publicada em 4 de maio no *Paris-Presse*:

> Não queremos esperar mais para obter privilégios ou presentes, como o direito de receber garotas em nossas alas ou de ter uma sala para nossas reuniões. Não queremos que ninguém nos imponha um destino, queremos escolhê-lo. Mesmo que nos prometessem o paraíso, nós o recusaríamos, porque o que queremos é tomá-lo nós mesmos.[10]

Daniel não tinha nacionalidade francesa, o que permitiu que as autoridades o expulsassem da França em 21 de maio de 1968. Ele só foi autorizado a retornar em 20 de dezembro de 1978, o que não o impediu de atravessar a fronteira disfarçado em pelo menos duas

---

10 *Ces idées qui ont ébranlé la France.*

As ideias que abalaram a França

ocasiões, uma em 1969 para visitar seu irmão e outra em 1971 para encontrar alguns de seus antigos companheiros.

No início de maio de 1968, foi lançado um jornal satírico, *L'Enragé*, de inspiração anarquista, do qual foram publicados apenas 12 números (o último em novembro de 1968). No primeiro número, o diretor do jornal se colocou a serviço dos anarquistas com um dístico irônico: "Neste jornal nada é proibido, exceto ser de direita":

> *Ce journal est un pavé*
>
> *Il peut servir de mèche pour cocktail Molotov.*
>
> *Il peut servir de cache matraque.*
>
> *Il peut servir de mouchoir anti-gaz.*
>
> *Nous serons tous solidaires, et nous le resterons, de tous les enragés*
>
> *du Monde.*
>
> *Nous ne sommes ni étudiants, ni ouvriers, ni paysans, mais nous tenons à apporter notre pavé à toutes leurs barricades.*
>
> *Si certains d'entre vous ont des difficultés ou éprouvent des scrupules à s'exprimer dans les journaux traditionnels, venez le dire ici: vous êtes chez vous!*
>
> *Dans ce journal rien n'est interdit, sauf d'être de droite!*
>
> *¡Aux armes, enragés, formez vos bataillons!*
>
> *¡Marchons, marchons, un sang impur abreuvera bientôt nos sillons!*[11-12]

---

11 Pode ser usado como pavio de um coquetel Molotov.
Pode ser usado para esconder um porrete.
Pode ser usado como um máscara antigás.
Todos nós seremos solidários, e assim permaneceremos, com todas as pessoas enfurecidas do mundo.
Não somos estudantes, trabalhadores ou camponeses, mas queremos levar nossos paralelepípedos a todas as suas barricadas.
Se algum de vocês tiver dificuldades ou receios de expressar suas opiniões em jornais tradicionais, venha e escreva aqui: esta é a sua casa!
Nada é proibido neste jornal, exceto ser de direita
Às armas, indignados, formem seus batalhões!
Marchemos, marchemos, o sangue impuro logo regará nossos sulcos!

12 Adaptação do refrão de *La Marseillaise*.

O jornal publicava adesivos com *slogans* que podiam ser recortados e colados em pisos e paredes. Dois dos mais famosos apareceram em sua primeira edição: *Prenez vos désirs pour des réalités* [Tome seus desejos por realidades] e *Défense d'interdire* [É proibido proibir].

> Foi uma festa, uma bagunça. Eu me senti confortável. A atmosfera das barricadas ficou gravada na minha memória como um momento inesquecível. A atividade coletiva que se materializava em desempedrar e edificar nada mais era do que uma base para o nascimento de novos relacionamentos afetivos [...]. Aquela noite deixou muitos psicanalistas sem trabalho. Milhares de pessoas sentiram o desejo de falar umas com as outras e até mesmo de se amar.

O fim do carnaval. A universidade de Vincennes

Em 12 de junho de 1968, por ordem do General De Gaulle, foi emitido um decreto para dissolver as organizações mais esquerdistas de maio. A maioria delas havia sido formada em 1966 ou 1967 como divisões de partidos comunistas, trotskistas ou maoístas. Além do Movimento 22 de Março, as mais ativas eram a Juventude Comunista Revolucionária (JCR), os trotskistas de Alain Krivine[13] e a União da Juventude Comunista Marxista-Leninista (UJCML), cujos militantes eram em grande parte maoístas da Escola Normal Superior.

Em 15 de julho, foram realizadas eleições presidenciais e George Pompidou foi eleito Presidente da República.[14] A cortina finalmente caiu sobre o psicodrama e pôs fim ao carnaval revolucionário.

A esquerda de maio procurou se reestruturar como a única maneira de sobreviver. No outono de 1968, nasceu a Gauche Prolétarienne (Esquerda Proletária) de Alain Geismar e seu jornal *La Cause du peuple*. Esse novo partido foi fundado sobre os alicerces da Juventude

---

13 Alain Krivine (1941–2022), cujos pais eram comunistas, ingressou no movimento juvenil do PCF aos 15 anos de idade. Em 1966, tornou-se trotskista e fundou a Juventude Comunista Revolucionária (JCR), que, após maio de 1969, renasceu como Liga Comunista (LC).

14 No primeiro turno, Pompidou obteve 44,45% dos votos; Alain Poher (CD) 21,27%; Jacques Duclos (PCF) 21,27%; Michel Rocard (PSU) 3,61%, Krivine 1,05%.

As ideias que abalaram a França

Comunista, a União da Juventude Comunista Marxista-Leninista (UJCML), e tinha como objetivo unir a luta antiautoritária de maio, o maoísmo e a luta de classes, tudo com a referência da Revolução Cultural Chinesa. A Gauche Prolétarienne declarou que estava lutando contra o egoísmo e a concepção burguesa do mundo, contra o despotismo em todas as suas formas e contra todas as formas de autoridade. Se autodissolveu em novembro de 1973.

Em 1969, a Juventude Comunista Revolucionária dos Trotskistas de Krivine renasceu como a Liga Comunista. Adotaram a defesa da educação segundo o modelo da escola progressista de John Dewey. Krivine disputou as eleições presidenciais de 1969 com esse novo partido. No primeiro turno, obteve apenas 1,1% dos votos. Em junho de 1973, a Liga foi dissolvida e seus militantes reorganizados na Liga Comunista Revolucionária (LCR), que continuou a ser chamada assim até sua dissolução em 2009 para formar o Novo Partido Anticapitalista (NPA).

Os anarquistas de Cohn-Bendit assumiram a bandeira da "revolta cultural" para lutar por um novo modo de vida, uma nova moralidade e novas instituições. Defendiam a liberdade sexual e denunciavam os métodos tradicionais de ensino. Organizaram-se em diferentes grupos de acordo com os direitos que reivindicavam: liberação das mulheres, reconhecimento social dos homossexuais, antipsiquiatria, respeito ao meio ambiente, uma nova educação... Como os libertários de 22 de março, eles não querem esperar pelo grande dia da revolução, tem de ser "aqui e agora".

Em geral, quando o ano acadêmico de 68–69 começou, os grupos de esquerda nas universidades haviam perdido seu ímpeto revolucionário. No entanto, trotskistas e maoístas ainda encontraram algo pelo qual lutar: o autoritarismo dos acadêmicos, a opressão do conhecimento, os privilégios da sociedade burguesa. Em novembro de 1968, foi aprovada a Lei de Orientação do Ensino Superior do ministro Edgar Faure. Embora esta lei incluísse muitas das reivindicações da esquerda universitária, os comitês de ação ainda em vigor organizaram imediatamente a rebelião: boicote às eleições e boicote às aulas, mesmo as dos professores que mais apoiaram o movimento de maio.

O suicídio do Ocidente

A revolta se espalhou para os liceus. Os alunos do ensino secundário se revoltaram contra o sistema disciplinar, repressivo e autoritário. O Lycée Louis-le-Grand, um dos liceus de maior prestígio e elite de Paris, tornou-se um centro de recrutamento de jovens maoístas. Eles lutaram contra os regulamentos internos, o conteúdo das aulas ou qualquer coisa que se assemelhasse a uma nota ou a um exame. Os adeptos do "é proibido proibir" estavam prontos para banir tudo o que não lhes agradasse. Como Raymond Aron disse em suas *Memórias*: "É proibido proibir, uma fórmula contraditória em si mesma, ilustra o absurdo singular da ideologia de 1968".

O novo jornal maoísta *La Cause du peuple* definiu com estas palavras o liceu Louis-le-Grand de Paris: "Bons alunos, professores, administração, a escola reproduz uma sociedade em miniatura, onde se ensina a aceder ao poder por meio do saber". Definição muito representativa do pensamento que o partido maoísta tinha sobre a educação.

Em abril de 1969, o filósofo Paul Ricoeur, professor de Nanterre, que em maio de 1968, por solidariedade com os estudantes, havia renunciado ao cargo de diretor do departamento de filosofia, foi eleito reitor de Nanterre. De pouco lhe serviu aquela sua solidariedade, em janeiro de 1970 ocorreram graves tumultos que incluíram sérios ataques contra sua pessoa. Incapaz de controlar a situação, chamou a polícia, que então ocupou o *campus* universitário. Embora esta não tenha chegado a entrar nos edifícios, os estudantes consideraram que havia sido um ataque direto ao "espírito de Maio". Ricoeur viu-se obrigado a renunciar. Aceitou então um cargo na Universidade Católica de Lovaina e na Universidade de Chicago, em ambas foi professor de Filosofia.

Por outro lado, no outono de 1968, o ministro Faure havia decidido criar em Vincennes um centro universitário inovador. Centre Universitaire Expérimental de Vincennes (CUEV), com pedagogia progressista e quase autogerido. Os alunos podiam matricular-se sem ter o título do bacharelado. Não havia livros de texto, nem notas, nem exames. Os professores eram livres para criar suas próprias disciplinas. Os alunos participavam da gestão do centro. Um modelo de

As ideias que abalaram a França

universidade que respondia bastante às reivindicações dos estudantes revolucionários de maio.

De Gaulle deve ter pensado que, afastados de Paris, os esquerdistas universitários causariam menos problemas, mas ocorreu que Vincennes se converteu em um polo de contestação universitária pós-68. Ali se sonhava diariamente com um novo Maio.

A escolha dos professores era feita com base em seu conhecimento e também em seu compromisso político com partidos de esquerda (trotskista, maoísta ou comunista). Havia uma maioria de militantes maoístas da Gauche Prolétarienne (GP). Michel Foucault, que acabara de voltar de Túnis, foi eleito chefe do departamento de filosofia e levou consigo alguns dos alunos de Althusser da Escola Normal Superior. Os professores de Vincennes incluíam nomes de conhecidos intelectuais de esquerda da época, como Gilles Deleuze, Jacques Derrida, André Glucksmann e Alain Badiou.

O Centro abriu suas portas em janeiro de 1969. Em junho, o ministro Edgar Faure foi substituído por Olivier Guichard,[15] que deplorou as condições em que o ano acadêmico anterior havia ocorrido, particularmente no departamento de filosofia, e denunciou o caráter marxista-leninista de seus professores. Para indignação da maioria dos estudantes e professores, o ministro aboliu o valor acadêmico dos diplomas concedidos por aquele departamento. A partir de 1971, o centro passou a se chamar Universidade Paris 8.

Em 1980, o prefeito de Paris, Jacques Chirac, decidiu demolir o *campus* de Vincennes. Para substituí-lo, uma nova universidade foi criada da noite para o dia em Saint-Denis com o nome de Paris 8.

O surgimento do feminismo e de outros grupelhos

A partir de 1970, a utopia de maio de 68 começou a se fragmentar em vários pedaços, dando origem a diferentes partidos de esquerda:

---

15 Guichard foi ministro da Educação de 22 de junho de 1969 a 5 de julho de 1972.

O suicídio do Ocidente

maoísta, trotskista, leninista... Foi então que surgiu o Mouvement de libération des femmes [Movimento de Libertação das Mulheres], um movimento totalmente feminino, inicialmente formado por estudantes que haviam sido membros de diferentes partidos e que haviam se desiludido com suas organizações devido ao "machismo" nelas existente. As mulheres fundadoras do MLF criaram uma revista mensal que chamaram de *Le Torchon brûle*.[16] *Journal menstruel* [em português seria: "O pano de prato arde. Jornal menstrual"], da qual foram publicadas apenas cinco edições entre 1971 e 1973. Feministas de diferentes sensibilidades estavam ativas nesse movimento, o que os levou à sua própria destruição.

Uma das características do MLF era sua rejeição a qualquer organização. Consideravam-se um movimento espontâneo, sem autoridade ou hierarquia, do qual qualquer mulher que se sentisse oprimida simplesmente por ser mulher poderia participar. Elas se reuniam em assembleias ou grupos de discussão e trocaram o tratamento de "camarada" por "irmã".[17] Por isso a relação entre elas era conhecida como *sororité*.[18]

As feministas do MLF denunciaram a contradição entre os princípios revolucionários e o comportamento habitual dos militantes do sexo masculino. Reclamavam que os homens reservavam para si as tarefas "mais nobres": pensar, fazer discursos etc., enquanto as mulheres eram sempre relegadas a tarefas secundárias: preparar mesas e café para reuniões políticas, distribuir panfletos etc. As irmãs queriam atrair as militantes da esquerda neoleninista. Para elas, Simone de Beauvoir e *O segundo sexo* eram coisas do passado.

Tinham orgulho de seu lema, "O pessoal é político e o político é pessoal", que expressava bem o que consideravam ser o verdadeiro legado de maio de 68: o questionamento da separação entre as esferas pública e privada. Acreditavam que a política deveria se basear em sentimentos e, para isso, organizavam longas reuniões nas quais

---

16 "Quando o pano de prato pega fogo na cozinha, a briga começa". Esse é um ditado usado na França quando há uma briga doméstica.

17 *Soeur*.

18 Em latim, *soror* é irmã e *sororitas* significa comunidade religiosa de mulheres.

As ideias que abalaram a França

obrigavam uns aos outros a compartilhar suas vidas sexuais, suas fantasias, seus desejos, suas frustrações, em outras palavras, tudo o que "a educação repressiva" que haviam recebido lhes ensinara a dominar.

Era fácil concluir que o homem era a causa da infelicidade delas e que sua natureza dominadora tornava a redenção quase impossível. Elas logo fariam dele o inimigo a ser vencido: se os homens quisessem recuperar sua "humanidade", teriam de aprender a se "desvirilizar".

Entre as "irmãs" ou "sores", havia categorias de acordo com seu grau de "liberalização". No topo estava a homossexual e, em seguida, nessa ordem, a mulher solteira, a mulher casada sem filhos e a mulher casada com filhos. As mulheres casadas com filhos e com uma vida familiar tradicional eram consideradas "reformistas e irremediavelmente alienadas".

Naturalmente, logo começaram a surgir problemas entre as "irmãs": espionagem, denúncias e maus-tratos às outras irmãs. Uma espécie de "tirania da antinorma" se instalou, fazendo com que muitas abandonassem a nova militância e, no final, a "irmandade" se autodestruiu.

No início da década de 1970, um ex-militante da UNEF, Brice Lalonde (1946), enquanto trabalhava em algumas empresas, percebeu que os trabalhadores reais estavam longe da imagem idílica do proletariado que ele havia criado quando era um estudante de esquerda. Ele então decidiu se dedicar a causas mais interessantes, como o feminismo ou o meio ambiente.

Em 1971, entrou em contato com a seção francesa da ONG ambiental internacional Amigos da Terra (fundada nos EUA como Friends of the Earth em 1969), que naquele ano havia organizado a primeira manifestação de bicicletas contra o uso de carros no centro de Paris. Lalonde acabou se tornando líder do partido ecologista francês, ministro do meio ambiente no governo de Mitterrand e uma autoridade em organizações internacionais. Viver para ver: em 19 de dezembro de 2017, Lalonde, que tem um longo histórico como ativista antinuclear, declarou em uma plataforma que a energia nuclear "é, no entanto, uma aliada do clima".

O suicídio do Ocidente

Uma escola livre e democrática

Nas décadas de 1960 e 1970, três livros foram publicados na França e lidos nas faculdades de letras, especialmente nas faculdades de pedagogia e sociologia, como se fossem o Evangelho. Esses livros foram intitulados *Libres enfants de Summerhill* [Summerhill. Uma visão radical sobre a educação das crianças], de A. S. Neill, publicado em 1970, dez anos após seu aparecimento, em Nova York; e, em coautoria com os sociólogos Pierre Bourdieu e Jean-Claude Passeron, *Les héritiers* [Os herdeiros] em 1964, e *La Reproduction* [A Reprodução] em 1970.

Em 1959, um editor nova-iorquino chamado Harold Hart visitou a Summerhill School, localizada no vilarejo de Leiston, em Suffolk, Inglaterra, a cerca de 150 quilômetros de Londres. Hart queria propor ao diretor da escola, Alexander Sutherland Neill, a publicação de um livro sobre a história da Summerhill e os princípios pedagógicos que inspiraram a educação oferecida ali. A editora americana estava convencida de que, numa época em que as ideias progressistas dos seguidores do filósofo e educador John Dewey haviam sido desafiadas e em que as vozes que pediam um retorno aos valores tradicionais na educação pareciam estar ganhando força, um livro que contasse a experiência de uma escola fundada em 1921 com base no princípio do respeito à bondade natural da criança e ao seu desejo de liberdade poderia ser um grande sucesso nos Estados Unidos.

Neill adquiriu certa fama nas décadas de 1920 e 1930 por suas ideias revolucionárias no campo da educação. Educado no mais rigoroso calvinismo, ele se rebelou contra a disciplina e o autoritarismo das escolas tradicionais. Amigo pessoal de Wilhelm Reich, sempre esteve convencido de que a repressão dos instintos naturais da criança era a fonte da infelicidade e do mal humano. Para Neill, era importante que as crianças crescessem sozinhas, sem imposições dos adultos, longe de qualquer frustração, e que o prazer e o interesse próprio sempre acompanhassem todas as atividades relacionadas à sua educação. Neill acreditava que a maldade era apenas o resultado de maus-tratos sociais,

As ideias que abalaram a França

de uma infância infeliz, e que uma criança criada sem traumas seria sempre generosa e tolerante e se tornaria um cidadão bom e alegre.

Foi com base nesses princípios que Neill dirigiu o grande trabalho de sua vida, Summerhill, por mais de trinta anos. Em Summerhill não havia regras além daquelas aprovadas pelos próprios alunos, os professores não impunham autoridade, não havia disciplina, não havia exames e as crianças eram livres para assistir às aulas.

Nas décadas de 1920 e 1930, alguns intelectuais britânicos acreditavam que os métodos de Neill ofereciam uma alternativa à educação exigente e elitista das escolas públicas tradicionais, mas a realidade era que Summerhill só atraía alunos que já haviam fracassado em outras escolas. A "escola livre" de Neill parecia ter se apropriado da ideia rousseauniana de que a liberdade é uma condição natural da humanidade, exigindo a eliminação das instituições, da obediência e da hierarquia. Uma escola na qual a criança pudesse crescer livre de imposições era uma utopia maravilhosa que, no final das contas, aqueles que haviam recebido uma boa educação não queriam para seus filhos.

Quando Harold Hart visitou Summerhill, a escola estava passando por um dos momentos mais difíceis de sua história, à beira do fechamento por falta de alunos. Em 1960, o livro de Neill foi publicado nos Estados Unidos como *Summerhill, a Radical Approach to Child Rearing*. Dada a má fama que Wilhelm Reich[19] tinha naquela época nos EUA, as referências de Neill ao psicanalista foram suprimidas.

Hart teve o bom senso de encomendar a introdução a Erich Fromm, o escritor alemão e autor de *Medo da liberdade* (1941) e *A arte de amar* (1956), que logo se tornaria um dos escritores mais lidos pelos jovens adeptos de 1968. Fromm viu em Summerhill uma alternativa para a educação progressista americana, que, segundo ele, havia fracassado porque não buscava eliminar a presunção, mas apenas disfarçá-la. "Em minha opinião — escreveu Erich Fromm — este livro é de grande importância porque representa o verdadeiro princípio da educação sem medo".

---

19 W. Reich havia morrido enquanto cumpria pena de prisão em 1957.

O suicídio do Ocidente

É estranho que Erich Fromm tenha visto nos escritos de Neill uma grande diferença em relação ao progressismo da escola americana das décadas de 1930 e 1940, baseado na filosofia de John Dewey, quando ambos os educadores haviam bebido da mesma fonte, Rousseau, e suas ideias sobre bondade natural, aprendizado espontâneo, liberdade como um dom da natureza e vontade geral.

Nesse prefácio, percebe-se um certo desejo da parte de Fromm de manter distância do conteúdo do livro, mostrando sua convicção de que a maioria dos leitores não o tomaria como se fosse o Evangelho ou pensaria que Summerhill poderia ir além de um experimento que seria difícil de repetir. No final da década de 1960, Summerhill havia se tornado a bíblia de jovens pais não conformistas que viam nas teorias de Neill a realização de seus sonhos de uma educação "liberal" e, acima de tudo, antiautoritária. Em 1968, 100.000 exemplares foram vendidos nos EUA, em 1969, 200.000, e em 1970, mais de 600 universidades tinham o livro em suas bibliotecas.

Em torno da pedagogia de Summerhill, formou-se nos Estados Unidos um movimento pedagógico fundamentalmente antiautoritário e contracultural, o Free School Movement, que defendia a necessidade de uma mudança radical no sistema escolar para a construção de uma nova sociedade, fundada nos valores do amor, da felicidade, da liberdade e da paz.

Mas a influência de Neill não permaneceu nos Estados Unidos. Em 1970, o livro de Neill foi publicado na França com o título *Libres enfants de Summerhill*. Cerca de meio milhão de cópias foram vendidas. Jovens professores progressistas leram Neill, ficaram entusiasmados com sua doutrina libertária e adotaram seu catecismo pedagógico. Com ele deveriam educar seus filhos e treinar seus alunos.

Hoje em dia, quase ninguém conhece a Summerhill School ou qualquer coisa sobre seu fundador, mas as ideias do educador escocês foram assimiladas por mais de uma geração de pais e professores que, embora de forma atenuada e banalizada, as professaram como verdades indiscutíveis, sem quase nenhum questionamento. Pais e professores que, como Neill, acreditaram que educar em liberdade é sinônimo de educar sem autoridade, sem repressão, sem traumas e sem imposições.

As ideias que abalaram a França

Caberia perguntar o que significa a expressão "educar em liberdade" e se existe um método pedagógico que torne as crianças cidadãos capazes de cuidar de si mesmas, de assumir a responsabilidade por suas vidas e suas decisões, adquirindo uma independência de julgamento que lhes permita pensar com independência e permanecer atentos aos desejos daqueles que querem impor suas ideias e modos de vida. Como veremos mais tarde, o liberal austríaco Friedrich Hayek e o conservador britânico Roger Scruton discutiram essa questão.

* * *

Para analisar o conteúdo dos dois livros franceses, *Os herdeiros* e *A reprodução*, considero útil começar novamente com uma citação das *Memórias* de Raymond Aron, que faz alusão à influência que esses livros tiveram sobre os estudantes da Sorbonne: "Os partidários de Bourdieu, espalhados pela Sorbonne, distribuíram panfletos de acordo com o Evangelho de Bourdieu-Passeron. [...] Os alunos, por sua vez, fizeram uso e abuso das ideias do livro *Les héritiers*".

O livro *Les héritiers* foi publicado na França em 1964. Seus autores Pierre Bourdieu e Jean-Claude Passeron reuniram nele um estudo que realizaram sobre a relação entre os resultados dos estudantes universitários e a formação e o nível cultural de seus pais.

Com base nos dados obtidos, esses dois sociólogos franceses tiraram as seguintes conclusões:

– As oportunidades reais das crianças em idade escolar são condicionadas por seu histórico social.

– O sucesso na escola depende do nível de linguagem adquirido pelo aluno, e esse nível depende do ambiente cultural e social em que passou a infância.

– Os estudantes de famílias burguesas abastadas herdam o *savoir-être* [saber estar] e o *savoir-faire* [saber fazer] da classe dominante.

– Os alunos mais motivados são os filhos da burguesia, que estão sempre ansiosos para subir na escala social.

– A cultura e o conhecimento ensinados nas escolas de ensino médio e nas universidades são os da elite cultural e social.

– Para os filhos de camponeses, operários ou trabalhadores de baixa qualificação, a aquisição da cultura escolar é uma "aculturação", porque o conhecimento que eles precisam adquirir geralmente está associado a valores que não são os de seu grupo social.

E, por último, Bourdieu e Passeron afirmaram que a igualdade formal perante um exame ou perante um sistema de seleção baseado em conhecimentos adquiridos transforma em mérito o que na verdade é um privilégio, a menos que sejam levadas em conta as desigualdades culturais de origem. Para os autores do livro, se todos forem avaliados segundo os mesmos critérios, aqueles que obtêm os melhores resultados são considerados "os melhores" e seu mérito é valorizado, mas a realidade é que seu sucesso acadêmico não se deve ao seu próprio mérito, e sim ao grupo social privilegiado do qual provém.

Os herdeiros eram o evangelho dos anos 60, ávidos por dados científicos para demonstrar que a educação tradicional "burguesa" não só não era democrática, mas que colaborava na reprodução das diferenças sociais.

Em 1960, Raymond Aron, que teve Pierre Bourdieu como assistente na seção de sociologia da Sorbonne, nomeou-o secretário-geral do Centre de sociologie européenne (CSE), que ele havia criado na mesma universidade. Bourdieu ocupou esse cargo até que, devido à sua atitude em relação aos eventos de maio, as relações com Aron ficaram tensas. Bourdieu então criou seu próprio centro de sociologia da educação e da cultura, independente do centro europeu de Aron.

O sucesso do livro estimulou seus autores a embarcarem em uma nova obra, *La Reproduction*, publicada em 1970, na qual os sociólogos adotaram uma atitude muito mais combativa, enfatizando sua postura de rejeição ao modelo tradicional de ensino francês, que, segundo eles, cultivava o caráter reprodutivo das classes sociais.

Bourdieu e Passeron explicaram que a educação democrática, ou seja, aquela que permitiria ao maior número de pessoas a melhor educação possível, é o oposto do sistema tradicional que é orientado para a formação e seleção de uma elite cultural. Por outro lado,

As ideias que abalaram a França

alegaram que a política de democratização escolar que favorece o ingresso dos filhos dos trabalhadores no ensino superior não reduz as desigualdades, a menos que haja uma pedagogia que, desde o nível materno, esteja diretamente focada em neutralizar os fatores sociais que motivam a desigualdade cultural. E essa pedagogia não estava focada na transmissão de uma cultura ou conhecimento, mas no entretenimento.

Daí a explicação de por que o que se chamou de Nova Pedagogia e igualitarismo se encaixaram e constituíram o modelo de educação progressista que, depois de ter desencadeado a crise da educação norte-americana no final da década de 1950, se espalhou para boa parte do Ocidente.

Hoje em dia é quase impossível falar em selecionar os melhores, em exames, de esforço ou de desejo de superação. Ainda se acredita que os alunos bem-sucedidos vêm de uma burguesia educada e que os que reprovam são sempre de classes menos privilegiadas. O que faz com que os maus alunos sejam vítimas de um sistema educacional injusto.

Cinquenta anos após a publicação dos livros de Bourdieu e Passeron, um jovem filósofo e político francês, François-Xavier Bellamy (1985), escreveu *Les déshérités*,[20] no qual o autor pede a recuperação da escola como transmissora de conhecimento. De acordo com Bellamy, os estudantes que, em maio de 1968, saíram às ruas de Paris exigindo uma escola livre e democrática, ao se tornarem pais e professores, renunciaram a transmitir a seus filhos e alunos o legado cultural que haviam recebido.

Para Bellamy, a crise na educação francesa é o resultado de uma escolha deliberada, segundo a qual as escolas devem parar de transmitir o legado cultural de nossos ancestrais. A crise da cultura, da educação e da família, disse Bellamy, não é um fracasso, mas o resultado de muita reflexão.

---

20 Publicado em espanhol como *Los desheredados*. Madri: Ediciones Encuentro, 2018.

TERCEIRA PARTE

A REVOLUÇÃO CULTURAL NA EUROPA

Decretamos que a linguagem era fascista, a literatura sexista, a história chauvinista, a geografia etnocêntrica e as ciências dogmáticas — e agora não entendemos por que as crianças acabam por não saber nada. E no final, sem conhecimento, sem cultura, o que restará do homem? [...] Quando toda a cultura for destruída, só restará a barbárie.

— François-Xavier Bellamy, *Os deserdados*

Após a Segunda Guerra Mundial, a esquerda ocidental foi fundamentalmente pró-stalinista até abril de 1956, quando Khrushchev tornou pública parte do relatório sobre os crimes de Stálin e, seis meses depois, invadiu a Hungria. Esses dois eventos forçaram muitos intelectuais de esquerda a reconsiderar suas crenças marxistas. E surgiu a chamada Nova Esquerda.

Não é fácil estudar a relação entre essa Nova Esquerda e a ideologia dos estudantes que ocuparam as universidades e saíram às ruas em maio de 1968. Os trotskistas queriam uma revolução permanente, os maoístas a revolução cultural e os anarquistas a destruição das instituições e a derrubada de toda autoridade. Todos eles tinham um inimigo comum: a sociedade burguesa e suas instituições.

A revolta dos estudantes em maio de 68 surpreendeu o governo francês e também os intelectuais da esquerda tradicional, que foram forçados a tomar partido. A maioria deles, como Raymond Aron sempre denunciou, optou por apoiar o movimento.

O relativismo cultural e o questionamento da superioridade da civilização ocidental tiveram, a partir de então, grande influência

O suicídio do Ocidente

na educação. Em 1985, em seu livro *A derrota do pensamento*, Alain Finkielkraut examinou a influência que Lévi Strauss teve na política educacional da UNESCO. Este alto órgão, que foi criado após a Segunda Guerra Mundial para estender a educação a todas as partes do mundo, passou por uma profunda mudança em sua filosofia a partir da década de 1970. A UNESCO, disse Finkielkraut, que foi fundada com base nos princípios do iluminismo, em determinado momento e com base no fato de que nenhuma civilização é melhor que outra, parecia estar renunciando a eles. A arrogância dos iluminados se torna inaceitável.

Se a civilização ocidental fosse apenas mais uma civilização, nem melhor nem pior do que qualquer outra, e se a superioridade da cultura ocidental se devesse ao seu caráter dominante, em que base poderia ser estabelecido o conteúdo das disciplinas acadêmicas? Outro caminho leva de volta a Rousseau. Aprender a ser, aprender a aprender seriam as novas máximas pedagógicas[1] que emergiriam da produção da UNESCO.

Apesar de viver sob uma ditadura, a Espanha teve seus professores "sessentoitistas".[2] Nossa Lei Geral de Educação, apesar de ter sido elaborada por um governo franquista, foi muito influenciada pela pedagogia progressista da década de 1960. O Ministério de José Luis Villar Palasí, ao estender a educação nas escolas primárias até a idade de 14 anos, seguiu o modelo socialista da escola única. Além disso, conforme exigido pela juventude progressista de 1968, todos os exames oficiais nos anos que antecederam a universidade foram abolidos. A "avaliação contínua" foi imposta e a matemática moderna foi incorporada aos currículos do ensino fundamental e médio.

Os especialistas em educação que colaboraram com a elaboração dessa lei fizeram o possível para se adaptar à tendência pedagógica que estava em voga na Europa e nos EUA. Apesar disso, os sindicatos de professores de esquerda, então clandestinos, não ficaram

---

1 O relatório da UNESCO de 1972, *Aprender a ser*, recebeu o nome do ministro da Educação da França, Edgar Faure, que presidiu a comissão responsável pelo relatório.

2 *Soixante-huitard* é o termo usado na França para designar a pessoa que, tendo ou não participado dos eventos de maio, manteve seu espírito vivo nas décadas seguintes.

satisfeitos e apresentaram uma alternativa à LGE, que serviu de roteiro para os socialistas espanhóis em todas as suas reformas e contrarreformas educacionais nos últimos trinta e três anos.

O LOGSE de 1990 tentou atender às expectativas dessa alternativa. Os socialistas fizeram parecer que seu modelo era o das *Comprehensive Schools* britânicas, que haviam sido adotadas por toda a União Europeia, porém, quando a lei foi publicada, o modelo britânico estava sendo reformado e nos EUA e na França a educação progressista já estava sendo seriamente criticada.

Contra o iluminismo

A escola, no seu sentido moderno, nasceu das Luzes, e morre hoje quando é posta em questão.

— Alain Finkielkraut, *A derrota do pensamento*

A Nova Esquerda e o pensamento de 68

Durante trinta anos, toda nova moda ideológica em Paris foi acompanhada por uma reinterpretação de Stálin.

— Raymond Aron, *Memórias*

Em fevereiro de 1956, Khrushchev reconheceu os abusos criminosos de Stalin em um discurso que se tornou público, embora tenha sido proferido em uma sessão fechada do Congresso do Partido Comunista da União Soviética (CPSU) e não tenha feito parte dos relatórios e resoluções oficiais emitidos por ele. Em novembro do mesmo ano, o exército soviético enviou 1.130 tanques e mais de 30 mil soldados para Budapeste, acabando com as aspirações da Hungria de independência do domínio soviético.

Ambas as ações perturbaram a esquerda ocidental, que, até então, não tinha dúvidas em se declarar stalinista e pró-soviética. Muitos intelectuais marxistas sentiram a necessidade de adaptar o marxismo aos novos tempos. Em 1960, a primeira edição da *New Left Review*, uma revista bimestral de política internacional, economia e cultura, foi publicada na Inglaterra e continua forte até hoje. Os mais conhecidos intelectuais franceses da *nouvelle gauche* contribuíram para ela.

O conservador britânico Roger Scruton dedicou seu livro *Pensadores da Nova Esquerda*, de 1985, aos filósofos da Nova Esquerda. O historiador comunista britânico Eric Hobsbawm, os filósofos franceses Sartre e Foucault, o alemão Habermas e os filósofos da Escola

O suicídio do Ocidente

de Frankfurt são alguns dos pensadores cujas ideias Scruton resumiu e criticou nesse livro.

Eric Hobsbawm (1917–2012) lecionou história na Universidade de Londres a partir de 1947, primeiro como conferencista e, a partir de 1970, como professor. Membro do Partido Comunista Britânico desde 1936, ele nunca deixou de se manifestar a favor do regime soviético. Foi colaborador da revista *Marxism Today*[1] na década de 1980.

Em 1969, Hobsbawm apadrinhou o cientista político argentino Ernesto Laclau para obter uma bolsa de estudos na Inglaterra, abriu-lhe as portas de Oxford e o apoiou para que se tornasse professor na Universidade de Essex. Laclau entrou em contato com o trabalho de Louis Althusser, bem como com o de Antonio Gramsci. Em 1985, publicou *Hegemonia e estratégia socialista*, um livro ao qual voltarei porque, embora tenha sido inicialmente criticado pelos marxistas e tenha passado quase despercebido pelo público em geral, sua nova interpretação do marxismo avançou as ideias que mais tarde moldaram o chamado "socialismo do século XXI".[2]

Para falar sobre os filósofos alemães que influenciaram a formação da Nova Esquerda, é necessário voltar às origens da Escola de Frankfurt, o grupo de filósofos, em sua maioria marxistas, que em 1922 criou o Instituto de Pesquisa Social de Frankfurt. Quando esse instituto foi fechado pelo governo de Hitler, seus membros o transferiram, primeiro para Genebra e, mais tarde, para Nova York, como anexo à Universidade de Columbia. Os nomes associados ao Instituto incluíam, entre outros, Theodor Adorno, Herbert Marcuse, Erich Fromm[3] e Walter Benjamin.[4] Em 1951, o Instituto foi reaberto na Alemanha com o nome de Escola de Frankfurt.

---

1 A revista foi publicada entre 1957 e 1991.

2 Hugo Chávez usou esta expressão em 30 de janeiro de 2005, no encerramento do V Fórum Social Mundial, em Porto Alegre: "Sou um revolucionário e a cada dia sou mais revolucionário, porque a cada dia estou mais convencido de que a única maneira pela qual podemos quebrar a hegemonia capitalista, podemos quebrar a hegemonia das oligarquias destas terras, é pelo caminho da revolução, não há outro caminho [...] somente pelo socialismo alcançaremos uma sociedade mais justa".

3 Parece que Eric Fromm se distanciou da Escola de Frankfurt devido a discordâncias com Marcuse e Adorno.

4 Cometeu suicídio em 26 de setembro de 1940, em Portbou (Gerona), enquanto tentava fugir da França ocupada.

Raymond Aron, que viveu na Alemanha entre 1930 e 1933, disse em uma palestra proferida em Genebra em 1969, referindo-se aos "marxistas de Frankfurt":

> Minha idade me dá o privilégio de evocar uma época já passada, a década de 1930 e os marxistas de Frankfurt. Eles já estavam misturando Marx com Freud, denunciando incansavelmente a República de Weimar, que era tão débil, tão ameaçada, que não parecia digna de sobreviver. Quando chegou a hora de Hitler, eles, que atacavam a sociedade capitalista de forma ainda mais severa do que a sociedade soviética, não vacilaram: foi em Nova York ou Califórnia, e não em Moscou ou Leningrado, onde permaneceram fiéis ao marxismo de sua juventude, à crítica implacável da ordem liberal.[5]

E mais tarde, em suas *Memórias*, referiu-se aos filósofos de Frankfurt da seguinte forma:

> Todos, inclusive Marcuse, [...] de uma maneira ou de outra, se reivindicavam Marx para si. [...] Max Horkheimer e Theodor W. Adorno, mais filósofos que sociólogos, misturavam crítica econômica e crítica cultural da sociedade capitalista, tal como depois faria Herbert Marcuse, a quem os estudantes da década de 1960 elegeram como mestre, garantindo-lhe a glória.

Herbert Marcuse (1898–1979), considerado o pai da Nova Esquerda e a inspiração para o movimento juvenil de 1968, nasceu em Berlim em uma família de classe média alta. Aos 16 anos de idade, foi mobilizado para lutar na Primeira Guerra Mundial, mas foi dispensado do fronte de batalha por causa de seus problemas de visão. Em 1917, tornou-se membro do partido espartaquista de Rosa Luxemburgo.[6] Após a guerra, retomou seus estudos na Universidade de Freiburg.

Marcuse entrou em contato com o Instituto de Pesquisa de Frankfurt em 1932, pouco antes de ser fechado pelos nazistas. Como muitos

---

5 Raymond Aron, *Libertad, ¿liberal o libertaria?*. 1972. Edição em espanhol: *La libertad, ¿liberal o libertaria?*. Madri: Página indómita, 2013.

6 A Liga Espartaquista (*Spartakusbund* em alemão) foi um movimento revolucionário marxista, organizado na Alemanha durante os últimos anos da Primeira Guerra Mundial. Rosa Luxemburgo foi uma de suas fundadoras. A Liga foi rebatizada de *Kommunistische Partei Deutschlands* (KPD, Partido Comunista da Alemanha).

dos líderes desse centro, Marcuse deixou a Alemanha quando Hitler chegou ao poder e se estabeleceu em Nova York, onde os exilados do Instituto de Frankfurt também foram parar. Trabalhou no Instituto Alemão de Pesquisa e como professor em várias universidades dos EUA, onde se destacou por sua participação nos debates sociopolíticos das décadas de 1950 e 1960. Organizou sua vida nos EUA com algumas viagens à Europa. Efetivamente, a morte o surpreendeu durante uma estadia na Alemanha em 1979.

Sua obra mais conhecida, *O homem unidimensional: estudos da ideologia da sociedade industrial avançada*, na qual critica tanto as sociedades ocidentais quanto o mundo soviético, foi publicada em inglês nos EUA em 1964 e na França em 1968. Por ocasião da edição francesa, ele viajou para a Europa e se envolveu com os movimentos estudantis na Alemanha e na França. Os três MS, Marx, Mao e Marcuse, foram considerados referências emblemáticas para as mobilizações de maio de 1968, embora poucos dos ativistas tivessem lido Marx, Mao ou Marcuse.

Aron escreve sobre a obra em suas *Memórias*:

> O livro O *homem unidimensional*, de Marcuse, continha a maioria dos temas que provocaram indignação: a sociedade mercantil, o consumo forçado indispensável ao aparato de produção, a poluição, a repressão social, o desperdício diante da miséria, etc. [...] Durante as semanas quentes de maio de 1968, os estudantes frequentemente invocavam Marcuse, que a maioria deles não havia lido.

Em 1969, após os eventos de maio, um ensaio de Marcuse, *Vers la libération* [Rumo à libertação], foi publicado na França, com o subtítulo *Au-delà de l'homme unidimensionnel* [Além do homem unidimensional], no qual retomou a tese de que a URSS não era "estruturalmente" totalitária, mas "conjunturalmente" e por causa do imperialismo americano.

Marcuse previu que, depois de maio de 1968, nada poderia permanecer igual para o socialismo. Ele anunciou o fim do proletariado como a classe portadora da mensagem messiânica e sua substituição

Contra o iluminismo

pela juventude universitária vingativa, que exigia um ensino letrado e crítico, capaz de incorporar a análise crítica das sociedades contemporâneas aos programas acadêmicos. Politicamente, Marcuse se opunha à democracia liberal e era a favor da democracia direta. Quanto às suas ideias pedagógicas, rejeitava a disciplina e o esforço individual e defendia a desobediência generalizada às regras e leis. Essa era uma tese genuinamente revolucionária, muito alinhada com o pensamento da década de 1960. Ele queria a radicalização da Nova Esquerda.

Em abril de 1975, depois que *O arquipélago gulag* foi publicado na França, Marcuse deu uma palestra na Universidade da Califórnia intitulada "O fracasso da Nova Esquerda". Nele, insistiu em sua tese de que o sistema econômico soviético não trouxe felicidade ao povo por causa dos Estados Unidos. Para Marcuse, a existência do *gulag* se devia, é claro, ao imperialismo americano.

Outro dos pensadores da Nova Esquerda citados por Scruton foi o ganhador do Prêmio Nobel Jean-Paul Sartre, "*le petit camarade*"[7] de Raymond Aron na Escola Normal Superior. Sartre e Aron romperam a amizade por causa da defesa inquestionável que o primeiro fazia da União Soviética. Nem o pacto de Stálin com Hitler, em 1939, nem o discurso de Nikita Khrushchev, em 1956, nem Solzhenitsyn, em 1975, fizeram Sartre mudar sua posição.

Carlos Semprún Maura publicou *Vida y mentira de Jean-Paul Sartre* em 1996. Nesse livro, afirma que, como quase todo mundo, maio de 68 pegou Sartre completamente de surpresa e que, por mais que quisesse se juntar ao grupo de pensadores do movimento juvenil, nunca conseguiu entender o que havia acontecido. Disse que o filósofo havia perguntado certa vez a Dany Cohn-Bendit: "Quem são vocês? O que são vocês? Vocês são anticapitalistas? Anti-imperialistas?", ao que o alemão ruivo não respondeu. Aos 63 anos, Sartre queria ser o grande filósofo da juventude rebelde de 68, mas os estudantes o consideravam parte do *establishment*; alguém incapaz de entender suas demandas.

---

7 *Petit camarade* se chamavam Aron e Sartre na Escola Normal quando tinham 20 anos e eram amigos.

De acordo com Semprún, Sartre, "sempre em busca da 'modernidade', não queria ficar repentinamente atrás dos novos inquisidores, Althusser e seus discípulos", portanto, em 1969, quando Moscou estava começando a sair de moda, Sartre decidiu se aproximar do maoísmo. La Gauche Prolétarienne, o partido maoísta fundado em setembro de 1968, nomeou-o diretor administrativo de seu jornal, *La Cause du Peuple.*

Quanto a Louis Althusser (1918–1990), um dos mais conhecidos filósofos franceses da Nova Esquerda, nasceu na Argélia, onde estudou até que seus pais se mudaram para Marselha em 1930. Em 1939, foi admitido na Escola Normal Superior em Paris, mas em setembro do mesmo ano foi mobilizado e imediatamente feito prisioneiro pelo exército alemão. Ele passou a guerra inteira em um campo de prisioneiros. Quando a França foi libertada, continuou seus estudos de filosofia em Paris. Durante o cativeiro, abandonou a religião católica; mais tarde, na Escola Normal, adotou o marxismo. Depois de concluir seus estudos, filiou-se ao partido comunista e, a partir de 1948, trabalhou como professor na Escola Normal Superior de Paris. Lá ele formou um círculo muito próximo de discípulos sobre os quais exerceu grande influência política e filosófica.

Aron disse sobre ele: "Confesso que não encontrei nada de propriamente original no pensamento de Althusser, nada que o tornasse digno do rótulo de 'grande filósofo'".[8]

Muito mais crítico em relação a ele foi Roger Scruton,[9] para quem Althusser foi um mestre na prática de uma linguagem sem sentido, tão incompreensível quanto apreciada por seus seguidores, que serviu para criar em seus alunos uma "consciência revolucionária" e transmitir a eles a obrigação moral de lutar contra a classe dominante opressora. Para Scruton, o fato de Althusser ter sido altamente considerado como professor se deveu em grande parte ao seu *pedigree* radical. A maioria de seus alunos eram jovens professores de esquerda que lecionavam em universidades e institutos

---

8 Raymond Aron, *Memorias.*

9 Em seu ensaio *Pensadores da Nova Esquerda.*

politécnicos e precisavam obter suas credenciais acadêmicas e, ao mesmo tempo, se afirmar como radicais. Com Althusser, eles não apenas adquiriram um pedantismo que ocultava sua mediocridade, como também ganharam as credenciais de esquerdistas. As incursões de Althusser no absurdo não eram vistas por seus discípulos como falhas, mas como uma demonstração de sua grande relevância, de sua profundidade de pensamento.

Althusser teve problemas psiquiátricos ao longo de sua vida. Em 1980, num ataque de alienação mental, assassinou sua esposa. Considerado doente mental pelas autoridades médicas que o trataram, foi internado em diversos estabelecimentos psiquiátricos, onde permaneceu até sua morte em 1990, em decorrência de uma embolia cerebral irreversível.

Althusser foi apoiado por seus contemporâneos parisienses, que na época estavam juntando as peças do que Scruton chamou de "a máquina do *nonsense*", uma produtora de frases indecifráveis que escondem o significado político. O *nonsense* tem como objetivo desqualificar o inimigo: a família burguesa e patriarcal, os casais tradicionais, as instituições do sistema capitalista. Os criadores da máquina retiram suas peças de teorias marxistas esquecidas, da filosofia marxista da geração anterior ou da psicanálise de Freud.

A estrutura dessa máquina de *nonsense*, segundo Scruton, foi criada pelo "psiquiatra peculiar" Jacques Lacan e completada, entre outros, por Jacques Derrida e sua teoria da desconstrução, Félix Guattari e o "impostor" Gilles Deleuze.[10]

No final da década de 1960, a Nova Esquerda consistia em uma coleção de vários grupos, alguns marxistas-leninistas, outros trotskistas da Quarta Internacional e outros hippies apolíticos. Todos compartilhavam uma linguagem mais ou menos marxista e rejeitavam os modelos de sociedade ocidental, especialmente o americano, e o soviético. Sua nova pátria era a Cuba de Castro ou a China de Mao.

---

10 Em 2015 (a edição original é de 1985), o livro *Pensadores da nova esquerda*, de Roger Scruton, foi relançado com a inclusão desses criadores do que ele chamou de "máquina do *nonsense*".

O suicídio do Ocidente

Para Aron, essa recusa em diferenciar o despotismo soviético do imperialismo americano era uma característica dos intelectuais de Paris e de Berkeley.

> A geração nascida após a guerra (entre 1945 e 1950) — escreve Aron — julga duramente a velha esquerda não por causa de seu fracasso, mas por causa de sua própria ignorância do passado e seu desejo de originalidade radical. A Nova Esquerda usa a linguagem trotskista e ataca o imperialismo americano e a burocracia soviética, sem saber que está repetindo o passado que ignora, confiante em desfrutar das liberdades que despreza e quase indiferente ao destino de seus colegas em Praga ou Moscou.[11]

Em setembro de 1969, Raymond Aron foi convidado a participar da 22ª edição dos Encontros Internacionais de Genebra, que também contou com Paul Ricoeur, reitor da Faculdade de Letras da Universidade de Nanterre,[12] e Herbert Marcuse, que na época dava palestras na Europa sobre movimentos estudantis. Em sua palestra, cujo texto foi publicado como um ensaio em 1972 com o título *Liberté, libérale ou libertaire?* [Liberdade, liberal ou libertária?], Aron falou sobre a influência que as revoltas de 1968 tiveram sobre a Nova Esquerda e, por sua vez, sobre a influência que os filósofos marxistas tiveram sobre os estudantes revolucionários. Ele se concentrou em três aspectos da revolução pedagógica de 68: igualdade educacional (equidade), rejeição da autoridade e "libertarismo".

Seria possível falar de liberdade quando o êxito escolar depende das condições sociais iniciais do aluno? Qual é o sentido de ter liberdade jurídica para ingressar em uma universidade se o custo da universidade ou a internalização de preconceitos de classe impedem que trabalhadores e camponeses tenham acesso a ela? Essas foram as perguntas que os revolucionários de maio se fizeram e chegaram à conclusão de que as liberdades formais não garantiam igualdade de oportunidades.

---

11 Raymond Aron, *La libertad, ¿liberal o libertaria?*, op. cit.

12 Essa nomeação foi recebida em Nanterre como um sucesso para a esquerda, mas não impediu que os revolucionários pós-68 tornassem sua vida impossível e o forçassem a deixar a universidade em fevereiro de 1970.

Para os "sessentoitistas", os estudos sociológicos de Bourdieu e Passeron provaram "cientificamente" que o sistema educacional tradicional favorecia a classe dominante e que a escola republicana reproduzia as diferenças sociais. Assim, a Nova Esquerda, que atribuía à sociedade a responsabilidade pelos crimes cometidos pelos assassinos, agora também atribuía a ela a responsabilidade pelo fracasso escolar. Se o fracasso depende de questões sociais, os governantes deveriam ser capazes de evitá-lo. Assim como foi alcançada a igualdade efetiva de acesso ao ensino fundamental, deveria ser alcançada a igualdade de acesso à universidade.

Com esse raciocínio, a esquerda em 1968 levantou a bandeira da igualdade e exigiu uma educação secundária que permitisse a qualquer pessoa que quisesse estudar na universidade. Daí a decisão da inovadora Universidade de Vincennes de admitir alunos sem diploma de ensino secundário ou os constantes protestos dos alunos contra os exames e qualquer forma de seleção.

Por outro lado, os revolucionários de 68 rejeitavam qualquer autoridade, qualquer hierarquia nas instituições. Ninguém deveria estar acima de ninguém, parecia ser o lema deles. Educar em liberdade era, para eles, educar sem autoridade, sem regras, sem disciplina.

Aron ficou escandalizado ao ver a simpatia que grande parte dos professores demonstrou em relação às reivindicações dos alunos da comunidade da Sorbonne por participação tanto nas decisões acadêmicas quanto na administração da universidade:

> Muitas vezes esquecemos que a ordem liberal se baseia no respeito à lei e às autoridades respeitáveis. Quando os alunos insultam os homens mais velhos chamando-os de "velhos" ou os professores como tal, a psicanálise pode e deve entendê-los como entende aqueles que sofrem de um transtorno, mas o professor pode e deve se opor aos seus excessos. [...] Aqueles que praticam o culto à juventude não a ajudam a amadurecer e, portanto, a mergulham em sua desgraça.[13]

Os jovens de 68, como a Nova Esquerda, exigiam liberdade sem obstáculos, sem leis, sem autoridade e sem qualquer tipo de repressão.

---

13 Raymond Aron, *Libertad, ¿liberal o libertaria?*

Mas, de repente, perceberam que há uma repressão interna que se origina dos princípios morais e sociais de uma pessoa. Se alguém aspira a ser um indivíduo totalmente livre, não deve também se libertar desses princípios?

Os pensadores da Nova Esquerda atribuíram a culpa dessa repressão interna à sociedade, que, como Freud demonstrou, nos ensina sutilmente a nos proibir o que é desaprovado e a respeitar a ordem estabelecida. Aron cita Marcuse, para quem "o déspota, o tirano que concede a todos a ilusão de liberdade, é o próprio sistema social".

Em 1973, a primeira parte de *Arquipélago Gulag*,[14] do famoso dissidente russo Alexander Solzhenitsyn (1918–2008), foi publicada na França. Os comunistas franceses tentaram negar a existência dos campos de concentração e espalharam a história de que o escritor era um agente da CIA. Em 12 de fevereiro de 1974, Solzhenitsyn, acusado de traição, foi preso e expulso da URSS. Um ano depois, exilou-se nos EUA, onde permaneceu até retornar a Moscou em 1992.

Solzhenitsyn pertenceu ao Exército Vermelho e lutou na Segunda Guerra Mundial, a Grande Guerra Pátria. Em fevereiro de 1945, foi preso e condenado a oito anos de prisão e, posteriormente, ao banimento perpétuo. Como aconteceu com outros ex-combatentes, Stálin o acusou de desviacionismo por ter feito contato com o Ocidente. Em 1956 foi libertado e pôde levar uma vida mais ou menos normal como professor de matemática. Foi membro da União dos Escritores Soviéticos até 1969, quando foi exonerado após enviar uma carta protestando contra a censura de suas obras. Em 1970, recebeu o Prêmio Nobel de Literatura, mas não foi recebê-lo por medo de que seu governo não permitisse que retornasse à Rússia.

A publicação do livro de Solzhenitsyn em 1973 e a morte de Mao em 1976 marcaram a desilusão da esquerda pós-68. A Gauche Prolétarienne, o partido maoísta fundado por André Geismar, dissolveu-se

---

14   O *Arquipélago Gulag 2* e O *Arquipélago Gulag 3* foram publicados em 1975 e 1978, respectivamente. Edição especial. em três volumes: *Archipiélago Gulag*. Barcelona: Tusquets, 2015.

Contra o iluminismo

em novembro de 1973. Alguns de seus militantes desapareceram do cenário político e os que não desapareceram seguiram dois caminhos opostos: alguns, liderados por Alain Badiou, juntaram-se à União Comunista Marxista-Leninista da França, criada em 1969, e os outros, representados por André Glucksmann e Bernard-Henri Levy, formaram o grupo dos chamados novos filósofos que denunciaram o marxismo e o totalitarismo comunista.

Sobre estes últimos, Raymond Aron escreveu em suas *Memórias*:

> Os novos filósofos me deixam indiferente. Eles não representam uma forma original de filosofar. Alguns deles passaram por Althusser e o abandonaram sem renegá-lo. Causaram sensação principalmente por sua condenação radical do sovietismo e até mesmo do marxismo.

Mais agressiva foi a crítica do filósofo e sociólogo francês Jean Pierre Le Goff (1949), autor de *Mai 68, l'héritage impossible* [Maio de 68, o legado impossível, 1998], talvez um dos livros mais abrangentes já escritos sobre o maio francês. Durante a primavera revolucionária de 68, Le Goff era estudante da Universidade de Caen e ativista pró-Mao. No livro supracitado, dedica um capítulo aos novos filósofos,[15] no qual reconhece que levantavam questões embaraçosas sobre a cegueira dos intelectuais e militantes em relação à realidade dos regimes comunistas, mas que nunca renegaram sua militância esquerdista e nunca foram capazes de assumir sua responsabilidade individual. Para Le Goff, esses ex-maoístas brincavam de representar a má consciência do Ocidente, de ser "o anjo redentor" de uma civilização culpada e opressora, sempre se colocando do lado bom da história e dando lições de moral para o mundo inteiro.

A partir de 1977, os debates filosóficos sobre comunismo, marxismo, stalinismo e maoísmo ficaram relegados ao mundo universitário. Os intelectuais franceses deixaram de se interessar por eles.

---

15 *Les 'nouveaux philosophes' ou les habits neufs du gauchisme rédempteur* [Os "novos filósofos" ou as novas roupas do esquerdismo redentor].

O suicídio do Ocidente

Relativismo cultural e a derrota do pensamento

Quando o ódio à cultura se torna cultural, a vida guiada pelo intelecto perde todo o seu sentido.

— Alain Finkielkraut, *A derrota do pensamento*

Após a Segunda Guerra Mundial, foi realizada uma conferência das Nações Unidas em Londres, de 1º a 16 de novembro de 1945, na qual foi decidida a fundação da UNESCO (United Nations Educational, Scientific and Cultural Organization)[16] com o objetivo de contribuir para a paz e a segurança no mundo por meio da educação, da ciência, da cultura e das comunicações.

Naquela sessão, o presidente da delegação francesa, Léon Blum, enfatizou que o objetivo da fundação da UNESCO era preparar o mundo para uma nova era na qual reinaria "um verdadeiro espírito de paz". O primeiro-ministro britânico Clement Attlee foi mais explícito, expressando a esperança de que a nova instituição internacional fosse um freio para os Estados que buscavam "doutrinar sistematicamente a população com a ajuda de algumas ideias estreitas e rígidas".

De qualquer forma, ficou claro que a nova instituição foi criada para salvaguardar a liberdade de opinião, para evitar ideologias que levariam ao ódio e à aceitação do poder despótico. Proteger o pensamento contra os abusos de poder e esclarecer os indivíduos para evitar que os demagogos tomassem conta de suas mentes foram seus objetivos fundamentais. Ao vincular o progresso moral e intelectual dessa forma, os governos estavam adotando o espírito do iluminismo. As autoridades intelectuais reunidas em Londres colocaram o novo órgão sob a tutela de Diderot, Voltaire e Condorcet. Eles acreditavam que a educação dos cidadãos era essencial para o gozo da liberdade.

No entanto, e como Alain Finkielkraut explica em seu livro *La défaite de la pensée* (1987),[17] a UNESCO, o mais poderoso laboratório

---

16 Organização das Nações Unidas para a Educação, a Ciência e a Cultura.

17 Publicado em espanhol como *La derrota del pensamiento*. Barcelona: Anagrama, 2006. [Em português, foi publicado como *A derrota do pensamento*. São Paulo: Paz e Terra, 2012 — NT.]

de ideias pedagógicas do Ocidente, em um determinado momento começou a mudar a agenda de suas conferências para incorporar, quase imperceptivelmente, uma crítica dissimulada das ideias dos filósofos iluministas. Nas palavras de Finkielkraut, "A crítica das luzes substitui a crítica aos fanatismos".

Finkielkraut atribui essa transformação ao antropólogo francês[18] Claude Lévi-Strauss (1918–2009), autor do livro *Race et histoire* [Raça e história],[19] publicado pela UNESCO em 1951. Um livro que foi considerado um verdadeiro manifesto antirracista e uma apologia da equivalência das culturas. Em 1971, também encomendado pela UNESCO, Lévi-Strauss escreveu uma segunda parte do livro: *Raça e cultura*.

Partindo do princípio de que as diferenças entre grupos humanos têm muito mais a ver com circunstâncias geográficas, históricas e sociológicas do que com a cor da pele, Lévi-Strauss atacou a reverência que os fundadores da UNESCO prestaram à filosofia do iluminismo. Os pensadores iluministas assumiram a autoridade moral para se definirem como "civilização", um preconceito que a UNESCO tinha a obrigação de destruir.

Segundo Finkielkraut, Lévi-Strauss pensava que a civilização ocidental é apenas mais uma entre as civilizações do mundo e que a ignorância seria derrotada no dia em que "os chamados homens civilizados descessem de seu pedestal imaginário e reconhecessem com humildade e lucidez que eles próprios são apenas uma variedade dos povos indígenas".[20]

A crítica do antropólogo impressionou os representantes da UNESCO que, como se estivessem constrangidos com a predominância da civilização ocidental, fizeram com que a organização encarregada de difundir a educação em todo o mundo mudasse sua atividade para a produção de uma retórica benévola, repleta de grandes palavras, às vezes vazias de significado ou com um significado ambíguo, e totalmente distante de seu compromisso inicial com o iluminismo.

---

18 Claude Lévi-Strauss nasceu em Bruxelas, onde seus pais viveram por um curto período de tempo. Logo após o nascimento de Claude, eles se mudaram para Paris.

19 Claude Lévi-Strauss, "Raza e historia", em *Raza y cultura*. Madri: Cátedra, 1993.

20 Alain Finkielkraut, *La derrota del pensamiento*, op. cit.

O suicídio do Ocidente

Lévi-Strauss criou uma escola. Os "desconstrutores"[21] começaram a trabalhar. A civilização ocidental era apenas mais uma civilização, nem melhor nem pior que qualquer outra. A preeminência da cultura ocidental se deveu à sua posição dominante. Todas as ciências humanas, cada uma em seu campo, condenaram o etnocentrismo, isto é, a atitude arrogante da civilização ocidental.[22]

A primeira das disciplinas afetadas foi a história. Para purgar o presente de todo imperialismo cultural, os historiadores nos ensinaram a não seguir o fio do tempo, a não procurar nossa própria imagem em nossos ancestrais, a cortar laços com o passado. O estudo cronológico de eventos históricos foi abandonado.

Os colonizadores falavam em cultivar o povo, o que, para eles, significava expurgar suas raízes e criar uma nova identidade, uma identidade emprestada. Era uma aberração que as crianças das tribos africanas tivessem de aprender de cor expressões emprestadas pelos colonizadores, como *"nos ancêtres les gaulois"* ("nossos ancestrais, os gauleses").[23]

Uma vez reconhecida a arrogância do homem ocidental, era necessário restaurar a dignidade dos povos explorados e reparar os erros da nossa civilização. Os povos indígenas não eram selvagens, mas guardiões de uma tradição venerável. A questão da "identidade cultural" restaurou o orgulho dos povos descolonizados. A civilização ocidental não foi apenas uma entre muitas, mas foi culpada de ter oprimido e humilhado esses povos colonizados.

Mas os entusiastas da descolonização desconheciam seu novo pecado. E aqui reside a originalidade do pensamento de Finkielkraut: essa atitude de vítima enfraquecia o descolonizado em relação à sua própria comunidade, pois, ao permanecer fechado em sua própria identidade, também se tornava incapaz de abandoná-la. O indivíduo estava sujeito à vontade do seu grupo, do seu coletivo. O espírito

---

21 Clara alusão de Finkielkraut a Derrida e à Nova Esquerda.

22 Etnocentrismo: atitude de um grupo, etnia ou sociedade que pressupõe sua superioridade sobre os demais e faz de sua própria cultura o critério exclusivo interpretar e apreciar a cultura e os comportamentos desses outros grupos, etnias ou sociedades.

23 Quantas vezes já ouvimos essa expressão ridicularizando o colonialismo cultural dos franceses!

gregário triunfou sobre qualquer outra manifestação do espírito. O homem perdeu assim sua autonomia.

> Seu nome próprio desaparece no nome de sua comunidade, já não passa de uma amostra, o representante intercambiável de uma classe especial de seres. [...] Em nome do altruísmo, o Outro é transformado em um bloco homogêneo e sua individualidade é sacrificada. O que leva a privar as antigas possessões da Europa da experiência democrática europeia.[24]

Está claro que aqueles que defendem as sociedades multiculturais o fazem em nome do relativismo cultural. Como cada povo tem sua própria cultura, todos nós temos o dever de respeitar a dos outros. Daí o direito do imigrante de manter suas crenças, costumes e tradições.

E, se continuarmos o raciocínio de Finkielkraut, diremos que os devotos do multiculturalismo, por medo de ofender os imigrantes e para permitir que vivam fiéis aos seus costumes, não lhes deixam outra opção senão viver em guetos, quando, em muitos casos, eles teriam preferido se integrar ao país que os acolheu. Ou seja, aqueles que se proclamam defensores da liberdade tornam-se cúmplices da submissão. E, por outro lado, esses filantropos esquecem que o direito de viver de acordo com as normas da sua própria cultura não pode isentar o imigrante de cumprir as leis do país que o acolhe.

Pós-modernismo e educação

Em *A derrota do pensamento*, Finkielkraut dá um passo adiante em suas reflexões sobre o relativismo cultural. Em um dado momento, os detratores do Ocidente, à proclamação de que "todas as culturas são igualmente legítimas", acrescentaram "e tudo é cultural". Ou seja, as sinfonias de Beethoven têm o mesmo valor cultural que a música *reggaetón*, a obra de Cervantes tem o mesmo valor que a de qualquer escrevinhador aprendiz, uma pintura de Goya tem o mesmo valor que um desenho criativo de um pintor da moda. "Todas

---

24 Alain Finkielkraut, *La derrota del pensamiento*, op. cit.

O suicídio do Ocidente

as culturas são igualmente legítimas e tudo é cultural", afirmam em uníssono as crianças mimadas da sociedade afluente e os detratores do Ocidente.[25]

O sujeito pós-moderno não aceita nenhuma autoridade histórica, artística, cultural ou científica. Ele é guiado apenas pelo gosto e pelas preferências. Dessa forma, a democracia, que implicava o acesso à cultura para todos, é definida como o direito de cada um ter a cultura que quiser, já que não existe mais verdade ou mentira, beleza ou feiura, conhecimento ou ignorância.

Era óbvio que essa etapa influenciaria o ensino de uma maneira especial. Se a autoridade acadêmica não é aceita, por quais critérios o conteúdo das disciplinas incluídas nos currículos é selecionado? Quais textos literários, quais autores, quais artistas, quais músicos ganharam o direito de serem selecionados para que toda a população os conheça e estude?

Em *A derrota do pensamento*, Finkielkraut recupera a citação de um escritor russo do século XIX, Dmitri Pisarev,[26] "um par de botas vale mais que Shakespeare", já que "elas protegem os miseráveis do frio de forma mais eficaz do que uma peça elisabetana; as botas, pelo menos, não mentem; se apresentam desde o início como o que são: modestas emanações de uma cultura específica". Ou seja: a cultura popular é mais útil e mais autêntica do que a Cultura com C maiúsculo. Ao substituir "a cultura" por "minha cultura", "a fronteira entre cultura e entretenimento foi apagada".[27]

Embora o significado mais frequente de pós-modernismo tenha se popularizado após a publicação de *A condição pós-moderna*, de Jean-François Lyotard, em 1979, vários autores já haviam usado o termo anteriormente. O pós-modernismo está ligado aos intelectuais da Nova Esquerda que Roger Scruton cita como criadores da máquina de *nonsense*. Esses filósofos rejeitam a objetividade e qualquer

---

25 Ibid.

26 Dmitri Pisarev (1840–1868) foi um pensador político niilista e populista que proclamou que, para o homem do povo, um par de botas valia mil vezes mais do que as obras de Shakespeare ou Pushkin.

27 Ibid.

tentativa de abordar a verdade das coisas. Para eles, qualquer conceito de realidade objetiva é suspeito e a honestidade só pode ser encontrada na confusão e na neblina.

Na década de 1980, quando o movimento pós-moderno já estava em declínio na França, seus filósofos tornaram-se moda nas universidades dos EUA. Sob o nome de Teoria Francesa, o pós-modernismo dos filósofos franceses foi adotado pela esquerda americana e usado para dar sentido a uma oposição nova e radical ao liberalismo e ao capitalismo. A ideologia da esquerda francesa na década de 1970 foi útil para a esquerda americana no combate ao liberalismo (para a esquerda, "neoliberalismo") dos republicanos de Reagan e ao conservadorismo do Tea Party. O ceticismo científico, a subjetividade e o relativismo moral e cultural eram suas principais características.

Em 1992, o antropólogo e filósofo britânico Ernest Gellner[28] publicou *Postmodernism, reason and religion* [Pós-modernismo, razão e religião], livro no qual tentou explicar o que era o pós-modernismo, esse movimento do qual muitos falavam sem que ninguém conseguisse dar uma definição compreensível.

> É forte e está na moda — escreveu Gellner. — Acima ou além disso, não está claro que diabos seja. De fato, a clareza não está entre seus atributos mais marcantes; não apenas não a pratica, mas, às vezes, até a repudia.

Para Ernest Gellner, o pós-modernismo era o herdeiro do relativismo cultural. A influência do movimento pós-moderno pode ser encontrada na antropologia, na literatura e até no ensino da matemática.[29] No ensino, significa a negação da transmissão do conhecimento, a substituição do conhecimento por "atitudes", da aula por jogos, da aprendizagem por "criatividade".

---

28 Gellner nasceu em 1925 em Paris, mas passou seus primeiros anos escolares em Praga. Com sua mãe, conseguiu deixar esta cidade pouco antes de Hitler invadir a Tchecoslováquia. Estudou filosofia na Inglaterra e trabalhou de 1949 a 1984 na London School of Economics, em Londres, e em Cambridge. Em 1993 ele retornou a Praga, onde morreu em 1995.

29 Consulte o *site* Mathematically correct 2+2=4.

O suicídio do Ocidente

Um homem ignorante não pode ser livre e a liberdade não é inata, ela deve ser aprendida e, para isso, a instrução é essencial. Essa foi a missão que os iluministas deram à escola. E se não houver ensinamentos ou cultura para transmitir, a escola está morta. Foi assim que Finkielkraut viu quando escreveu em *A derrota do pensamento*:

> A escola é moderna, os alunos são pós-modernos; ela pretende formar mentes, eles opõem a ela a atenção flutuante do jovem espectador; a escola tende, segundo Condorcet, a "apagar a fronteira entre a parcela grosseira e a parcela esclarecida da raça humana"; eles retraduzem esse objetivo emancipatório em um programa arcaico de sujeição e confundem, no mesmo rechaço da autoridade, da disciplina e da transmissão, o professor que instrui e o amo que domina.

Para resolver essa contradição entre uma instituição conservadora e um usuário pós-moderno, os reformadores e administradores educacionais sugeriram "pós-modernizar" a escola; ou seja, esquecer para o que foi criada — transmissão do conhecimento — e transformá-la em um local de entretenimento, uma creche para adolescentes.

> E em algumas escolas americanas — escreve Finkielkraut — chegam ao ponto de juntar gramática, história, matemática e todas as matérias básicas em música *rock* que os alunos escutam, com um *walkman* nos ouvidos [...]. Para extirpar o chauvinismo da cultura, pede-se ao ensino do futuro que converta a literatura em folclore.[30]

Os responsáveis pela gestão e política educacional viram a salvação na chegada dos computadores à sala de aula, um maravilhoso álibi para "pós-modernizar" a escola. Os computadores oferecem uma ferramenta "séria" que possibilita o cumprimento da máxima da pedagogia moderna, "aprender brincando", que Hannah Arendt já havia "desconstruído" em 1958.

---

30 Alain Finkielkraut, *La derrota del pensamiento*, op. cit.

Finkielkraut escreve em *A derrota do pensamento*:

> Do trem elétrico ao computador, da diversão à compreensão, o progresso deve ser feito de forma suave e, se possível, sem que os próprios beneficiários percebam. Pouco importa que a compreensão assim desenvolvida ao brincar com a máquina seja do tipo manipulativo e não de raciocínio.

Em novembro de 1983, um artigo escrito por Milan Kundera (1929–2023) foi publicado na revista francesa *Le Debat*,[31] intitulado "Um Ocidente sequestrado". O artigo foi traduzido para a maioria dos idiomas europeus. Como havia acontecido em 1973 com o primeiro volume do *Arquipélago Gulag* de Solzhenitsyn, esse artigo de Kundera, dez anos depois, tocou alguns intelectuais franceses. Alain Finkielkraut, que sempre reconheceu sua admiração pelo escritor tcheco, encontrou em seu artigo a inspiração para *A derrota do pensamento*.

Kundera havia participado da Primavera de Praga e presenciado o ressurgimento do gosto pela arte e pela cultura, que ele viria a declarar como genuinamente ocidental. O grande drama da Tchecoslováquia, escreveu ele em seu artigo no *Le Debat*, é que quando os tanques russos chegaram em agosto de 1968, arrasaram toda a cultura tcheca e, ao fazê-lo, destruíram sua identidade nacional. A identidade de um povo ou de uma civilização — dizia Kundera — é refletida e resumida no conjunto de criações espirituais que geralmente é chamado de 'cultura'".

Nesse artigo, Milan Kundera conta que, quando se exilou na França,[32] explicando que os russos haviam suprimido todas as revistas culturais e literárias de Praga, os franceses com quem ele conversou pareciam não entender por que isso lhe parecia tão terrível. E eles não entendiam por que, sem perceber, os ocidentais haviam gradualmente deixado de apreciar qualquer coisa que se considerasse "cultura". O que era visto como uma tragédia em Praga era visto

---

31 *Le Débat* é uma revista intelectual francesa fundada em 1980 pelo historiador Pierre Nora. Sua publicação foi interrompida em 2020.

32 Milan Kundera viveu na França de 1975 até sua morte, em 2023.

O suicídio do Ocidente

como insignificante em Paris ou Londres. Kundera denunciou a indiferença com que a Europa havia expulsado sua "cultura", aquele conjunto de "criações espirituais" que havia substituído a religião como valor sagrado.

O povo russo já havia sofrido esse trabalho de desaculturação. Para prevalecer, o estado totalitário precisava erradicar a influência da cultura ocidental do espírito do povo, para acabar com sua herança cultural. Assim, disse Kundera, "não é a Rússia, mas o comunismo, que priva as nações de sua essência e fez do povo russo sua primeira vítima".

II

A reforma "neoliberal" britânica

É curioso que, enquanto o Ministério da Educação da Espanha fazia propaganda da lei, dizendo que havia adotado o modelo das *Comprehensive Schools* britânicas, no Reino Unido se aprovava um National Curriculum que reformava o modelo compreensivo.

Dois anos antes da publicação da LOGSE, o governo de Margaret Thatcher havia publicado a Lei de Reforma Educacional de 1988 com um duplo objetivo: garantir o aprendizado das matérias fundamentais durante toda a educação obrigatória (dos 6 aos 16 anos de idade) e ampliar a liberdade de escolha dos pais. Naturalmente, os redatores da LOGSE descreveram a lei de Thatcher como "neoliberal", o oposto da reforma espanhola que, para eles, era a única democraticamente aceitável.

Uma ministra liberal em um ministério socialista

Em 1970, o conservador Edward Heath venceu as eleições contra o Partido Trabalhista de Harold Wilson, que estava no poder há seis anos, e nomeou Margaret Thatcher como ministra da Educação.[1] Thatcher estendeu o ensino obrigatório até a idade de 16 anos,[2] mas, além disso, pouco pôde fazer para corrigir o que considerava

---

1 "Secretary of State for Education and Science".
2 A Lei de Educação de 1944 (*Education Act 1944*) a fixou até os 15 anos de idade.

O suicídio do Ocidente

os principais erros da política educacional igualitária de Anthony Crosland, ministro da Educação de Wilson.

O ministério que ela teve de assumir era, como descreveu em suas memórias,[3] profundamente socialista. A filosofia igualitária era tão difundida na educação que mesmo os conservadores acreditavam na superioridade moral do modelo de escola abrangente. A seleção, a competição, o reconhecimento do mérito escolar, a disciplina e o esforço eram todos associados a um elitismo acadêmico visto como prejudicial à construção de uma sociedade verdadeiramente igualitária:

> O espírito do Ministério da Educação era socialista e com pretensões de superioridade moral. Em sua maioria, eram pessoas que mantinham uma confiança quase reflexiva na capacidade dos planejadores centrais e dos teóricos sociais de criar um mundo melhor. [...] A igualdade na educação não era apenas o bem primordial, independentemente dos efeitos práticos das políticas igualitárias em escolas específicas, mas era um trampolim no caminho para a igualdade social, que era, por si só, um bem inquestionável.[4]

Margaret Thatcher foi ministra da Educação entre 1970 e 1974. Naqueles anos, Thatcher percebeu que era impossível reformar um sistema educacional cujas deficiências as pessoas não estavam dispostas a aceitar porque consideravam que eram males menores do único modelo educacional "moralmente aceitável", então se limitou a paralisar a obrigatoriedade das *Comprehensive Schools*, conforme imposta por Crosland em sua circular de 1965, e a permitir que algumas das *Grammar Schools* de maior prestígio sobrevivessem.

A realidade é que, entre 1971 e 1977, 650 *Grammar Schools* foram fechadas na Grã-Bretanha. Anos mais tarde, o ex-ministro da Educação Kenneth Baker,[5] em uma entrevista concedida em março de 2008 ao jornal Guardian, na qual foi questionado sobre o mandato

---

3 Margaret Thatcher, *El camino hacia el poder*. Madri: Aguilar, 1995.

4 Idem.

5 Ministro da Educação entre 1986 e 1989, durante o governo de Margaret Thatcher como primeira-ministra.

de Margaret Thatcher, declarou: "Ela foi a maior vítima do *establishment* que já existiu; teve que aprovar o fechamento de mais *Grammar Schools* do que qualquer outro ministro da Educação. Ela não gostava de ser lembrada por isso".

A reforma conservadora de Margaret Thatcher

Em fevereiro de 1975, Thatcher foi eleita presidente do Partido Conservador e, em 1979, primeira-ministra. Foi somente quando estava em seu terceiro mandato (1987–1990), com Kennet Backer como ministro da Educação, que ela decidiu realizar uma reforma da Lei de Educação de 1944, que foi apresentada ao Parlamento como Lei de Reforma da Educação de 1988.

As reformas tinham como objetivo principal responder ao desejo de dar aos pais maior liberdade para escolher as escolas e à necessidade dos alunos dominarem habilidades básicas de leitura, escrita e aritmética. Com base nesses princípios, medidas importantes foram incluídas na lei de 1988.

Nas escolas públicas, foi estabelecida a possibilidade de aumentar o número de vagas quando a escola tivesse espaço físico para isso. Essa medida tinha como objetivo permitir que as escolas com maior demanda recebessem mais alunos. Por outro lado, as escolas que, por falta de demanda, estivessem ficando vagas, seriam fechadas. Também foi estabelecido o financiamento *per capita*, para que as escolas que matriculassem mais alunos recebessem mais recursos.

Em 1987, o governo criou os City Technology Colleges (CTC) como escolas secundárias estaduais (11 a 18 anos) que ofereciam formação profissional de qualidade. Essas eram escolas compreensivas, independentes do controle das autoridades locais (LEAs6), geralmente localizadas em áreas carentes, nas quais ênfase especial seria dada ao estudo de matemática, ciências e tecnologia. Essas escolas poderiam buscar patrocinadores no mundo empresarial e corporativo.

A intenção era que esse modelo se tornasse uma referência para a pesquisa de novas formas de ensino e treinamento de professores.

O suicídio do Ocidente

O City Technology Colleges Trust (CTCT) foi criado sob a direção de Cyril Taylor, um homem com experiência na criação de centros de aprendizado profissionalizante que havia colaborado na fundação do *think tank* de Margaret Thatcher, o Centre for Policy Studies.[6] Um centro que havia sido criado por Keith Joseph em 1974 para estudar em profundidade políticas baseadas em princípios liberais.

O projeto do CTC foi bem recebido não apenas pelos conservadores, mas também por alguns membros do partido trabalhista. No entanto, também foi duramente criticado pelos membros mais igualitários do Partido Trabalhista, que o acusaram de ser um programa privatizante e elitista ao criar escolas seletivas e introduzir capital privado nas escolas públicas.

Quanto às escolas privadas, a lei previa a possibilidade de criação de vagas subsidiadas e até mesmo de escolas completas mantidas pelo Estado (*Grant-maintained Schools*, GMS).

Thatcher encontrou maior dificuldade quando quis reformar o currículo. Para ela, o objetivo era muito claro: estabelecer o conteúdo específico que todos os alunos deveriam aprender e decidir quando deveriam aprender. Ao mesmo tempo, era necessário estabelecer testes simples que permitissem verificar se os alunos estavam aprendendo o que se esperava que aprendessem.

Entretanto, o que parecia tão óbvio estava longe de ser o desejo da multidão de pedagogos e especialistas em educação com os quais o ministro Baker teve que lidar. Quando Thatcher relembrava o esforço para fazer com que os responsáveis pela educação entendessem o que deveriam fazer, comentava: "Nunca imaginei que acabaríamos enfrentando a burocracia e o marasmo de prescrições que finalmente surgiram".[7]

Com enorme dificuldade, depois que a própria Thatcher retirou vários rascunhos, Baker conseguiu apresentar o Currículo Nacional, que estabelecia os níveis de conhecimento de inglês e matemática que os alunos deveriam atingir aos 8, 10, 12, 14 e 16 anos de idade, e um sistema de exames externos nessas matérias que todos os alunos

---

6 O centro foi criado por Margaret Thatcher, Alfred Sherman e Keith Joseph em 1974.

7 Margaret Thatcher, *Os anos de Downing Street*. Trad. própria.

deveriam fazer a cada dois anos durante toda a educação obrigatória. Os resultados obtidos no ensino fundamental e a avaliação de 12 anos seriam usados para formar os grupos no início do ensino médio. Ao final da etapa obrigatória, aos 16 anos, todos os alunos deveriam ser aprovados no exame do General Certificate of Secondary (GCS).[8]

"Education, education, education".
A viagem de Tony Blair

> *A igualdade não pode e nunca deve ser em detrimento da excelência.*

> — Tony Blair, *Memórias*

Nas eleições gerais de 1997, o *slogan* do Partido Trabalhista era "Education, education, education". Os trabalhistas venceram as eleições e Tony Blair decidiu fazer da educação uma prioridade de seu governo. Naquela época, a ilusão com a qual, trinta anos antes, muitos britânicos haviam acolhido o modelo abrangente que deveria acabar com as desigualdades sociais havia desaparecido. Os péssimos resultados escolares tornaram a reforma imperativa, e cada vez mais cidadãos britânicos estavam culpando as *Comprehensive Schools* por esses maus resultados.

Blair, essencialmente, manteve as reformas conservadoras. Ele fez com que os recursos para as escolas públicas dependessem de seus resultados acadêmicos; desenvolveu o projeto iniciado por seus antecessores para especializar as escolas secundárias e introduziu o financiamento público para escolas privadas.

Dado o sucesso das escolas de tecnologia projetadas pelos conservadores, Tony Blair estendeu o modelo para o que chamou de *Specialist Schools*, um dos pilares de sua política educacional. Essas escolas especializadas eram c*omprehensive* que desenvolviam um currículo que reforçava uma ou duas áreas específicas de conhecimento. A essas

---

8 Esses exames substituiriam os chamados CSE O-Levels (Certificate of Secondary Education Ordinary Levels) da lei de 1944, que os trabalhistas haviam mantido.

O suicídio do Ocidente

escolas era permitido escolher 10% dos alunos. Em 1997, havia 196 escolas especializadas no Reino Unido, em 2002 havia mais de mil e em 2006 havia mais de duas mil.

Quanto ao ensino fundamental, o ministro da Educação Kenneth Clarke encomendou um estudo a um grupo formado pelo professor de ensino fundamental Robin Alexander, pelo diretor de currículo Chris Woodhead e pelo diretor de inspeção Jim Rose. Esse grupo, apelidado de Três Reis Magos, deveria produzir um relatório urgente sobre o desempenho dos vários métodos de ensino existentes. O relatório, publicado em 1992, constatou que os resultados acadêmicos haviam caído nos últimos anos devido a "dogmas altamente questionáveis" entre os professores. Esses dogmas eram mais ou menos o que Hannah Arendt havia identificado no final da década de 1950 como a causa da crise na educação americana.

Em 2010, as memórias de Tony Blair foram publicadas sob o título A *Journey. My Political Life*.[9] Das mais de novecentas páginas deste livro, Blair dedica apenas algumas à educação. No entanto, suas reflexões sobre a atitude dos antigos trabalhistas em relação a questões relacionadas à organização da educação pública são essenciais para entender os fundamentos ideológicos do que era chamado de Terceira Via. Neste livro, Blair explica em detalhes o que ele achava que deveria ser um sistema de educação pública que respeitasse os princípios essenciais do trabalhismo sem se submeter aos preconceitos ideológicos biliosos existentes em seu partido.

Tony Blair foi fortemente influenciado pela biografia de seu pai, um menino que foi "adotado em Glasgow" por uma família pobre, que teve que abandonar a escola para ganhar a vida, que lutou como soldado raso na Segunda Guerra Mundial, que só depois da guerra pôde se dar ao luxo de estudar direito e se tornar advogado, e que se tornou conservador "quando praticamente todo mundo estava fazendo a jornada política na direção oposta". Era uma daquelas biografias que, segundo Blair, tradicionalmente acompanhavam o

---

9 A tradução espanhola foi publicada em 2011 com o título *Tony Blair. Memorias*. Madri: La Esfera de los libros, 2011.

A reforma "neoliberal" britânica

eleitor conservador que, como seu pai, considerava o progresso social e a prosperidade consubstanciais ao conservadorismo político. O esforço político de Blair, que marca o início de "sua jornada", é o desejo de conquistar a vontade daquele indivíduo que busca o avanço social por meio da educação.

Para alcançar seus desejos, Blair precisava se livrar da presença dos intelectuais fabianos. Em sua opinião, esses líderes trabalhistas, geralmente oriundos de famílias abastadas, eram admiráveis porque haviam se rebelado contra as desigualdades sociais que consideravam inaceitáveis, mas, em sua admiração pela classe trabalhadora, eram incapazes de aceitar que o sonho desses trabalhadores era o avanço social.

Entre esses intelectuais de esquerda, Blair colocou o grande inimigo da seleção escolar, Anthony Crosland. Para Blair, o desprezo pelas aspirações legítimas da classe trabalhadora explicaria por que os partidários trabalhistas de Crosland rejeitariam um sistema educacional capaz de realizar o sonho dos pais da classe trabalhadora que lutam para que seus filhos, por meio de trabalho árduo e estudo, possam desfrutar de uma vida melhor do que a deles. Tony Blair chegou ao ponto de descrever como "vandalismo acadêmico" a maneira como as *Grammar Schools* "seletivas, mas excelentes" foram abolidas e as *Comprehensive Schools* "não seletivas, muitas vezes não excelentes e, às vezes, verdadeiramente terríveis" foram introduzidas.

Em suas memórias, Blair relata o escândalo que surgiu quando, em 1996, considerando que as escolas públicas que correspondiam ao seu domicílio eram ruins, ele e sua esposa decidiram enviar os filhos para uma escola privada subvencionada. Um escândalo que não se compara ao causado por uma de suas colaboradoras, Harriet Harman, quando ela escolheu uma *Grammar School* para seus filhos: "Aquilo foi sério. Desde a década de 1960, todo o programa do Partido Trabalhista se concentrava na abolição da seleção acadêmica e na introdução do ensino não seletivo nas *Grammar Schools*. Em geral, as *Grammar Schools* eram cordialmente detestadas pelo Partido".

David Blunkett, seu ministro da Educação, em resposta ao relatório do comitê dos "Três Reis Magos", lançou um programa especial de leitura e aritmética para garantir que as crianças terminassem o

O suicídio do Ocidente

ensino fundamental sabendo ler, escrever e fazer contas corretamente. Embora esse plano fosse necessário, não era suficiente para resolver os problemas do ensino médio, onde a disciplina em sala de aula era difícil de manter, os resultados do GCSE não estavam melhorando e os professores estavam cada vez mais desmoralizados.

O final de seu primeiro mandato estava se aproximando. Blair continuava dizendo a seu pessoal: "O que conta é o que funciona", mas sempre se perguntava: "E o que funciona? Todos os estudos que ele encomendou a especialistas próximos ao Partido Trabalhista falavam-lhe de ideologia, quando o que ele estava procurando eram soluções práticas, mesmo que isso significasse romper com preconceitos ideológicos. Blair começou a perceber que propostas originais e inovadoras, seja na educação ou na saúde, seus dois grandes cavalos de batalha, sempre esbarravam na rigidez burocrática do Estado, na inércia dos funcionários públicos, naquele *establishment* que podia ser de esquerda ou de direita e que colocava obstáculos a qualquer tentativa de mudar a estrutura do sistema público. Desde a Segunda Guerra Mundial, o estado de bem-estar social começou a crescer muito rapidamente e, "à medida que o estado crescia, seu próprio sucesso se tornava um problema. [...] Enquanto as forças do mercado mudam, não há obrigação análoga no setor público".

Blair estava agora totalmente comprometido com o revigoramento de suas reformas. "Não havia sentido em um segundo mandato a menos que ele abrisse novos caminhos, e isso significava assumir riscos maiores".

Após quatro anos no governo, Blair percebeu que uma educação excelente não poderia ser alcançada apenas com a definição de padrões e avaliações; a estrutura do sistema escolar precisava ser alterada. Ressuscitar as *Grammar Schools* teria sido um ato suicida, então ele optou por um novo sistema. A ideia era encontrar fundações ou grupos empresariais dispostos a investir dinheiro em educação e oferecer a eles a administração de escolas com baixo desempenho que tivessem demonstrado sua incapacidade de melhorar. Essas organizações forneceriam parte do capital e receberiam um subsídio do governo. Isso deu origem às *Academies*, escolas secundárias de administração privada com autonomia pedagógica e apoio do Estado. Até 2006, 200 dessas novas escolas haviam sido abertas.

Não é de surpreender que a principal crítica às *Academies* tenha vindo do próprio Partido Trabalhista, que as considerava elitistas. "Isso não se deveu tanto ao fato de serem elitistas no sentido de que eram para os ricos, o que claramente não eram, mas porque eram melhores do que outras escolas locais", escreve Blair. Para Blair, aqueles que se opunham a elas tinham como objetivo a igualdade de desempenho acadêmico sem se importar muito com o fato de essa igualdade ser alcançada na base. Na batalha para convencer os seus, Blair sempre argumentava que a equidade não poderia e nunca deveria ser realizada às custas da excelência.

Tony Blair talvez seja o formulador de políticas europeu que trabalhou mais intensamente para combater o modelo igualitário e a pedagogia progressista a fim de melhorar a qualidade da educação. Como político trabalhista, e apesar da oposição de grande parte de seu partido, ele não apenas aceitou as reformas da "ultraliberal" Margaret Thatcher, mas também introduziu novas reformas na direção que ela havia estabelecido: ampliando a diversidade da oferta escolar, permitindo a especialização curricular nas *Comprehensive Schools* e financiando escolas de gestão privada.

Talvez a atitude de Blair com relação ao problema da educação tenha contribuído para que o socialismo do século XXI o veja como um grande traidor dos princípios invioláveis da esquerda. Para os ideólogos do populismo gramsciano, a maior demonstração do triunfo da hegemonia "neoliberal" que Margaret Thatcher impôs no Reino Unido é que até mesmo os políticos de esquerda falaram a linguagem dos conservadores, e Tony Blair e sua Terceira Via foram um exemplo claro disso.

As "Grammar Schools", essas malditas escolas de excelência

Tony Blair, apesar de ter descrito a extinção das excelentes e seletivas *Grammar Schools* como "vandalismo acadêmico", não ousou abrir uma durante seu mandato. Como os ingleses costumam dizer: o Partido Trabalhista as odeia (Blair deve ter sido uma exceção) e os conservadores têm medo de mencioná-las.

No entanto, há escritores e intelectuais britânicos que escreveram a favor das escolas secundárias e que culpam os governos de ambos os partidos por terem feito desaparecer um modelo de excelência acadêmica, que permitiu que famílias sem recursos suficientes para pagar uma escola particular tivessem uma educação realmente de qualidade. Um deles foi o historiador Tony Judt.

Tony Judt foi um dos intelectuais mais bem-sucedidos da Inglaterra e dos Estados Unidos. Ele morreu em agosto de 2010, vítima de uma das formas mais violentas de esclerose lateral amiotrófica (ELA). Quando a doença já o impedia de se locomover, Judt ditava seus livros para colegas ou amigos que os transcreviam. Foi assim que, com a ajuda de Timothy Snyder, professor de história na Universidade de Yale, ele conseguiu escrever *Pensando o século XX*, um livro autobiográfico que foi publicado dois anos após sua morte. Neste livro, Tony Judt, encorajado pelas perguntas e comentários de Snyder, narra sua vida enquanto expressa sua opinião sobre a atitude e o pensamento de grande parte dos escritores ocidentais do século XX.

Tony Judt nasceu em Londres em 2 de janeiro de 1948 em uma família de imigrantes eslavos de origem judaica. Judt descreve sua infância como a de um "garoto convencional de classe média baixa de Londres, nos anos 1950". Na verdade, quando nasceu, seus pais administravam um salão de beleza feminino no térreo de sua casa, em um bairro de classe trabalhadora no norte de Londres.

O pequeno Tony revelou-se um aluno magnífico. Depois de terminar o ensino fundamental aos 11 anos, conseguiu entrar na Escola Emmanuel, que, nas palavras de Judt, era "uma escola seletiva gratuita que mais tarde foi forçada a ir para o setor privado pelo equivocado processo de integração da educação britânica".

Essas "escolas seletivas gratuitas" das quais Tony Judt fala eram as *Grammar Schools*, criadas pela Lei de Educação Britânica de 1944 e tão odiadas por Anthony Crosland.

A reforma "neoliberal" britânica

Sobre as consequências para a educação inglesa desta medida "integradora" do Partido Trabalhista, Tony Judt escreve em seu livro:

> No final da década de 1960, o Partido Trabalhista aboliu esse procedimento de seleção e estabeleceu a chamada educação integrada ou abrangente, modelada no modelo americano de ensino médio. O resultado dessa reforma bem-intencionada foi previsível demais: em meados da década de 1970, qualquer pai que tivesse condições financeiras de tirar seu filho do sistema público o fazia. Assim, a Grã-Bretanha regrediu de uma meritocracia social e intelectual para um sistema regressivo e socialmente seletivo de educação secundária, por meio do qual os ricos podiam novamente comprar uma educação pela qual os pobres não podiam pagar.

Desde seus anos de escola, Judt se lembra da leitura obrigatória dos professores de literatura que, selecionados com uma "visão estritamente conservadora", despertaram nele um enorme apreço pela língua e literatura inglesas. A educação "seletiva" na Emmanuel School fez com que o pequeno garoto judeu, que se sentia um estranho na Inglaterra, se tornasse um intelectual que, em suas próprias palavras, passou a se considerar "profundamente inglês".

Tony Judt também relembrou como lhe ensinavam história:

> De forma organizada e sequencial, geralmente seguindo uma linha cronológica. O objetivo desse exercício era fornecer às crianças um mapa mental — que se expandia com o tempo — do mundo em que viviam.

Um método muito diferente daquele que se tornou moda nas escolas e universidades na década de 1980 na Inglaterra e em grande parte do Ocidente, que consistia em fazer com que os alunos dessem opiniões, pareceres, críticas ou juízos sobre eventos históricos sem antes se certificar de que conheciam tais eventos e quando ocorreram. Efeito do chamado pós-modernismo pedagógico.

Na opinião do historiador britânico, esse método "progressista" não só provou ser um erro grave, como também se mostrou contraproducente.

> Gera confusão em vez de entendimento, e a confusão é inimiga do conhecimento. Antes que alguém possa entender o passado, é preciso saber o que aconteceu, em que ordem e com que resultado. Em vez disso, formamos duas gerações de cidadãos completamente desprovidos de referências comuns. Como resultado, eles podem contribuir pouco para a governança de sua sociedade.

Depois de terminar o ensino médio, Tony Judt conseguiu passar nos exames de admissão de Cambridge e ganhou uma bolsa de estudos para morar no King's College. Lá, ele conheceu um grupo de alunos que, como ele, vinha de famílias de classe média e havia estudado em uma das *Grammar Schools* britânicas. Nas palavras de Judt, eram "uma espécie de '*génération meritocratique*' (sic), que começou com os primeiros produtos da Lei de Educação de 1944 e terminou com a introdução da educação integrada [compreensiva]".

Para Judt, esses jovens, muitos dos quais tinham pais que não haviam frequentado a universidade, nunca se sentiram como estranhos na elitista Universidade de Cambridge. Em vez disso, eles, que haviam ascendido socialmente por seus próprios méritos e que dependiam do estudo para continuar a fazê-lo, tornaram-se professores na mesma universidade, mudando assim a face de Cambridge: "Eu me senti", escreve Judt, "como se aquela fosse a minha Cambridge, e não a Cambridge de não sei que elite alienígena, na qual eu havia entrado por engano".

Essas críticas à educação progressista do Partido Trabalhista no Reino Unido são ainda mais valiosas pelo fato de Judt sempre ter feito questão de deixar clara sua simpatia pela esquerda social-democrata. Ele se considerava um "social-democrata unilateral", um esquerdista com espírito crítico suficiente para criticar a esquerda, especialmente a esquerda que se formou a partir da década de 1960 nas universidades ocidentais.

III

Críticas à escola unificada e à pedagogia progressista nos Estados Unidos e na França

Os socialistas espanhóis venderam a reforma do LOGSE como a lei que a Espanha precisava para se tornar uma democracia moderna. Em sua propaganda, alegavam que todos os países europeus já haviam adotado o modelo unificado ou abrangente de educação secundária. Algo que era apenas relativamente verdadeiro, já que nem a Alemanha, nem a Holanda, nem a Suíça, nem a Áustria, nem Luxemburgo o fizeram.

Além disso, antes de a lei de 1990 ser aprovada na Espanha, não foi apenas na Inglaterra que o modelo unificado de ensino secundário e a pedagogia progressista começaram a ser criticados, mas também em outros países, como, por exemplo, os Estados Unidos e a França.

Estados Unidos, uma nação em perigo

A *Nation at Risk*[1] é o nome de um relatório publicado em 1983 pelo Secretário de Educação de Ronald Reagan.[2] O relatório foi

---

1 "Uma nação em perigo".

2 Reagan foi presidente dos EUA de 1981 a 1989.

preparado por um comitê de especialistas, denominado National Commission on Excellence in Education, para analisar a situação do ensino nas escolas primárias e secundárias americanas. Fornecia dados que mostravam a ineficácia do sistema educacional e observou que, apesar do fato de que cada vez mais aulas de reforço estavam sendo organizadas e mais recursos estavam sendo gastos em educação, os alunos continuavam a apresentar sérias deficiências nas habilidades mais básicas, leitura, escrita e aritmética.

O relatório recomendou a introdução de exames durante toda a educação obrigatória e, em especial, na transição do nível primário para o secundário, para garantir que o conhecimento básico seja adquirido. Por outro lado, foi enfatizada a necessidade de um treinamento acadêmico mais exigente para os professores e de livros didáticos mais rigorosos.

A Nation at Risk foi amplamente divulgado na mídia. Estudos foram realizados, artigos foram publicados e a educação estava na vanguarda das preocupações dos americanos. Um professor de educação e ciências humanas da Universidade da Virgínia, Eric Donald Hirsch, decidiu estudar os fatores que poderiam influenciar as habilidades de compreensão de leitura dos alunos. Hirsch descobriu que a compreensão de um texto dependia, em grande parte, do conhecimento prévio do leitor sobre as questões abordadas no texto, e que esse conhecimento estava relacionado ao nível cultural e social do histórico familiar do leitor.

Hirsch reuniu as conclusões de seu trabalho em um livro publicado em 1987 com o título *Cultural Literacy*. Hirsch defendia a necessidade de "alfabetização cultural", ou seja, que as escolas ensinassem os conhecimentos culturais que os pais com certa formação acadêmica transmitem aos filhos, mas do qual as crianças de famílias sem instrução são privadas se não estiverem incluídos nos programas escolares.

Hirsch apoiou o projeto de reforma do governo e propôs aumentar o conteúdo ensinado às crianças nas escolas e estabelecer um sistema para garantir a aquisição de determinados conhecimentos ao passar de uma série para outra ao longo do ensino obrigatório.

Críticas à escola unificada e à pedagogia progressista

Cultural literacy foi um sucesso de vendas surpreendente, o que levou seu autor a criar uma Fundação que reunisse todos os pais e professores que, como ele, estavam convencidos da necessidade de promover mais e melhor instrução nas escolas. A Fundação foi chamada de Core Knowledge Foundation,[3] nome que pode ser traduzido como Fundação para o Conhecimento Essencial. O objetivo da Fundação era introduzir conhecimentos sólidos de forma coerente nos currículos escolares e nos livros didáticos. Atualmente, 770 escolas, 200 delas públicas, fazem parte da Fundação.

Hirsch atribuiu a fraqueza do sistema educacional americano à falta de interesse pela educação demonstrada por muitos educadores e até mesmo professores. Para Hirsch, essa falta de interesse era consequência do predomínio de certos preconceitos pedagógicos originados nas ideias de Rousseau e que haviam se estabelecido entre professores e pedagogos por meio da influência da chamada escola progressista de John Dewey.

Quinze anos após a publicação de *A Nation at Risk*, o poder do progressismo pedagógico ao qual Hirsch atribuiu esse desinteresse pela instrução escolar ainda estava praticamente intacto. Apesar do fato de que as escolas que seguiram os conselhos de sua fundação melhoraram seus resultados nos exames nacionais, Hirsch teve de continuar a enfrentar as mesmas críticas todos os dias e a superar os mesmos obstáculos. Essa persistência de ideias que, em sua opinião, só poderiam levar ao fracasso e à injustiça social o levou a escrever um novo livro. *The Schools we need... and why we don't have them* [As escolas que necessitamos... e por que não as temos], publicado nos EUA em 1999 e na Espanha em 2012.

Em *The School We Need*, Hirsch critica duramente a posição daqueles que se consideram defensores da pedagogia progressista e atacam qualquer proposta de reforma que leve a maiores exigências acadêmicas nas escolas. Ele defende a introdução de exames nacionais para avaliar o nível de conhecimento adquirido pelos alunos durante o ensino fundamental e médio e critica duramente

---

3 *Website*: https://www.coreknowledge.org/.

a tentativa progressista de ponderar os resultados das escolas nesses exames de acordo com o nível socioeconômico das famílias de seus alunos.

Esse conhecimento, que pertence à formação cultural das famílias mais instruídas do país, deve ser ensinado nas escolas. A escola progressista, ao abandonar seu interesse pela educação, diz Hirsch, cometeu uma enorme injustiça social:

> As escolas têm a obrigação de oferecer a todas as crianças o conhecimento e as habilidades necessárias para o progresso acadêmico, independentemente de sua origem cultural.[4]

Neste livro, Hirsch apresenta argumentos pedagógicos mais do que suficientes para defender a importância da instrução. Argumentos que convencem qualquer leitor livre de dogmatismo de que a única maneira de garantir uma educação igualitária e, ao mesmo tempo, promover a excelência, é por meio de um ensino exigente.

Hirsch se diz "politicamente liberal[5] e educacionalmente conservador". É um eleitor confesso do Partido Democrata, mas reconhece que o método tradicional de ensino assegurava que "as crianças realmente aprendessem as matérias que lhes eram ensinadas, forçando-as a exercitá-las e depois testando-as rigorosamente", algo que não foi alcançado com a educação progressista.

O autor de *The School We Need* não é muito otimista quanto à possibilidade de melhorar o sistema educacional, a menos que vençamos a batalha contra o dogmatismo pedagógico que, por quase um século, permeou tudo relacionado ao mundo da educação:

> O inimigo é o sistema dominante de ideias que atualmente está impedindo que as mudanças necessárias sejam compreendidas e levadas em consideração. É o inimigo interno que deve ser derrotado.

---

4 E. D. Hirsch, *La escuela que necessitamos*. Madri: Ediciones Encuentro, 2012.

5 No sentido dos democratas americanos.

O fim da escola republicana francesa

> *Dire que l'école existe, c'est, au vrai, dire seulment ceci: dans une societé, il existe des savoirs et ces derniers sont transmis par un corps specialisé dans un lieu spécialisé.*
>
> [Dizer que a escola existe é, na verdade, dizer apenas isto: numa sociedade, existem conhecimentos, e esses conhecimentos são transmitidos por um corpo especializado em um lugar especializado.]
>
> — Jean-Claude Milner, *De l'école*

Em 1984, o linguista e filósofo Jean-Claude Milner (1941) publicou *De l'école,* uma espécie de manifesto com o qual o autor pretendia denunciar a ruína da Escola Republicana Francesa:

> Falar de escola é falar de quatro coisas: 1) de conhecimentos; 2) de conhecimentos transmissíveis; 3) de especialistas encarregados de transmitir esses conhecimentos; 4) de uma instituição reconhecida cuja função é colocar transmissores e alunos em contato de forma regulamentada. Se qualquer uma dessas quatro coisas for negada, nega-se a existência da escola.

Ou seja, para Milner não existe escola se não houver conhecimento a ser transmitido, professores qualificados para transmiti-lo e uma instituição cuja função seja garantir que essa transmissão ocorra.

Milner foi aluno de Althusser na Escola Normal e militante maoísta da Gauche Prolétarienne de 1968 a 1971. É um desses franceses que defendem, a partir de uma posição de esquerda, a recuperação da exigente escola republicana. Combatem o pedagogismo, ou pedagogia progressista, que foi a causa do declínio na transmissão do conhecimento. Adotam a posição de Condorcet: a escola, para cumprir com sua vocação emancipatória, não deve renunciar à cultura que transmite; mas aqueles que permaneceram fiéis à sua tribo progressista culparam o capitalismo e a sociedade de consumo pela catástrofe de ter destruído o modelo tradicional da escola republicana.

O suicídio do Ocidente

O livro seria relançado em 2009. O editor ofereceu a Milner a opção de adicionar ou excluir algo. Um quarto de século se passou, respondeu Milner, mas não creio que seja necessário mudar nada desde sua primeira edição:

> Depois de examinar o que foi dito e feito sobre a escola e o conhecimento, cheguei à conclusão de que não fui refutado em nenhum dos aspectos essenciais. Pelo contrário, tudo se confirmou.

Na França, no início da década de 1990, o filósofo Philippe Nemo[6] publicou dois livros que explicam a trajetória da escola desde que abandonou os ideais republicanos de Condorcet: *Pourquoi ont-ils tué Jules Ferry?* (1992) e *Le chaos pédagogique* (1993).[7] Neles, Nemo tenta explicar quando e por que a missão da escola se desviou do caminho traçado pelos homens do iluminismo, aquele que levou à elevação do nível cultural dos cidadãos e que, em 1880, foi promovido pelo então ministro da Instrução Pública, Jules Ferry.

Nemo qualifica a escola francesa como "sovietiforme" e explica que é como se um pedaço da União Soviética tivesse se estabelecido na Europa Ocidental, tornando a educação "tão improdutiva em seu próprio solo quanto as economias de estilo soviético são no deles".

Para explicar essa "sovietização" das escolas, Nemo volta ao final da Segunda Guerra Mundial. Em 1947, dois membros do Partido Comunista Francês (PCF), o físico Pierre Langevin e o psicólogo Henry Wallon, apresentaram um plano educacional que recomendava a unificação administrativa do sistema educacional como meio de alcançar a igualdade social.

O "plano Langevin-Wallon" atendeu a uma antiga demanda dos sindicatos de professores, que remontava à década de 1920 e exigia uma escola única e unificada sob total controle do Estado até a idade

---

6 Em 2006, a editora Gota a Gota publicou o livro de Philippe Nemo *¿Qué es Occidente?*

7 "Por que mataram Jules Ferry" e "O caos pedagógico", nenhum dos quais foi publicado na Espanha

Críticas à escola unificada e à pedagogia progressista

de 18 anos, que absorveria a educação católica e todo o treinamento vocacional. Esse plano foi rejeitado pela Assembleia Nacional e nunca foi implementado pela Quarta República.

No entanto, o plano serviu aos sindicatos de esquerda como base para um projeto de revolução pedagógica.[8] Em 1959, houve progresso tanto na união dos setores público e privado quanto na integração do ensino primário e secundário em um único sistema. A primeira coisa que foi feita foi estender o ensino primário obrigatório até os 16 anos, criando um ciclo de "observação" em escolas secundárias ou em centros especiais chamados *Collèges* de Ensino Secundário (CES).

A primeira grande vitória dos reformadores ocorreu em 1975, quando um ministro do governo de Valèry Giscard d'Estaing, René Haby, decretou por lei o fim da separação das crianças no final do ensino fundamental. Ele reestruturou a escola primária em cinco classes: CP (classes preparatórias), E1 e E2 (classes elementares) e CM1 e CM2 (classes intermediárias). A partir dos 11 anos de idade, todos os alunos tinham que continuar nos liceus ou nos novos *collèges* por mais quatro anos, até os 15, estudando com o mesmo currículo, em detrimento da iniciação profissional. Foi introduzido o que veio a ser conhecido na França como *collège unique*, um plano que ainda está em vigor na França de hoje.

Embora o Plano Langevin-Wallon tenha inicialmente falado em unificação, proporcionando a todos os jovens franceses a educação humanística e científica que até então era reservada à elite social, muitos de seus apoiadores logo perceberam que, para que toda a população recebesse o mesmo ensino, era preciso baixar o nível de exigência acadêmica.

Não demorou muito para que os reformadores construíssem um novo argumento que lhes permitisse continuar a defender seu igualitarismo dogmático. Era uma questão de convencer as pessoas de que ensinar a todos o mesmo conhecimento científico e humanístico

---

8 P. Nemo apresenta o fato de que, na década de 1950, quase 80% dos professores franceses pertenciam a sindicatos ou organizações socialistas e comunistas.

O suicídio do Ocidente

sempre favoreceu as classes mais privilegiadas e que uma escola verdadeiramente "democrática" é aquela em que a transmissão de conhecimento não é mais importante.

Como esperado, com a introdução do colégio único veio o fracasso acadêmico: alunos que não concluíam o estágio obrigatório e deixavam o sistema sem nenhuma qualificação. Em 1981, o pedagogo Louis Legrand, diretor do Instituto Nacional de Pesquisa Pedagógica, publicou um relatório oficial intitulado *Pour une école démocratique*, no qual atribuiu o fracasso do *collége unique* ao fato de que tentava igualar todos desde o "topo". Em seu relatório, demonstrou com todos os tipos de dados que isso era impossível, e que o que era necessário era uma "pedagogia democrática" que renunciasse à transmissão de conhecimento elitista e abstrato e buscasse o que poderia motivar as classes mais populares, já que era delas que fundamentalmente a escola se nutria.

Na realidade, Legrand propunha um salto radical, a criação de uma nova escola verdadeiramente única da qual ninguém pudesse escapar, "o grande serviço público laico unificado" (o que implicava a supressão da escola católica), que não teria por finalidade transmitir conhecimentos, mas "socializar" as crianças, acostumá-las a viver em comunidade e formar sua personalidade afetiva. Legrand vendeu muito bem seu produto e conseguiu que sua pedagogia igualitária e "revolucionária" fosse o eixo da política dos socialistas quando, com Mitterrand, chegaram ao poder, em 1981.

Houve também uma aposta na pedagogia dogmática que levou a convencer grande parte da sociedade de que o objetivo da escola, mais do que transmitir conhecimento, é socializar os futuros cidadãos e educá-los moral e emocionalmente. Dois séculos depois, Robespierre triunfou sobre Condorcet.

Os professores começaram a ser vistos com certa desconfiança porque, embora aceitassem a unificação das escolas, não pareciam dispostos a admitir o que consideravam interferência dos pedagogos. Como escreve Nemo, era necessária uma "reprogramação ideológica e moral do corpo docente" e, para isso, em 1990, foram criados os Institutos Universitários de Formação de Professores (IUFM).

Para Nemo, a liberalização do sistema de educação pública é essencial. Isso significaria dar maior autonomia de organização e gestão às escolas e diversificar a oferta educacional, para que os pais possam escolher a educação que desejam para seus filhos. Philippe Nemo é o fundador da École Professorale de Paris, um centro privado de excelência para a formação de professores do ensino médio que abriu suas portas em setembro de 2016.

O que Nemo conta sobre a França é o que aconteceu na Espanha após a implementação do LOGSE. O projeto educacional socialista de desaculturação e doutrinação se tornou internacional.

QUARTA PARTE

A EDUCAÇÃO DO SÉCULO XXI

Como Hannah Arendt havia previsto, a crise na educação americana na década de 1950 se espalhou pela educação em todo o Ocidente. Os mesmos preconceitos políticos e pedagógicos que a filósofa detectou nos EUA e que dificultaram tanto a saída da crise podem ser encontrados na Suécia, França, Inglaterra, Espanha e na maioria dos países da Europa Ocidental no final do século XX.

A escola unificada (ou abrangente) até os 15 ou 16 anos foi gradualmente implementada na Europa. Suécia em 1962, Inglaterra em 1965, França em 1975 e Espanha em 1990, com o precedente da LGE de 1970 que a elevou para 14 anos de idade. Atualmente, apenas a Alemanha e países com influência cultural germânica, como Holanda, Suíça, Luxemburgo ou Áustria, mantêm diferentes tipos de centros de ensino secundário obrigatório.

O igualitarismo acadêmico, como uma ideologia que busca acabar com as desigualdades geradas pelas diferentes habilidades naturais das pessoas, tomou conta do mundo da educação. Não é socialmente justo, dizem os igualitários, que alguns adquiram conhecimentos diferentes dos outros, e todos os jovens devem ter a possibilidade real de cursar o ensino superior. Hoje, o que antes era um valor indiscutível é considerado "neoliberal", ou seja, inaceitável: a promoção do talento, do esforço e do desejo de superação.

Por outro lado, a Nova Pedagogia do início do século XX, transformada na ciência da pedagogia progressista nas universidades americanas, invadiu a educação no mundo ocidental depois de maio de 68.

Pedagogos e professores sessentoitistas levantaram a bandeira da liberdade para acabar com a disciplina, a autoridade e a ordem nas escolas e apelaram para a igualdade a fim de eliminar o que havia sido o objetivo da instituição escolar: a transmissão de conhecimento. Ingenuidade ou má-fé? Imagino que tenha havido de tudo, mas o fato é que isso pôs fim à instituição que durante séculos garantiu a transmissão da cultura, abrindo assim o caminho para o colapso da civilização ocidental.

A sensação de uma crise geral na educação levou a OCDE a criar um programa de avaliação internacional. Assim nasceu o PISA. Uma avaliação que começou a ser aplicada no ano 2000 e da qual participam hoje mais de setenta países. Uma avaliação que mostra o fracasso acadêmico dos sistemas educacionais dos países ocidentais em comparação com Singapura, China ou Coreia.

E o fato é que, por mais que algumas pessoas insistam em ignorá-lo, o PISA demonstrou que o abandono dos métodos tradicionais de ensino foi um erro grave, que os exames servem para controlar e estimular a aprendizagem, que a diversificação da oferta nos últimos anos da educação obrigatória é benéfica para todos os alunos, que a boa formação acadêmica dos professores é essencial e que a autonomia das escolas tem um impacto positivo nos resultados dos alunos.

Desde 2000, a Espanha está no fim da lista dos países da União Europeia. Desde o início do século XXI, os espanhóis passaram por quatro mudanças na legislação: a LOCE em 2002, a LOE em 2006, a LOMCE em 2013 e a LOMLOE em 2020. Quatro vezes os currículos do ensino fundamental e médio foram alterados nos últimos vinte anos; é compreensível que a sociedade exija um pacto pela educação. Mas quando o objetivo não é ensinar, mas doutrinar, um pacto torna-se impossível.

O culto às novas tecnologias, o multiculturalismo, o ecologismo, o feminismo e todos os outros -ismos, com o wokismo como uma síntese de todos eles, são chamados a ser, dentro dos dogmas políticos da esquerda do século XXI, os ingredientes da nova pedagogia progressista.

Os socialistas do século XXI assimilaram todas as teorias da nova esquerda identitária e, seguindo a doutrina de Gramsci, querem impor sua hegemonia cultural em todo o mundo ocidental. Para isso, eles precisam controlar a educação, a cultura, os centros de produção ideológica e a mídia.

A educação do século XXI

Uma civilização que odeia a si mesma não pode ser preservada. A escola, como instituição responsável por transmitir os valores e o conhecimento da civilização ocidental de uma geração para a outra, não existe mais. Ela destruiu a si mesma: "Volto século após século até a mais remota antiguidade, mas não descubro nada parecido com o que está diante de meus olhos hoje. O passado não ilumina o futuro, o espírito caminha na escuridão", escreveu Tocqueville há quase duzentos anos. O mesmo poderia ser dito hoje.

O Ocidente tem inimigos externos, mas seu inimigo mais perigoso está dentro de si. O wokismo desencadeou uma guerra entre aqueles que querem construir um novo mundo e aqueles que, apesar de suas deficiências, preferem preservá-lo. Essa é a Guerra Fria do século XXI.

A crise da educação ocidental

A irrupção do PISA

No final da década de 1990, a OCDE, ciente da estreita relação entre o desenvolvimento econômico de um país e a eficácia de seu sistema educacional, decidiu implementar um programa de avaliação para comparar os resultados do ensino obrigatório em seus países membros. Assim nasceu o PISA (Programme for International Students Assessment), que avalia o desempenho de alunos de 15 anos em leitura, matemática e ciências por meio de testes realizados a cada três anos.

Não era um projeto original. Antes do PISA surgir, a associação norte-americana IEA (International Association for the Evaluation of Educational Achievement) já realizava testes internacionais de Leitura (PIRLS)[1] e Matemática (TIMMS)[2] destinados a crianças em idade escolar de 9 ou 10 anos (nosso 4° ano do Ensino Fundamental). Testes que continuam sendo feitos a cada quatro anos.

Os testes PISA foram aplicados pela primeira vez no ano 2000. Naquela época, 32 países participaram, dos quais 28 eram membros da OCDE. Os últimos resultados publicados são das avaliações de 2018, nas quais participaram 70 países (38 países da OCDE). Esse aumento na participação é a melhor indicação do sucesso dessa avaliação internacional.

---

1 PIRLS: Progress in International Reading Literacy Study.

2 TIMMS: Trends in International Mathematics and Science Study.

O suicídio do Ocidente

Os países com melhor desempenho tendem a incluir a China, o Japão, a Coreia e, nos últimos anos, Singapura, com resultados muito melhores do que a média da OCDE. Entre os países da UE, a Finlândia se destaca, enquanto a Espanha, a Itália e a Grécia estão constantemente na parte inferior da lista.

O sistema educacional finlandês é "abrangente", com uma educação secundária obrigatória comum para todos os alunos até os 16 anos de idade. Os igualitários, defensores ferrenhos do ensino unificado, veem a Finlândia como uma demonstração de que é possível alcançar a equalização no topo, alcançar a excelência para todos e combinar qualidade e equidade. O que não se costuma considerar é que as escolas finlandesas têm certas peculiaridades que as distinguem de outros países e que podem explicar seus bons resultados. Por exemplo, pelo menos até o momento, a seleção dos candidatos a professores é feita a partir dos melhores expedientes acadêmicos, há um elevado nível de exigência para todos os alunos, há muita disciplina nas escolas e, acima de tudo, os responsáveis pela educação finlandesa têm muito claro que a qualidade da educação é medida pelos resultados do aprendizado.

A Alemanha é um caso especial. Seu sistema educacional é o que a esquerda educacional chama de "segregacionista". A educação é obrigatória dos 6 aos 15 anos de idade. A partir dos dez anos (pode ser mais tarde, dependendo do *Land* ao qual a escola pertence), as crianças são separadas em três tipos diferentes de escola: *Gymnasium* (8 séries), onde se prepara o exame final do ensino médio (*Abitur*) que dá acesso à universidade; a *Realschule* (6 cursos), que prepara para o ingresso em um liceu profissionalizante; e a *Hauptschule* (5 cursos), onde fazem cursos de capacitação profissional. Dependendo do nível que demonstraram durante os primeiros anos na escola, as crianças vão para uma ou outra escola. Nos últimos anos, sob pressão dos setores progressistas, alguns *Länder* criaram outro tipo de escolas (*Gesamtschulen*) que, como as *Comprehensive Schools* britânicas, integra os três tipos anteriores de escola e onde os alunos permanecem até os 16 anos de idade.

A formação profissionalizante alemã tem uma reputação de alta eficiência. Os liceus vocacionais são muito bem equipados. Os alemães são os inventores do sistema "dual", que permite que os alunos, a partir dos 18 anos, recebam a maior parte de seu treinamento em suas próprias empresas. A taxa de desemprego entre os jovens na Alemanha é a mais baixa da União Europeia. No primeiro trimestre de 2023, o desemprego entre os jovens na UE era de 14,1%; na Alemanha, era de 5,5%.

É importante destacar que, além da Alemanha, os países com menor taxa de desemprego juvenil que a média europeia são Áustria, Holanda e Suíça. Esses países, talvez sob influência alemã, não adotaram o modelo "abrangente", mas, em vez disso, ofereceram escolas secundárias com currículos diferentes, dependendo das habilidades e interesses dos alunos.

O Relatório PISA vai além da análise dos resultados obtidos nos testes. Pesquisas com diretores de escolas, professores e alunos fornecem informações sobre "atitudes", "equidade", "resiliência" e outros conceitos das ciências da educação.

O *site* do INEE (Instituto Nacional de Estadísticas Educativas) contém a versão em português do Relatório PISA sobre Equidade na Educação publicado pela OCDE (*Equity in Education*) em 2018, que foi elaborado com dados do PISA 2015.

O relatório é apresentado com estas palavras:

> O relatório fornece uma análise sobre a evolução do nível de escolaridade nas últimas décadas e mostra como as diferenças socioeconômicas continuam a influenciar fortemente o grau de sucesso no nível de escolaridade superior.

Em seguida, a página oferece algumas definições que o usuário precisa conhecer para entender o conteúdo do relatório.

Definição de equidade na educação:

> Conforme declarado no informe *Equity in Education* (OCDE, 2018), o termo equidade na educação refere-se a todos os alunos que têm oportunidades iguais de aprendizado, resultando que, em todos os alunos, independentemente da situação socioeconômica, gênero ou de outros antecedentes familiares, todos alcancem níveis similares de desempenho acadêmico

O suicídio do Ocidente

> nos principais domínios cognitivos (leitura, matemática e ciências) e em aspectos do bem-estar social e emocional (satisfação com a vida, autoconfiança e integração social, entre outros).

Quanto ao conceito moderno de "resiliência", o relatório o explica da seguinte forma:

> Por outro lado, o relatório (OECD, 2018) destaca que alguns alunos desfavorecidos obtêm bons resultados acadêmicos apesar de sua possível desvantagem, um aspecto conhecido como resiliência. Por exemplo, em média, nos países da OCDE, 11% dos alunos desfavorecidos têm alto desempenho em alfabetização científica em seus próprios países (esses alunos são considerados "resilientes em nível nacional"), 25% demonstram alta proficiência em ciências, leitura e matemática ("resiliência em habilidades básicas") e 26% estão satisfeitos com suas vidas, sentem-se socialmente integrados na escola e não sofrem de ansiedade em testes ("resiliente social e emocionalmente"). O relatório (OECD, 2018) argumenta que os alunos carentes que são social e emocionalmente resilientes também tendem a ter um melhor desempenho acadêmico. Isso implica que ajudar os alunos carentes a desenvolver atitudes positivas em relação à educação pode beneficiar seu desenvolvimento acadêmico. A resiliência acadêmica também pode promover a resiliência social e emocional, criando um ciclo de reforço positivo que resulta em melhores resultados de aprendizagem para alunos de origens desfavorecidas.[3]

Algumas reformas interessantes

O Relatório PISA incorpora estudos sobre as políticas educacionais de diferentes países com a intenção de que os governos possam aprender uns com os outros. Em setembro de 2011, o semanário inglês *The Economist* publicou um editorial sobre educação que falava da necessidade, expressa por muitos governos ocidentais, de empreender uma reforma profunda de seus sistemas educacionais e

---

3 https://www.educacionyfp.gob.es/dctm/inee/internacional/pisa-2015.

das dificuldades que eles encontravam ao tentar introduzir medidas destinadas a melhorar seus resultados.

O artigo recordava o pedagogo norte-americano John Dewey, pai da chamada *progressive education*, para destacar que as reformas que deveriam ser feitas vão em direção contrária à dos teóricos da pedagogia progressista. Ou seja, a disciplina e a autoridade dos professores devem ser restauradas, a ênfase deve ser colocada no esforço individual e na transmissão do conhecimento, e o valor dos exames deve ser reconhecido, não apenas como um método para controlar a aquisição de conhecimento, mas também como um estímulo ao estudo.

Mas, como já dissemos em diversas ocasiões, a pedagogia progressista dos seguidores de Dewey, que Arendt identificou como herdeira da Nova Pedagogia e das ideias de Rousseau, a partir de maio de 1968, tornou-se um dogma inquestionável que chegou até nossos dias. E se adicionarmos a essas ideias pedagógicas o igualitarismo fomentado pelos sociólogos franceses Bourdieu e Passeron, obtemos o evangelho pedagógico da esquerda ocidental. Um evangelho com tantos crentes que é quase impossível reconstruir o ensino. E se destruir é muito mais simples do que construir, reconstruir, quando se trata de educação, parece-nos uma tarefa praticamente impossível.

Contudo, apesar das dificuldades, houve países que, com mais ou menos sucesso, conseguiram introduzir certas reformas contrárias aos dogmas da esquerda pedagógica. Vamos dar uma olhada em alguns deles.

ESTADOS UNIDOS: PADRÕES, TESTES E "CHARTER SCHOOLS"

A publicação do relatório *A Nation at Risk* [Uma nação em risco], em abril de 1983, pela Comissão Nacional de Excelência em Educação de Ronald Reagan, teve um grande impacto na América do Norte, como já vimos. Preocupados com os resultados do ensino fundamental e médio, muitos governadores de diferentes estados buscaram maneiras de melhorar esses resultados. Entre as várias medidas de reforma propostas no relatório, duas ideias básicas se destacam: exames externos sobre padrões pré-estabelecidos ou conhecimentos essenciais e o financiamento de escolas públicas independentes.

Em resposta às demandas de alguns governadores que seguiram as recomendações do relatório *A Nation at Risk* e receberam críticas de muitos membros da comunidade educacional, o presidente Bush[4] aprovou a lei *No Child Left Behind* [Nenhuma criança deixada para trás] em 2001. Essa lei introduziu testes nacionais padronizados de habilidades básicas em inglês e matemática e estabeleceu planos de correção para as escolas com desempenho ruim. A lei também incluía financiamento proporcional ao progresso feito por cada escola. A lei de Bush foi criticada até mesmo pela direita. A frase "*teaching for test*" foi usada para ridicularizar o valor dos chamados testes padronizados.

Em 2010, o presidente Obama publicou um plano para reformar a educação primária e secundária que tornou a lei *No Child Left Behind* mais flexível, incluindo uma expansão dos testes para avaliar outras habilidades.

A lei de Bush foi revogada em 2015 quando o Congresso aprovou uma nova lei, a *Every Student Succeeds Act* [Todo estudante triunfa], elaborada pelo governo Obama. A nova lei não aboliu os testes padronizados, mas delegou mais poder aos estados sobre como realizá-los.

Outra grande reforma americana da década de 1990 foram as *Charter Schools*, escolas públicas financiadas pelo Estado. A primeira escola desse tipo foi criada em Minnesota em 1991. O modelo se espalhou para outros estados e, em 2004, havia cerca de três mil *Charter Schools* nos EUA. Em 2022, havia 7.800 delas atendendo a cerca de 7,5% dos alunos em todo o país.

As *Charter Schools* operam de forma semelhante às nossas escolas particulares, mas têm mais liberdade para definir seus currículos. Algumas são especializadas no ensino de matemática, artes, tecnologia etc. Para receber aprovação oficial, elas devem demonstrar que seus alunos têm bom desempenho em exames externos.

---

4 George W. Bush foi presidente dos Estados Unidos de janeiro de 2001 a janeiro de 2009.

A crise da educação ocidental

FRANÇA CONTRA O "PEDAGOGISMO" E O "IGUALITARISMO"

A situação na França chama a atenção. Um país com um sistema educacional que era um modelo na Europa vem perdendo posições nas avaliações do PISA para um nível muito semelhante ao da Espanha. Mas, ao contrário da Espanha, e para vergonha dos educadores progressistas da França, os especialistas da OCDE deram à França uma nota baixa em equidade porque há uma diferença muito grande entre os que alcançam bons resultados e os que se saem mal.

Deve-se observar que as reformas introduzidas no sistema francês nas décadas de 1970 e 1980 foram na mesma direção que a LOGSE espanhola de 1990. Em 1975, a Lei Haby[5] estabeleceu um primeiro ciclo de ensino secundário, denominado *collège*, para alunos de 11 a 15 anos de idade, com o mesmo currículo para todos.[6]

Atualmente, o sistema francês prevê uma escola única ou "compreensiva" para todos os alunos até a idade de 15 anos, dividida em duas etapas: uma escola primária de cinco anos, dos 6 aos 11 anos (*l'école*), e uma escola secundária obrigatória de quatro anos (11 a 15 anos), conhecida como *collège*. Ao final do *collège*, os alunos devem ser aprovados em um exame nacional, o chamado *brevet*, que não condiciona a passagem para o bacharelado (ensino médio).

O bacharelado de três anos é cursado no ensino médio (*lycée*) e oferece duas opções: bacharelado acadêmico ou bacharelado profissional. Ambos permitem o acesso à universidade, desde que seja aprovado no exame de bacharelado. Há também cursos de formação profissional para maiores de 15 anos, que podem ser feitos em escolas de ensino médio ou em centros específicos de formação profissional.

Em 2000, surgiu um movimento de professores de ciências humanas com o lema *Sauver les lettres*. Pouco tempo depois, foi estendido aos professores de matemática com o lema *Sauver les maths*. O objetivo desse movimento, que se considerava de esquerda, era

---

5 O ministro da Educação Nacional, René Haby, foi responsável pela criação do polêmico "collège unique". Ele parece ter sido encomendado diretamente pelo Presidente da República, Valéry Giscard d'Estaing.

6 Equivalente ao ESO, Ensino Secundário Obrigatório, na Espanha.

O suicídio do Ocidente

reviver a exigente escola republicana fundada por Condorcet e planejada por Jules Ferry. Esses eram professores que atacavam a pedagogia progressista, mas que eram a favor do *collège unique*. Em sua opinião, assim como Jules Ferry havia estabelecido uma escola pública de qualidade até a idade de 11 anos, ao retornar aos métodos pedagógicos tradicionais, um bom nível de educação poderia ser alcançado para todos até a idade de 15 anos.

Hannah Arendt já havia alertado que a educação progressista levaria a uma catástrofe dez anos antes de maio de 1968. Já naquela época, ela denunciou que a raiz do problema não era apenas uma pedagogia equivocada, mas também um igualitarismo militante que havia tomado conta da educação. Está se tornando cada vez mais evidente, na Espanha, na França, nos EUA e em outros países ocidentais, que Arendt estava certa e que o mal arraigado da escolarização decorre de dogmas pedagógicos e políticos que não estão sendo abordados.

Um bom exemplo de igualitarismo é o que aconteceu com o estudo do latim nos currículos das escolas secundárias francesas. Na época de Jules Ferry, o latim era ensinado no primeiro ano do ensino médio, aos 11 anos de idade. Após as revoluções estudantis de maio de 68, o ministro eleito para assumir o controle do mundo da educação, Edgar Faure,[7] elaborou a chamada Lei de Orientação, que acolheu muitas das aspirações da esquerda pedagógica, entre outras, a de atrasar o ensino de latim em dois anos. Em 1975, quando o chamado "*collège unique*" foi introduzido, o latim foi relegado a uma disciplina opcional estudada pela primeira vez por cerca de 20% dos alunos nos últimos anos do *collège*. Essa disciplina optativa permitiu um certo grau de seleção, algo que a esquerda não podia permitir. Assim, em 2014, a ministra da Educação do governo de François Hollande, Najat Vallaud-Belkacem, a fim de garantir a "equidade" na educação obrigatória, eliminou completamente o estudo do latim no *collège* porque era, segundo ela, uma matéria "discriminatória".

---

7   Em julho de 1968, ele foi nomeado ministro da Educação Nacional com a difícil tarefa de elaborar uma nova lei educacional. A Lei de Orientação de novembro de 1968 recebeu os votos tanto da direita quanto da esquerda, com exceção dos comunistas, que se abstiveram. A lei incorporou as demandas de maio de 1968. Uma das questões mais criticadas foi o atraso de dois anos no ensino de latim no ensino médio.

A crise da educação ocidental

Em 2017, Jean-Michel Blanquer, o ministro da Educação no primeiro mandato de Emmanuel Macron, colocou o latim de volta em seu devido lugar. Blanquer era um ministro com um espírito reformador sincero. Ele introduziu um exame nacional para os alunos que começavam o *collège* e declarou em várias ocasiões que não estava preparado para deixar que o "pedagogismo" e o "igualitarismo" de 68 o impedissem de realizar as reformas necessárias para restaurar a educação francesa ao prestígio que um dia teve. Blanquer teve que enfrentar as primeiras invasões do wokismo no mundo da educação, talvez por isso Macron não quis mantê-lo como ministro em seu segundo mandato.

Blanquer, apesar de ser um político de direita, tinha o apoio de *Sauver les lettres* e de vários intelectuais socialistas. Um deles foi Jacques Julliard (1933–2023), historiador francês com uma longa carreira jornalística, editorialista do *Le Nouvel Observateur* de 1978 a 2010 e colaborador do jornal *Le Figaro* de 2017 até o dia de sua morte. Formado na Escola Normal Superior de Paris, Julliard começou sua vida profissional como professor de história em nível de bacharelado. Embora fosse um grande crítico da esquerda em muitas questões, especialmente aquelas relacionadas à educação, permaneceu sentimentalmente leal ao partido socialista porque, como costumava dizer, "nunca se pode escapar de sua família política".

Em 2015, Jacques Julliard publicou *L'École est finie* [A escola está acabada], livro no qual criticou duramente os educadores de esquerda, a quem culpou pelo declínio da escola republicana:

> Os malfadados "pedagogos" decidiram certo dia que tudo o que fosse um pouco "cultural" e "literário" deveria desaparecer de nossa educação primária e secundária porque era privilégio das classes educadas e abastadas. Está claro que o oposto deve ser feito. Há apenas uma maneira de superar a desvantagem do aluno que tem 200 palavras de vocabulário em comparação com outro que tem 2.000, e isso é fazê-lo ler, não receitas de farmácias ou avisos da prefeitura, mas os grandes autores de nossa literatura.[8]

---

8 Jacques Julliard, *L'École est finie*. Paris: Flammarion, 2015.

Crítico do legado pedagógico de maio de 68, Julliard fez da defesa dos valores da escola republicana uma de suas grandes batalhas intelectuais. *L'École est finie* é um "apelo urgente" à sociedade francesa para que promova a reconstrução da *École* e faça dela "uma grande causa nacional":

> Precisamos nos convencer de que a principal luta política, aquela que decidirá o formato da sociedade de amanhã, não será travada nas eleições. A luta contra todas as formas de barbárie será travada, antes de tudo, na escola, que é hoje o principal local de combate em defesa da civilização.[9]

Assim como Condorcet, Julliard considerava que o "modelo republicano" se baseava na ideia de que cada indivíduo deveria ir o mais longe possível na aquisição de conhecimento e, assim, contribuir para o progresso da sociedade. Durante muito tempo, disse Julliard, acreditou-se que esse seria o único objetivo que inspiraria a organização da educação escolar na França, mas, depois de maio de 1968, uma nova ideia surgiu com força no cenário pedagógico: a missão da escola era, acima de tudo, nivelar as desigualdades sociais.

Esse será o objetivo predominante do modelo que Julliard chama de "sociológico-pedagógico Bourdieu-Meirieu", em homenagem aos seus inspiradores, o sociólogo Pierre Bourdieu e o pedagogo de inspiração rousseauniana Philippe Meirieu.[10] Foi assim que a pura transmissão de conhecimento tornou-se suspeita, as famílias mais cultas teriam filhos mais aplicados e a escola, em vez de nivelar a sociedade, se tornaria um instrumento de propagação da desigualdade.

Julliard acusa a esquerda de ter abraçado com entusiasmo essa transformação radical do objetivo da escolarização e de ter permitido que o "pedagogismo", ou seja, a pedagogia a serviço dessa ideologia igualitária, invadisse todas as áreas reservadas à transmissão de conhecimento. Para Julliard, está claro que a esquerda, em sua busca pela igualdade, renunciou à seleção com base no mérito e

---

9 Ibid.

10 Pedagogo nascido em 1949, presidente da associação para a Nova Pedagogia, CAMEA (Centros de treinamento de professores de pedagogias ativas). Foi membro do Partido Socialista e, posteriormente, do Partido Ecologista.

na capacidade e produziu lacunas ainda maiores na desigualdade social e cultural.

Julliard pediu um retorno ao valor da instrução, da transmissão de conhecimento. Fazer da escola um lugar de excelência, um lugar de exigência, onde o mérito e o esforço são reconhecidos e onde cada criança pode desenvolver ao máximo suas capacidades intelectuais.

Para esse historiador e jornalista de esquerda, comprometido com a educação, a primeira, mais urgente e essencial coisa a fazer é acabar com o uso da linguagem sociopedagógica, que os "especialistas" e responsáveis pela Educação Nacional consideram "técnica", mas que é confusa, distorcida e incompreensível para os meros mortais. Tais contorções linguísticas não são apenas ridículas, mas também servem para camuflar os atuais destroços da escola por trás de um pedagogismo feito de pretensão e pedantismo".

A Suécia e o subsídio escolar

A escola única foi introduzida na Suécia em 1962, com o mesmo currículo para todos os alunos de 6 a 16 anos de idade e, a partir de então, um bacharelado de dois anos com um exame final para selecionar os alunos para o ingresso na universidade. Os alunos que não cursassem o ensino médio poderiam seguir uma formação profissionalizante a partir dos 16 anos de idade.

Em 1971, a opção profissionalizante foi integrada ao ensino médio. Em 1990, decidiu-se transferir a gestão educacional para os conselhos locais. Todas essas medidas foram adotadas por governos social-democratas. Segundo a escritora sueca Inger Enkvist, a direita, quando no poder, nunca ousou endireitar os socialistas.

Inger Enkvist é professora de espanhol na Universidade de Lund (Suécia) e autora de vários livros que criticam fortemente a Nova Pedagogia. Em 2023 publicou *Conhecimento em crise na Espanha. Ideologias na educação atual* com exemplos da Suécia, onde analisa a doutrina que inspirou a política educacional dos governos socialistas em seu país e, em geral, no Ocidente: "Os sociais-democratas — escreve

Enkvist neste livro — foram muito canhestros na introdução de suas reformas. Eles avançaram passo a passo e mantiveram o mesmo curso por 60 anos".

O governo liberal-conservador que venceu as eleições em 1992 causou uma grande revolução ao criar as "escolas gratuitas" (*friskolor*) e introduzir o chamado subsídio escolar. Desde então, a administração da educação fixa o financiamento por aluno de acordo com o custo de uma vaga em uma escola pública. As prefeituras recebem o dinheiro para todas as escolas públicas e privadas de seu município e o distribuem de acordo com o número de alunos. Essas "escolas livres" têm maior independência na organização de seu ensino. É claro que elas eram vistas com desconfiança pelos socialistas, pois estão fora do controle total do Estado, mas foram comprometidas.

Apesar disso, diz Enkvist, e dos resultados ruins nas avaliações internacionais, a Suécia ainda se apega ao mito da escola única e da pedagogia progressista.

Inglaterra, uma tentativa de retorno às "Grammar Schools"

Parecia que os conservadores britânicos haviam desistido de revitalizar as *Grammar Schools* até que Theresa May se tornou primeira-ministra do Reino Unido em 13 de julho de 2016. May, ex-aluna de uma *Grammar School*, ousou falar abertamente sobre essas escolas, que ela mesma descreveu como "seletivas".

Na campanha eleitoral de 2017, May prometeu apoiar e ampliar as quase extintas *Grammar Schools* no Reino Unido. Em alguns de seus discursos fez uma magnífica defesa dessas "Selective Schools", que, segundo ela, eram boas escolas que permitem que as crianças mais capazes "cheguem tão longe quanto seu esforço e talento lhes permitam ir" e que não discriminam com base no dinheiro, mas na capacidade acadêmica de cada criança. Segundo ela, essas são escolas apropriadas para um país que deseja valorizar o mérito em vez do privilégio.

Existem 163 *Grammars Schools* na Inglaterra e 69 na Irlanda do Norte, e os pais e diretores dessas escolas secundárias estão orgulhosos

A crise da educação ocidental

e gostariam que outras escolas copiassem seu modelo. "Por que então — se perguntava May — restringir as *Grammars*? Não é porque há políticos que colocam o dogma acima dos interesses do povo?".

Theresa May recebeu muitas críticas de dentro e de fora de seu partido, porque há muitos anos, na Inglaterra e, em geral, no mundo educacional da maioria dos países ocidentais, a palavra "seleção" tem sido amaldiçoada. Tudo o que restou foram promessas e uma contribuição financeira que permitiu que algumas *Grammar Schools* ampliassem suas matrículas. Boris Johnson não queria ter nada a ver com as promessas de sua antecessora e deixou o projeto de May definhar em uma gaveta.

O Reino Unido é um dos países que levou mais a sério a reforma de suas *Comprehensive Schools*. As reformas empreendidas por Margaret Thatcher e Tony Blair foram mantidas neste século XXI. O primeiro-ministro conservador David Cameron[11] deu mais um passo em direção ao pluralismo nas escolas ao criar as *Free Schools*, escolas privadas que podem receber financiamento estatal e que se reportam diretamente ao governo e não às autoridades educacionais locais.[12]

Essas escolas são livres para adotar seu próprio currículo e estabelecer seu próprio sistema de admissão de alunos. Uma escola desse tipo pode ser aberta por um indivíduo, uma cooperativa de pais ou professores, ou até mesmo por um grupo empresarial.

As *Free Schools* se juntam às já estabelecidas *Independent Schools*, *Grant-Maintained Schools* e *Academies*, que são diferentes tipos de escolas privadas que recebem financiamento do Estado. Elas diferem em seu grau de autonomia.

As outrora prestigiosas escolas secundárias tornaram-se um símbolo de uma era.[13] As famosas, caras e absolutamente privadas *Public Schools* continuam a formar as elites do país.

---

11 Foi primeiro-ministro de 2010 a 2016.

12 LEA: *Local Education Authority*.

13 Há 164 *Grammar Schools* na Inglaterra que formaram uma associação de escolas de excelência, a National Grammar Schools Association (NGSA). Os alunos devem ser aprovados no exame *11+* para serem admitidos. Elas oferecem uma educação acadêmica muito exigente e seus alunos obtêm notas muito boas nos exames oficiais, GCSE e A-level.

II
A educação no século XXI. Novas falácias

As palavras podem ser como minúsculas doses de arsênico: você as engole sem medo, elas parecem não ter efeito e, depois de um certo tempo, seu efeito tóxico se faz sentir".

— Victor Kemplerer, *A linguagem do Terceiro Reich*

O mundo orwelliano da educação

Em um país imaginário, Oceania, um partido único, o IngSoc (English Socialism), tomou o poder, cujo líder supremo, o Grande Irmão, permanece invisível, mas sempre vigilante, para impor um regime totalitário. O instrumento necessário para atingir esse objetivo perverso é um novo idioma, a *Newspeak* (novilíngua):

> A intenção era que, assim que a novilíngua fosse adotada de uma vez por todas e a antiga língua esquecida, o pensamento herético, ou seja, o pensamento divergente do IngSoc, seria literalmente impensável, pelo menos na medida em que o pensamento depende de palavras.[1]

Winston Smith, o protagonista criado por Orwell em seu famoso romance distópico, trabalha como funcionário público no Ministério da Verdade, cuja função é compilar o dicionário da novilíngua. Smith odeia o Grande Irmão e tenta levar uma vida dupla para reservar alguma privacidade para si mesmo, seja em sua vida emocional, moral ou

---

1 George Orwell, *1984*. Barcelona: DeBolsillo, 2013.

O suicídio do Ocidente

intelectual. O'Brien, um astuto comissário político do Partido Único, passa a desconfiar dele quando percebe que seu trabalho muitas vezes utiliza expressões proibidas da "velha linguagem". No final, Winston é preso e submetido a um processo de reeducação duro e cruel, que é conduzido pelo maliciosamente inteligente O'Brien. Para fazer isso, O'Brien diz a Winston que ele deve passar por três estágios: "primeiro aprender, depois entender e, finalmente, aceitar". O que o protagonista de 1984 teve de entender e depois aceitar é que o indivíduo não tem valor em si mesmo, que "o ser humano é derrotado sempre que está sozinho, sempre que é livre", que "escravidão é liberdade" e que, somente "se o homem puder se submeter totalmente, se puder escapar de sua própria identidade, se puder se fundir com o Partido de modo que ele seja o Partido, então ele será todo-poderoso e imortal".

A inteligência e o poder de O'Brien porão fim à resistência heroica de Smith, que, após compreender, aceitará sua derrota entre lágrimas e declarará seu amor pelo Grande Irmão. "*He loved Big Brother*" são as últimas palavras do romance que tornou George Orwell grande.

Com a logse, o mundo da educação, com seus muitos especialistas em educação para a saúde, educação ambiental, educação para a cidadania, educação para a paz, educação para a segurança viária, constituiu uma espécie de ilha isolada, fechada em si mesma, na qual foi implantado um jargão peculiar, como a novilíngua orwelliana, serviu inicialmente para separar os simpatizantes dos críticos, depois para identificar e marginalizar os hereges e agora, mais de trinta anos depois, é a linguagem comum de especialistas, técnicos, pedagogos e administradores educacionais.

Para difundir a novilíngua pedagógica, o governo social organizou cursos de formação de professores e cursos de curta duração que se tornaram essenciais para o avanço na profissão de professor. Professores que aprenderam, compreenderam e aceitaram que era muito mais proveitoso se curvar a uma única maneira de pensar do que tentar salvaguardar seus próprios critérios.

Mais de trinta anos depois, não há mais transgressões à linguagem da pedagogia progressista. Não ocorre a ninguém, por exemplo, chamar as disciplinas de "matéria" quando elas são "áreas", "assuntos"

A educação no século XXI. Novas falácias

ou "módulos". Só um ignorante chamaria o currículo de plano de estudos, porque todo mundo sabe que essa palavra, "currículo", tem um significado muito mais rico e complexo. Somente um tolo ousaria dizer, se é que ainda existe alguém que pense assim, que as palavras "programa" e "plano de estudos" são mais claras e eloquentes ao expressar o que um aluno deve aprender e um professor deve ensinar. Ninguém se atreveria a chamar um exame de "exame", pois seria imediatamente tachado de segregacionista, elitista e autoritário. E, é claro, somente um político ou um jornalista suicida chamaria de "disciplina" o que hoje é chamado de "convivência". Todas as palavras da velha escola têm conotações reacionárias e todos são obrigados a saber disso.

A mentalidade gramofônica de que Orwell falava tomou conta, e os especialistas em educação só são capazes de produzir discos iguais com uma melodia psicopedagógica e burocrática que todos dizem entender, mas que ninguém é capaz de explicar. Se algum resistente do velho idioma, fingindo certa humildade, perguntar a um desses especialistas sobre o significado do que diz, este só poderá repetir do começo ao fim o mesmo parágrafo, usando palavras idênticas.

Ao longo de mais de trinta anos desde a implementação do LOGSE, a novilíngua pedagógica foi enriquecida com termos cujo significado é sempre confuso. A mais recente lei socialista, a LOMLOE, é uma amostra da riqueza do novo vocabulário que foi incorporado às ciências educacionais. Palavras como atitudes, competências, inclusão, empatia, resiliência, sustentabilidade enriquecem o espírito progressista e inovador da pedagogia logsiana. Um jargão que é adotado sem que se perceba sua intenção doutrinária.

O psiquiatra e escritor britânico Anthony Daniels, em um de seus livros, *O sentimentalismo tóxico*,[2] escrito sob o pseudônimo de Theodore Dalrymple, explica de onde surge o empenho em complicar a linguagem educativa com termos "grandiloquentes e

---

2 O livro foi publicado na Espanha com esse título e sob um pseudônimo: Theodore Dalrymple, *Sentimentalismo tóxico*. Madri: Alianza, 2016. [Há uma edição brasileira leva o título original na íntegra: *Podres de mimados: as consequências do sentimentalismo tóxico*. São Paulo: É Realizações, 2015 — NT.]

sentimentaloides". É interessante notar que este livro foi publicado na Inglaterra em 2010 com o título *Spoilt Rotten: The Toxic Cult of Sentimentality*. *Spoilt* significa em português "mimado, consentido ou malcriado", e *rotten* é "podre ou estragado", então *Spoilt Rotten* poderia ter sido traduzido também como "Podres de mimados". Posso imaginar que, para o editor, o título parecia demasiado duro e pouco vendável.

Anthony Daniels (1949) trabalhou como psiquiatra no Zimbábue e na Tanzânia, bem como em hospitais e prisões no Reino Unido. Desde que se aposentou em 2005, viveu entre a França e a Inglaterra e se dedicou principalmente à escrita. É autor de vários livros e artigos. Na Inglaterra, é considerado um escritor conservador que evita o politicamente correto como se fosse uma praga. É um colaborador regular da revista britânica *The Spectator*.

A tese do livro de Dalrymple é que o sentimentalismo tóxico que domina a sociedade britânica hoje tem suas origens na pedagogia intuitiva ou romântica dos admiradores de Rousseau, como Pestalozzi, Froebel e, acima de tudo, o famoso pedagogo americano John Dewey, tão citado aqui. A consequência dessa pedagogia, que os americanos chamaram de progressista, foi a educação sem imposição, sem sacrifício, sem disciplina, sem esforço e sem autoridade, que, segundo Dalrymple, "arruinou a vida de milhões de crianças ao criar uma dialética de excesso de indulgência e negligência".

Para o escritor britânico, apesar de já existirem diversos estudos que mostram que grande parte da população inglesa é incapaz de escrever bem e fazer contas com facilidade, os adeptos das ideias românticas continuam apegados sentimentalmente à ideia de que, sem a influência nociva da sociedade, o homem é bom e as crianças nascem em estado de graça.

O mais grave, diz Dalrymple, é que, como a mente das crianças precisa ser preenchida com algo, o conteúdo das matérias tradicionais de estudo foi substituído pela doutrinação baseada no sentimentalismo. Hoje, diz o autor desse livro sugestivo, todas as crianças dirão que querem salvar o planeta, mas quase nenhuma delas será capaz de apontar a China em um mapa-múndi.

O sentimentalismo, diz o psiquiatra inglês, é tão fácil de detectar quanto difícil de definir. Pode-se dizer que vem da expressão exagerada de nossas emoções em detrimento do uso da razão. A linguagem sentimental é sempre grandiloquente, usando palavras que soam bem, mas significam muito pouco porque, no fundo, há uma intenção política de esconder ou ocultar uma verdade. Dalrymple coloca isso de forma muito clara: "as tentativas atuais de reformar a linguagem buscam um fim político, geralmente utópico e, portanto, romântico e sentimental".

Uma sociedade movida mais pelas emoções do que pela razão pode ser facilmente manipulada por qualquer demagogo oportunista que não tenha escrúpulos para lisonjear os bons sentimentos das pessoas a fim de tomar o poder. O sentimentalismo tornou-se um fenômeno de massa e exerce um poder coercitivo sobre a população. Hoje em dia, é preciso ser sentimental desde o berço até o túmulo. Aquele que não sentir as emoções da maioria se tornará um "inimigo do povo". E essas emoções precisam ser educadas na escola.

O multiculturalismo como ideologia

> *Multiculturalismo é hoje uma palavra que carrega uma ideologia, um projeto ideológico.*
>
> — Giovanni Sartori, *A sociedade multiétnica*

Não se pode e não se deve falar de multiculturalismo sem falar de Ayaan Hirsi Ali, a mulher somali a quem o historiador britânico Niall Ferguson dedicou seu livro *Civilização. O Ocidente e o resto* com estas palavras: "Para Ayaan, alguém que entende melhor do que ninguém o que a civilização ocidental realmente significa e o que ela ainda pode oferecer ao mundo."

E Ayaan Hirsi Ali é a pessoa que mais lutou contra o modelo de sociedade multicultural que foi tão popular nos países europeus e que Finkielkraut criticou em seu livro *A derrota do pensamento*. Ayaan vem denunciando em seus livros o "multiculturalismo" que se instalou nas sociedades ocidentais há mais de vinte anos. A maioria desses livros foi publicada na Espanha: *Yo acuso* (Galaxia Gutenberg, 2006), *Mi vida, mi libertad* (Galaxia Gutenberg, 2007), *Nómada* (Galaxia Gutenberg, 2011), *Reformemos el Islam* (Galaxia Gutenberg, 2015), *Presa* (Debate, 2021).[3] Neles, Hirsi Ali relata não apenas sua vida agitada antes de vir para a Europa, mas também as complicações de se tornar uma defensora declarada da civilização ocidental em face das leis islâmicas. Para Hirsi Ali, o multiculturalismo está na raiz das dificuldades que muitos países ocidentais têm hoje com a imigração muçulmana. A atitude e os escritos de Hirsi Ali são tão incômodos para a esquerda atual quanto foram as críticas de Alexandr Solzhenitsyn ao Ocidente na década de 1970.

Traçar a biografia desta mulher excepcional pode nos ajudar a entender não apenas a realidade dos muçulmanos que vivem na Europa, mas também a desilusão de algumas mulheres que, como ela, fugiram de um mundo no qual lhes é negado o direito de falar e viver livremente e se depararam com a hipocrisia de nossas sociedades ocidentais.

A Somália, pátria de Hirsi Ali, conquistou a independência em 1960. Nos primeiros anos, seus habitantes sonhavam em torná-la um país próspero e democrático, sonhos que nunca foram realizados, pois logo surgiram brigas de clãs, corrupção e violência. No início da década de 1960, um jovem somali, Hirsi Magan, que havia estudado antropologia nos Estados Unidos, abriu escolas de alfabetização em todo o país. Uma dessas escolas na capital, onde o próprio Hirsi Magan lecionava, era frequentada por uma mulher divorciada que havia chegado recentemente a Mogadíscio, Asha Arta. Professor e aluna se apaixonaram e decidiram se casar. O casal teve três filhos: um menino chamado Mahad e duas meninas, Ayaan e Haweya.

Ayaan nasceu em 13 de novembro de 1969. Como seu pai era Hirsi Magan, a recém-nascida deveria ser chamada, de acordo com

---

3 No Brasil, as obras citadas acima foram publicadas com os respectivos títulos: *A virgem na jaula* (Companhia das Letras, 2008); *Infiel* (Companhia das Letras, 2012); *Nômade: Do Islã para a América* (Companhia da Letras 2011); *Herege* (Companhia da Letras, 2015). O livro *Prey: Immigration, Islam, and the Erosion of Women's Rights* (2021) segue inédito em português — NT.

A educação no século XXI. Novas falácias

a lei somali, de Ayaan Hirsi Magan. Um mês antes de sua chegada ao mundo, um oficial militar de formação marxista, cujo nome era Siad Barre, havia dado um golpe de Estado e instalado uma ditadura na Somália. O pai de Ayaan logo começou a ter problemas com o novo regime. Em abril de 1972 foi detido e encarcerado.

Assim, a principal responsabilidade pela educação dos filhos de Hirsi Magan recaiu nas mãos da avó materna, que decidiu que as meninas deveriam ser "purificadas" de acordo com os costumes e rituais somalis. "Na Somália — escreve Ayaan — como em muitos países da África e do Oriente Médio, as meninas são purificadas pela mutilação de seus órgãos genitais".

Hirsi Magan conseguiu escapar da prisão em 1975 e reunir toda a sua família na Arábia Saudita, onde seus filhos aprenderam árabe, a recitar o Alcorão, a rezar e a se comportar como bons muçulmanos. Alguns anos depois, eles se mudaram para a Etiópia, um país cristão onde as crianças desfrutavam de maior liberdade, e um ano depois foram para o Quênia e fixaram residência. Quando completou 14 anos, Ayaan foi enviada para a Escola Secundária Muçulmana para Meninas de Nairóbi.

De acordo com Hirsi Ali, um professor de doutrina islâmica, grande admirador da revolução de Khomeini no Irã,[4] foi à escola um dia e fez dela e de suas colegas verdadeiras crentes, "mulheres de fé". Naquela época, na cidade, começaram a fazer sucesso os sermões de um imã que pregava o retorno à prática do Islã tradicional, o uso da burca pelas mulheres, a obrigação de os homens exigirem obediência de suas esposas e de as esposas se submeterem à vontade de seus maridos. O imã, cujo nome era Boqol Som, pertencia à Irmandade Muçulmana, um movimento fundado no Egito na década de 1920 para promover a religião islâmica e que, cinquenta anos depois, graças ao apoio financeiro saudita, começou a ter sucesso significativo em muitos países muçulmanos. Hirsi Ali explicou sua conversão: "Tratava-se de estudar o Alcorão, aprender

---

4 Ruhollah Mousavi Khomeini (1921–1989), aiatolá iraniano, líder político e espiritual da revolução islâmica de 1979, derrubou o último xá Mohammad Reza Pahleví e tornou-se o líder supremo do país até sua morte.

O suicídio do Ocidente

com ele, chegar ao fundo da natureza da mensagem do profeta. Ela [a Irmandade Muçulmana] era uma seita enorme, maciçamente apoiada pela riqueza do petróleo da Arábia Saudita e pela propaganda de mártires iranianos. Era militante e, além disso, estava crescendo. E eu estava me tornando parte dela".

O poder da Irmandade começou a se espalhar. Cada vez mais mulheres com vestidos longos e véus pretos e homens vestidos com túnicas brancas e lenços xadrez vermelho e branco eram vistos nas ruas. Ayaan, vestida de preto da cabeça aos pés, participou de palestras organizadas para jovens pela Irmandade Muçulmana.

Em janeiro de 1992, Osman Moussa, um jovem somali educado no Chade, um crente muçulmano com pouco treinamento intelectual, pediu Ayaan em casamento. Apesar da oposição da jovem, Hirsi Magan decidiu que o casamento deveria ser realizado. Como o noivo morava no Canadá, decidiu-se assinar um primeiro contrato de casamento no Quênia e deixar a cerimônia legal para ser organizada posteriormente naquele país.

Foi assim que Ayaan chegou ao aeroporto de Frankfurt em uma noite de julho daquele ano. Os parentes a levaram para sua casa em Bonn, onde ela deveria esperar pelo visto. O desejo de fugir, de desaparecer como uma personagem de um romance e nunca se entregar ao marido escolhido pelo pai tomou conta da jovem somali assim que ela chegou a Bonn. Por meio de um amigo que morava em Amsterdã, ela ficou sabendo que a Holanda concedia asilo aos somalis que fugiam da Guerra Civil que havia estourado em seu país alguns anos antes. A Holanda ficava a apenas uma hora e meia de trem, portanto, não seria surpresa se ela fosse visitar seu amigo. Quando chegou a Amsterdã, amigos e parentes lhe ofereceram acomodação no campo de refugiados.

A jovem somali estava determinada a solicitar condição de refugiada, mesmo que isso significasse contar uma mentira, pois ela não estava fugindo da guerra, mas de um casamento de conveniência. Além disso, tinha medo de dar seu nome verdadeiro porque as pessoas de seu clã poderiam reconhecê-la, então optou por mudar Magan para o nome do avô de seu pai, Ali. Assim, ela se tornaria Ayaan Hirsi Ali,

A educação no século XXI. Novas falácias

nascida em 13 de novembro de 1969 e refugiada da Guerra Civil da Somália. Duas decisões que mais tarde se mostrariam caras para ela. Em 1º de setembro de 1992, ela recebeu o *status* de refugiada, o que, entre outras coisas, lhe deu o direito de obter a nacionalidade holandesa após cinco anos de residência na Holanda.

Hirsi Ali começou a organizar a própria vida. Estudou holandês, o que lhe permitiu encontrar um emprego como intérprete em um escritório do governo. Depois de obter a cidadania, matriculou-se na universidade para estudar ciências políticas. A jovem somali percebeu que, na Holanda, os muçulmanos tinham permissão para formar sua própria comunidade, com suas próprias escolas e seu próprio modo de vida. Ela também percebeu que, para os holandeses, forçar os muçulmanos a adotar seus valores era contrário à sua ideia de liberdade. A compaixão pelos imigrantes levou a políticas que perpetuaram a crueldade em suas comunidades.

Ayaan Hirsi Ali votou pela primeira vez em maio de 1998 no Partido Social Democrata (PvdA).[5] Três anos depois, começou a trabalhar na Wiardi Beckman Foundation, o *think tank* do PvdA. Lá, ficou estarrecida com o fatídico 11 de setembro de 2001, quando os aviões se chocaram contra as Torres Gêmeas em Nova York. As explicações sobre o ataque que ela ouviu ao seu redor, referindo-se à frustração dos muçulmanos, sua pobreza e a arrogância insuportável dos judeus e americanos, a irritaram profundamente. Para ela, não havia dúvida de que os terroristas haviam agido por fé religiosa. Tendo chegado a essa conclusão e pronta para questionar o que fosse preciso, era hora de Hirsi Ali questionar sua fé.

> Após o 11 de setembro, senti que muitos líderes políticos queriam fazer a distinção entre religião e terrorismo. Li os escritos de Mohammed Atta e Bin Laden e, como muçulmana, senti que os ataques foram, sem dúvida, cometidos em nome da minha religião. Foi então que decidi clamar pelo esclarecimento do mundo muçulmano, mesmo sabendo que isso acarretaria riscos para minha família e minha própria vida.

---

5 PvdA: *Partij van de Arbeid* (Partido Social Democrata ou Trabalhista).

O suicídio do Ocidente

Esses pensamentos representavam um perigo para Ayaan. Ela não só poderia se tornar uma apóstata aos olhos dos muçulmanos, como também isso a distanciaria de muitas pessoas de seu partido. Por outro lado, o PvdA não parecia entender o que estava ficando cada vez mais claro para ela: que, ao favorecer a preservação da identidade cultural dos imigrantes, o desejo de integração de alguns muçulmanos estava sendo impedido.

Não demorou muito para que desentendimentos começassem a surgir entre Hirsi Ali e seus companheiros de partido. O feminismo militante e as declarações públicas da jovem somali não apenas irritaram e escandalizaram a comunidade muçulmana holandesa, mas também entraram em conflito abertamente com a defesa do multiculturalismo pelos social-democratas do PvdA.

Ayaan estudou teorias liberais na Universidade de Leiden e leu os liberais da escola austríaca com grande interesse. Isso lhe permitiu desenvolver seu próprio pensamento político para abordar a questão que mais a preocupava e que se tornaria o *leitmotiv* de sua incessante atividade política, a defesa da liberdade das mulheres muçulmanas. Suas divergências com o PvdA a fizeram perceber que sua maneira de entender os problemas da imigração na Europa estava mais alinhada às ideias defendidas pelos liberais do VvD.[6] Ela começou a trabalhar com eles no final de 2002 e, em janeiro de 2003, ingressou no Parlamento holandês como membro do Partido Liberal.

No final de julho, foi lançado o filme *Submission Part I*, que denuncia o sofrimento das mulheres muçulmanas no cumprimento das leis corânicas. Ayaan Hirsi Ali colaborou com Theo van Gogh em sua produção. Após a estreia, os Seguidores da Unicidade de Alá publicaram fotos de Ayaan e Theo na *internet*, afirmando que eles deveriam morrer. Ayaan, como membro do Parlamento holandês, tinha direito à proteção; Theo van Gogh não. Em 2 de novembro de 2004, em uma rua de Amsterdã, um homem marroquino atirou e depois cortou a garganta do cineasta holandês Theo van Gogh com uma faca. Em seu peito havia uma carta para Hirsi Ali ameaçando-a de morte.

---

6 VvD: *Volkspartij voor Vrijheid en Democratie* (liberais de direita).

A educação no século XXI. Novas falácias

Este assassinato brutal aterrorizou o governo holandês. Sua reação imediata foi tirar Hirsi Ali do caminho, para protegê-la de assassinos que ninguém sabia como ou quando atacariam novamente. Depois de dois meses vivendo na clandestinidade, cercada por rígidas medidas de segurança, Ayaan decidiu retornar à política. Ela nunca se deixou dominar pelo medo; não estava preparada para passar o resto da vida escondida, tomada pelo terror, esperando que alguém decidisse matá-la. Em 18 de janeiro de 2005, retornou ao Parlamento holandês: a jovem deputada decidiu se defender daqueles que a queriam morta usando a arma que o mundo livre colocou à sua disposição: a liberdade de expressão.

Mas o que a ameaça islâmica não pôde fazer, a sociedade livre que ela tanto admirava fez. Uma série de intrigas e brigas internas dentro do VvD levou o chefe de imigração, colega de partido de Hirsi Ali, a denunciar a mentira que ela havia usado para obter asilo político, fazendo com que sua cidadania fosse retirada.

Pouco tempo depois, a pressão pública forçou a Holanda a restaurar a nacionalidade de Hirsi Ali e sua cadeira parlamentar. No entanto, era tarde demais, pois a jovem havia decidido deixar a Europa. Ali recebeu uma oferta para trabalhar no American Enterprise Institute (AEI), um *think tank* americano com reputação ultraconservadora.

Hirsi Ali se estabeleceu nos EUA em 2007. No mesmo ano, criou uma fundação para ajudar mulheres muçulmanas imigrantes em países ocidentais, a AHA Foundation,[7] com sede em Nova York. Em 2011, casou-se com o historiador britânico Niall Ferguson e, em 2013, recebeu a cidadania americana. Desde então, ela tem dado palestras e participado de todos os fóruns que solicitam sua presença.

Em sua luta pela democratização do mundo muçulmano, Hirsi Ali confia mais no poder das ideias do que no poder das armas. Ela acredita na necessidade de uma luta ideológica constante, aberta e determinada em defesa dos princípios liberais e dos valores da cultura ocidental. Exige mudanças profundas na prática do Islã, mas também

---

7 https://www.theahafoundation.org/.

conclama aqueles de nós que tiveram a sorte de nascer em um mundo livre a defender nossos valores culturais, nossas crenças religiosas e nossos princípios políticos com convicção.

Hirsi Ali causa problemas por onde passa. Ela desperta grande ódio não apenas entre os islâmicos, mas também entre os intelectuais e políticos ocidentais que não concordam com o que consideram posições "muito radicais". Ela está convencida de que o progresso da civilização ocidental se baseia no fato de seus cidadãos terem sido educados nos valores do iluminismo, na responsabilidade individual e na consideração da sociedade como um grupo de indivíduos cuja liberdade as autoridades públicas devem sempre respeitar; enquanto, ao contrário, os muçulmanos receberam uma educação coletivista, seus valores são tribais, as mulheres não são donas de suas vidas e os homens se sentem obrigados a cumprir as tradições impostas pela hierarquia do clã ou da tribo. E quando essas obrigações superam as leis do país anfitrião, a integração se torna impossível.

Em seus primeiros livros, Ayaan sugeriu que os países muçulmanos poderiam evoluir de maneira semelhante ao Ocidente. Que poderiam "encontrar seu Voltaire" e aceitar a separação entre religião e Estado. E que, dessa forma, passariam a aceitar que as leis do país que os acolhe devem ser cumpridas. Mais tarde, Hirsi Ali deu um novo passo ao incorporar ao seu apostolado liberal a pregação do cristianismo como religião integradora do mundo muçulmano no Ocidente.

Em seu livro *Herege: por que o Islã precisa de uma reforma imediata*, Hirsi Ali argumenta que o Islã pode ser reformado e que, de fato, há sinais claros de que a reforma está em andamento. Para Hirsi Ali, a Primavera Árabe, embora tenha decepcionado as expectativas ocidentais, deixou uma base de cidadãos que são a favor da mudança. Cidadãos que estariam dispostos a ouvir a voz de dissidentes ou reformadores islâmicos.

Em 2015, Hirsi Ali ainda estava otimista de que a integração poderia ser bem-sucedida se as sociedades ocidentais fizessem bom uso de seus sistemas de educação pública, suas organizações feministas e, embora ela pessoalmente se declare ateia, suas comunidades cristãs. Ou seja, se a educação pública cumprisse a missão que os esclarecidos lhe conferiam: instruir os cidadãos, elevar-lhes o nível cultural e desenvolver seu espírito crítico; se o movimento feminista lutasse aberta e decisivamente para que as mulheres muçulmanas desfrutassem da mesma liberdade e direitos iguais que as mulheres ocidentais; e, finalmente, se o cristianismo fosse apresentado aos muçulmanos como a religião de "amor e tolerância" que lhes permitiria dar o passo em direção à modernidade.

Mas está claro que nem as escolas, nem o feminismo, nem a Igreja hoje estão seguindo esse caminho. As escolas públicas sucumbiram à falácia multicultural e o novo feminismo permanece em silêncio e olha para o outro lado quando confrontado com a submissão das mulheres muçulmanas. Parece que a Nova Esquerda se beneficiaria ao se aliar aos filhos de Maomé para lutar contra os infiéis que, para eles, são os herdeiros da civilização ocidental.

Prey. Immigration, Islam, and the erosion of women's rights [Presa. Imigração, Islã e a erosão dos direitos das mulheres], foi escrito em um tom totalmente diferente. A autora parece ter perdido o otimismo, oferecendo uma grande quantidade de dados que mostram o fracasso das políticas de integração dos países europeus. Ela relata vários estudos que mostram que as mulheres que vivem em comunidades muçulmanas no interior de muitas cidades europeias, depois de duas décadas, ainda não desfrutam das liberdades que as mulheres ocidentais têm. Elas vivem sob as leis de seus locais de origem. Estudos mostram que o multiculturalismo não apenas não leva à integração, mas promove a segregação e a injustiça social.

É claro que Hirsi Ali teve que enfrentar acusações de intransigência, radicalismo e islamofobia. E não há dúvida de que *Presa* é um livro muito incômodo para os bonzinhos de todos os partidos e, em particular, para as feministas da nova geração, que têm a ousadia de sustentar que o véu muçulmano não é um símbolo de submissão, mas de liberdade.

Essa esquerda identitária que se autoproclama a criadora de novos direitos, a vingadora da opressão dos homens sobre as mulheres e do Ocidente sobre o resto do mundo, colocou em risco a liberdade de expressão que Hirsi Ali tanto admirava. Essa esquerda olha para o outro lado quando alguém traz a seus olhos o sofrimento das mulheres muçulmanas que, em nossas próprias cidades, são privadas das mínimas liberdades. É errado fingir que nada está acontecendo, diz Hirsi Ali, porque "o silêncio é cúmplice da injustiça".

Hirsi Ali é colaboradora regular de uma revista *on-line* em inglês, lançada em junho de 2017, chamada *Unheard*,[8] cujo objetivo, conforme declarado em sua página de apresentação, é "combater a mentalidade de rebanho com novas ideias ousadas e fornecer uma plataforma para ideias, pessoas e lugares que, de outra forma, poderiam passar despercebidos". Em 11 de novembro de 2023 *Unheard* publicou um artigo no qual a escritora somali declarou que havia abandonado seu ateísmo para se tornar cristã. Além de explicar suas razões pessoais, Hirsi Ali mostra neste artigo sua convicção de que o ateísmo é fraco demais para enfrentar os muçulmanos inimigos da civilização ocidental, principalmente quando crenças absurdas derivadas do wokismo estão ocupando o vazio deixado pelo abandono do cristianismo no Ocidente.

"A frase frequentemente atribuída a G. K. Chesterton — diz Hirsi Ali — tornou-se uma profecia: quando os homens decidem não crer em Deus, tornam-se capazes de crer em qualquer coisa".

Os novos mitos pedagógicos

EDUCAÇÃO SUSTENTÁVEL

A Agenda 2030 para o Desenvolvimento Sustentável foi adotada pela Assembleia das Nações Unidas em setembro de 2015. Trata-se de um plano de ação com 17 metas para o ano de 2030. A resolução adotada pela Assembleia Geral da ONU não poderia ser mais ambiciosa e filantrópica:

> Estamos decididos a acabar com a pobreza e a fome em todo o mundo até 2030, a combater as desigualdades dentro dos

---

8 *Unheard*: inaudito, não ouvido.

A educação no século XXI. Novas falácias

países e entre eles, a construir sociedades pacíficas, justas e inclusivas, a proteger os direitos humanos e promover a igualdade de gênero e o empoderamento de mulheres e meninas, e a garantir a proteção sustentável do planeta e de seus recursos naturais.[9]

Cada um dos 17 Objetivos de Desenvolvimento Sustentável da Agenda 2030 é especificado em uma série de metas a serem alcançadas. O quarto desses objetivos, o ODS4, está relacionado à educação e foi elaborado pela UNESCO, a organização internacional responsável pelo seu desenvolvimento. A UNESCO elaborou o Objetivo de Desenvolvimento Sustentável 4 (ODS4) da seguinte forma: "Assegurar uma educação de qualidade, inclusiva e equitativa, e promover oportunidades de aprendizagem ao longo da vida para todos".

Esse objetivo foi traduzido em sete metas a serem alcançadas até 2030. A mais inovadora é a que trata diretamente da "educação para o desenvolvimento sustentável" (ESD):

> Meta 4.7: Até 2030, garantir que todos os alunos adquiram o conhecimento e as habilidades necessárias para promover o desenvolvimento sustentável, inclusive por meio da educação para o desenvolvimento sustentável e da adoção de estilos de vida sustentáveis, direitos humanos, igualdade de gênero, promoção de uma cultura de paz e não violência, cidadania global, valorização da diversidade cultural e contribuição da cultura para o desenvolvimento sustentável, entre outros meios.[10]

No texto da nova lei de educação promulgada em 2020 pelo governo espanhol, a LOMLOE (Lei Orgânica de Modificação da Lei Orgânica da Educação), é dada uma explicação sobre o que se entende por "educação para o desenvolvimento sustentável":

> A educação para o desenvolvimento sustentável e para a cidadania global inclui a educação para a paz e os direitos humanos, a compreensão internacional e a educação intercultural,

---

9 *Site* das Nações Unidas.

10 https://es.unesco.org.

O suicídio do Ocidente

bem como a educação para a transição ecológica, sem negligenciar a ação local, essencial para enfrentar a emergência climática, para que os alunos saibam as consequências que nossas ações diárias têm sobre o planeta e, consequentemente, gerem empatia em relação ao seu ambiente natural e social.

INCLUSÃO, A NOVA UTOPIA IGUALITÁRIA

Inclusão é outra das palavras mágicas que a UNESCO incorporou ao que deve ser a educação do século XXI. Miquel Porta Perales, em um livro intitulado *Totalismo. Un fantasma recorre Europa* (ED Libros, 2016), inclui a definição que a Agrupación Escolar Catalana (AEC)[11] dá em seu *site* sobre o que são escolas inclusivas:

> Escolas onde as pessoas pensam, onde as pessoas se entusiasmam, onde as pessoas se esforçam, onde as pessoas progridem, onde as pessoas se divertem, onde as pessoas aprendem, onde as pessoas são protagonistas, onde as pessoas criam, onde as pessoas se amam, onde as pessoas se ajudam.

Que pai não pediria uma escola assim para seus filhos? Que professor não gostaria de trabalhar em uma escola assim? Que político hoje não prometeria a seus eleitores um prodígio de pedagogia assim? Bem, essa escola "emocional" é o paraíso na terra prometido pelo movimento de educação inclusiva. Basta dar uma olhada na *internet* para ver até que ponto esse novo conceito político-pedagógico, "educação inclusiva", que a UNESCO incorporou ao ODS4 da Agenda 2030, foi desenvolvido. Livros, artigos, debates, conferências, congressos... enfim, tudo o que uma determinada tendência pedagógica precisa para se tornar uma ciência dogmática.

Há um conceito amplo de educação inclusiva que é apoiado por certas declarações internacionais (como a elaborada em Incheon, a cidade sul-coreana que sediou uma cúpula da UNESCO para desenvolver as ideias pedagógicas da Agenda 2030), que exige que todas

---

11 A AEC (Agrupació Escolar Catalana) é uma associação de escolas subsidiadas na Catalunha, criada em 2005.

as crianças, independentemente de seu gênero, origem, religião ou posição social, tenham a oportunidade de receber uma educação de qualidade, alcançar um nível máximo de alfabetização funcional e aritmética, adquirir habilidades e ter oportunidades de aprendizagem ao longo da vida. Não é preciso dizer que esse é um ideal pedagógico que todos nós subscreveríamos sem hesitação.

Mas há também a tradução ideológica da inclusão: todos devem ter o direito de receber a mesma educação e, portanto, as escolas especiais devem desaparecer. Todas as escolas devem ser inclusivas, e o que não pode ser para todos não deve ser para ninguém.

Uma coisa é as administrações fornecerem às escolas os meios necessários para garantir que nenhuma criança seja deixada para trás no processo de alfabetização, mas outra é usar o argumento da "inclusão" para dizer NÃO ao reconhecimento do mérito, à transmissão do conhecimento, a uma escola exigente, ao esforço individual e à liberdade dos pais de escolher a escola de seus filhos.

Há movimentos de inclusão com intenções mais políticas do que pedagógicas. Seu objetivo é mudar a sociedade e, para isso, fazem da educação inclusiva sua bandeira. E mais uma vez nos deparamos com o uso da escola como ferramenta de transformação social. Os novos mestres e docentes, antes de serem professores, devem ser "agentes de mudança social".

APRENDENDO A APRENDER. O PROFESSOR GOOGLE

"Aprender a aprender" é uma das competências básicas estabelecidas pela União Europeia em 2006, sobre a qual já falamos. Como todas as grandes descobertas linguísticas da pedagogia, é uma expressão confusa que pode ser interpretada com um sentido perverso.

Para o político socialista francês Jean-Pierre Chevènement,[12] ministro da Educação entre 1984 e 1986, "aprender" era a melhor

---

12 Político francês que foi ministro da Educação Nacional no governo de Mitterrand entre 1984 e 1986. Suas palavras em um discurso em 1984 foram: "Le meilleur moyen d'apprendre à apprendre, c'est encore d'apprendre".

maneira de "aprender a aprender",[13] ao passo que, para os pedagogos pós-modernos, que tanto se incomodam com a palavra "'instrução", "aprender a aprender" consiste em dar ao aluno os recursos necessários para que ele possa construir seu próprio conhecimento por conta própria (o que tem sido chamado de "construtivismo pedagógico"). É claro que esses recursos não incluem os da educação tradicional, ou seja, o conhecimento científico e humanístico que constitui nosso patrimônio cultural.

Essa competência de "aprender a aprender" está relacionada ao fascínio pela introdução da TIC na sala de aula. As possibilidades oferecidas por celulares, *tablets*, computadores, *internet* e redes sociais abriram um novo caminho para a pedagogia. Finalmente, as odiosas aulas expositivas, a necessidade de memorizar o conhecimento e até mesmo a obsessão dos professores com a formação acadêmica chegariam ao fim. Todo o conteúdo já estava na *internet*, e professores e alunos só precisavam consultar o sábio e invisível Professor Google.

Os professores da escola digitalizada terão de ser treinados para serem meros guias para o autoaprendizado dos alunos. O treinamento digital do professor é muito mais importante do que seu conhecimento da matéria que leciona.

Como Alain Finkielkraut previu em seu livro *La querelle de l'école* (Gallimard, 2007), celulares, *tablets* e computadores se tornaram os novos brinquedos que as escolas colocam nas mãos dos nativos digitais. Isso dá continuidade ao mito pedagógico de "aprender brincando", que já foi criticado em sua época pela filósofa Hannah Arendt. A velha nova pedagogia se reveste de modernidade. Os políticos, tanto de direita quanto de esquerda, embarcaram em programas para digitalizar as escolas sem terem antes um debate sério sobre os objetivos da educação na chamada era digital.

Em 2009, o governo espanhol lançou o plano Escola 2.0, cujo objetivo era "a transformação das aulas tradicionais da 5ª e 6ª séries do ensino fundamental e do 1º e 2º anos do ensino médio em 'salas de

---

13   Recordemos que o Relatório Edgar Faure da UNESCO já falava, no início da década de 1970, de "aprender a aprender".

A educação no século XXI. Novas falácias

aula digitais', nas quais 'as aulas seriam equipadas com lousas digitais e conexão sem fio à *internet*, os professores teriam um *laptop* e cada aluno trabalharia com um computador pessoal ultraportátil".[14]

O eixo principal da Escola 2.0 é que o professor não precisa mais transmitir conhecimento, mas sim orientar o aluno em seu próprio aprendizado. Para os grandes defensores da educação digital, o aluno é o principal protagonista, ele define seu próprio ritmo de aprendizado e o trabalho do professor é orientar, motivar e supervisionar a atividade do aluno.

O ensino *on-line* durante a pandemia foi uma experiência extraordinária que deveria ter sido avaliada minuciosamente. Antes de fazer isso, as administrações educacionais foram rápidas em enviar mensagens positivas. "O ensino *on-line* veio para ficar" foi a frase mais comum da mídia. No entanto, pelo menos na Espanha, quando se soube que os resultados da avaliação internacional de compreensão de leitura PIRLS 2021 haviam piorado, os especialistas imediatamente apontaram que isso era uma consequência da pandemia.

Os que poderíamos chamar de pedagogos digitais estão convencidos de que devemos nos preparar para um futuro incerto, aquele que a inteligência artificial (IA) trará. Não há dúvida de que a irrupção da IA provocará mudanças na sociedade. Mas também não há dúvida de que, para que os seres humanos sejam os mestres da IA e não seus escravos, será necessário que eles tenham um certo grau de educação e formação de personalidade antes de poderem acessá-la e usá-la. Se, como estamos vendo, os avanços das ferramentas digitais estão acontecendo a uma velocidade incrível, é arriscado tentar acompanhar as últimas descobertas.

Em 2020, o governo espanhol lançou o programa *Educa en Digital* para acelerar o processo de digitalização na sala de aula: ·

> A digitalização é um fator determinante para preencher as lacunas e promover a coesão social, possibilitando um cenário em que os alunos tenham acesso garantido a conteúdos

---

14 De acordo com um comunicado à imprensa do Ministério da Educação espanhol de 4 de abril de 2009.

O suicídio do Ocidente

educacionais adequados e adaptados às suas necessidades, independentemente de sua realidade social ou do local onde vivem.[15]

Em 2012, o filósofo e professor de história francês Michel Serres (1930–2019) publicou *Petite poucette* [Polegarzinha], um ensaio divertido que foi um *best-seller* na França. *Polegarzinha* é um retrato da geração que hoje chamamos de "nativos digitais", aqueles jovens que surpreenderam seus avós porque, aos quatro ou cinco anos de idade, eram capazes de manusear um celular ou *tablet* com muito mais fluência do que eles, e que hoje vivem imersos em um mundo virtual, interagem por meio de redes sociais e chegaram às nossas salas de aula semeando confusão entre professores e pedagogos.

Michel Serres batizou sua protagonista de Polegarzinha, não porque ela era pequena, mas porque seus polegares, de tanto digitar, haviam se tornado extraordinariamente longos: "Depois de ver com admiração como eles enviam, mais rápido do que eu jamais conseguiria com meus dedos desajeitados, SMS com os dois polegares, eu os batizei, com toda a ternura que um avô pode expressar, de Polegarzinha e Polegarzinho".

Eles, Polegarzinhas e Polegarzinhos, diz Serres, são muito diferentes de nós. Não falam da mesma maneira nem habitam o mesmo espaço. Eles habitam o virtual. Com o telefone celular, têm acesso ao mundo inteiro, com o GPS, a todos os lugares, com a *internet*, a todo o conhecimento. Seu conhecimento é diferente, assim como seu corpo. Algo que os criadores de currículos, educadores e professores, sem dúvida, terão que levar em conta, porque não foi apenas o polegar que sofreu uma mutação, a cabeça de Polegarzinha também foi transformada. Pois, diz Serres, "sem que nos déssemos conta, nasceu um novo ser humano".

Para tornar a nova anatomia de Polegarzinha mais visível, Serres baseia-se na lenda ligada ao martírio de São Dionísio de Paris, que ocorreu no século III d.C. Durante a perseguição aos cristãos pelo imperador Aureliano, Dionísio, Bispo de Lutécia (atual Paris), foi

---

15 *Site* do Ministério da Educação, comunicado à imprensa de 16 de junho de 2020.

A educação no século XXI. Novas falácias

preso e condenado à morte. Quando estava sendo levado ao topo de Montmartre para ser decapitado, um dos soldados que o guardava sacou a espada e cortou sua cabeça. De acordo com a lenda, Dionísio se levantou, lavou seu pescoço decepado em uma fonte e continuou sua subida. Os guardas fugiram aterrorizados. Na igreja que leva seu nome, a imagem do santo decapitado segura sua cabeça entre as mãos. Como São Dionísio, Serres escreve com uma ironia mordaz:

> Polegarzinha tem sua cabeça separada do corpo e a segura e manuseia com as mãos. Essa cabeça é seu computador, cheio de dados, informações e programas inteligentes. Todo o conhecimento está na ponta de seus dedos e Polegarzinha o obtém movendo os dedos com uma velocidade impressionante.

Polegarzinha não precisa mais trabalhar para aprender, não precisa mais ouvir o que seus professores dizem, não precisa mais ler livros, não precisa mais escrever. Polegarzinha não suporta mais o silêncio da sala de aula, fica entediada com os professores, não suporta a inatividade. É o fim da era do conhecimento. Mas também é, diz Serres, o fim da era da abstração, das ideias, dos conceitos. Polegarzinha despreza conceitos abstratos. A abstração incomoda Polegarzinha; por que precisamos saber o que é beleza, o que é bom ou o que é mau? O exemplo é muito mais útil do que o conceito.

Os inimigos da instrução geralmente recorrem à frase que Montaigne usou para aconselhar uma senhora em sua busca por um preceptor para seu filho: "Uma cabeça bem formada vale mais do que uma cabeça bem cheia". O historiador e ensaísta Jacques Julliard, em seu livro já mencionado *L'école est fini*, escreveu sobre essa citação de Montaigne:

> De tanto dizer que é melhor uma cabeça bem formada do que bem cheia, acabou-se por esquecer que uma cabeça vazia não pode ser uma cabeça bem formada, simplesmente porque é uma cabeça por fazer.

Bem, agora, depois de muito dinheiro gasto para adaptar as salas de aula ao aprendizado digital, os alarmes estão soando. Além das

O suicídio do Ocidente

opiniões de alguns céticos, há as de pesquisadores profissionais em tecnologias de informação e comunicação (TIC) que, ao que parece, escolhem escolas para seus filhos cujo projeto educacional exclui o uso de telas. As críticas são cada vez maiores: os alunos estão sofrendo de déficit de atenção, as crianças estão lendo e escrevendo cada vez pior e estão brincando com celulares e *tablets* em sala de aula em vez de acompanhar as explicações dos professores. Alguns governos de países europeus já estão considerando eliminar todos os seus programas de digitalização atuais nas escolas e voltar aos livros didáticos, à ortografia, à caligrafia e à aritmética mental.

Na França, em 2019, Michel Desmurget, doutor em neurociência e diretor de pesquisa do Instituto Francês de Pesquisa Médica e de Saúde, publicou um livro, *La fabrique du crétin digital*,[16] que destrói o uso pedagógico das telas, ou seja, celulares, *tablets*, computadores e *videogames*.

Nesse livro, Despurget, depois de denunciar a inconsistência de uma grande quantidade de notícias publicadas sobre os benefícios do uso educacional das TICs (Tecnologias de Informação e Comunicação), apresenta as conclusões de estudos sobre o efeito das telas em crianças e adolescentes, realizados por membros do Instituto que ele dirige ou por especialistas de reconhecida solvência. As telas causam dependência, afetam a capacidade de atenção e concentração e podem causar danos ao cérebro em desenvolvimento das crianças. Nas palavras de Despurget: "O uso precoce da tela é um desastre absoluto".

Somente quando se tem conhecimento suficiente sobre um assunto é que as informações na *internet* se tornam úteis. Para aprender, um manual impresso é melhor do que uma tela porque o cérebro humano entende e retém melhor o que é lido no papel do que o que é lido digitalmente. Se o manual for substituído por "pesquisas na *internet*", o problema de compreensão se torna mais agudo. Estudos confiáveis, explica Despurget, indicam que é muito mais difícil aprender quando

---

16 Esse livro foi publicado na Espanha um ano depois com o título *La fábrica de cretinos digitales*. Barcelona: Península, 2020. [Edição brasileira: *A fábrica de cretinos digitais: Os perigos das telas para nossas crianças*. Belo Horizonte: Vestígio Editora, 2021 — NT.]

A educação no século XXI. Novas falácias

é o próprio aluno que deve ordenar, avaliar e organizar a quantidade de informações do que quando essa tarefa lhe é dada por um manual ou por um professor qualificado.

Há anos ouvimos que a digitalização das escolas está fracassando porque os professores não são treinados nessa "competência específica". Despurget relata em seu livro pesquisas confiáveis que demonstram que os alunos aprendem melhor com um professor qualificado que conhece muito bem sua matéria do que com uma tela e, além disso, que o fato de o professor qualificado ter recebido treinamento digital não influencia particularmente o resultado da aprendizagem do aluno.

No entanto, o cientista francês quer deixar claro que ele não se opõe ao fato de a ciência da computação ser uma matéria de estudo. O que ele não concorda é com essa nova utopia pedagógica que quer fazer da educação digital a base para o aprendizado do novo homem, ou seja, a ferramenta para criar o cidadão da sociedade do futuro.

Em maio de 2023, após os resultados do teste internacional de compreensão de leitura PIRLS, foi anunciado que a Suécia havia decidido suspender seu programa de "digitalização escolar". O ministro da Educação para Escolas, Lottla Ed-Holm, explicou que a invasão de telas (celulares, *tablets*, computadores) tanto em casa quanto nas escolas era uma das causas do baixo desempenho das crianças em idade escolar e que os professores tinham de voltar a trabalhar com livros didáticos tradicionais. Muitos pais e professores, que há muito tempo são céticos em relação ao aprendizado digital, estão se perguntando se a Suécia, pioneira na Europa na introdução da *internet* na sala de aula, será seguida por outros governos que até recentemente se congratulavam com o fato de que o aprendizado *on-line* "veio para ficar".

III
Da desconstrução à destruição

*Tirar o máximo proveito das liberdades constitucionais propor-
cionadas pela sociedade burguesa com o objetivo de destruí-las
é um princípio elementar da dialética marxista.*

— Arthur Koestler

Pós-marxismo e socialismo do século XXI

Ernesto Laclau (1935–2014), que inspirou a política do partido espanhol Podemos, conheceu o historiador marxista Eric Hobsbawm
na Universidade de Buenos Aires. Hobsbawm ficou encantado com
o trabalho de Laclau e lhe ofereceu uma bolsa de estudos para fazer
seu doutorado em Oxford. Em 1969, Laclau passou a residir na
Inglaterra. Em 1977, obteve seu PhD pela Universidade de Essex,
onde trabalhou como professor de teoria política de 1986 até sua
aposentadoria. Em Essex, dirigiu o Centre for Theoretical Studies in
the Humanities and Social Sciences. Seus estudos se concentraram
no marxismo e nas teorias da Nova Esquerda francesa (Lacan, Foucault, Derrida, Deleuze).

Em Essex, ele conheceu sua colaboradora e companheira por trinta
anos, a cientista política belga Chantal Mouffe (1943).

Chantal Mouffe havia estudado filosofia na Universidade Católica
de Louvain. Depois de se formar, foi para Paris e se inscreveu em um
seminário sobre o *Capital* liderado por Louis Althusser. Em Paris,
ela encontrou e conheceu um economista colombiano que também

havia estudado em Louvain. Eles se casaram e foram juntos para a Colômbia, prontos para fazer uma revolução comunista no país, seguindo o modelo cubano. Depois que sua tentativa revolucionária e seu casamento fracassaram, Mouffe decidiu retornar à Europa. Ela se matriculou na Universidade inglesa de Essex, onde conheceu Ernesto Laclau.

Em 1985, Laclau e Mouffe escreveram juntos *Hegemonia e estratégia socialista*, livro ao qual já me referi anteriormente e no qual reinterpretaram o marxismo à luz do pensamento político de Gramsci. Esse livro, que teve pouco impacto na época, hoje define as diretrizes ideológicas para partidos radicais de esquerda europeus, como o Podemos na Espanha ou La France Insoumise, liderado por Jean-Luc Mélenchon.

O que o casal Laclau propôs na época como antídoto para o que eles chamavam de pensamento "neoliberal", que estava ganhando cada vez mais espaço nos Estados Unidos e na Inglaterra — não esqueçamos que estávamos na década de 1980, com Reagan e Thatcher obtendo sucesso na economia e na política —, foi uma reformulação do marxismo que incluiria todas as demandas dos grupos de esquerda que surgiram em maio de 68: a segunda onda do feminismo, o movimento *gay*, as lutas antirracistas e a preocupação com as questões ambientais. Laclau chamou esse novo comunismo de "pós-marxismo".

Vinte anos após a publicação de *Hegemonia e estratégia socialista*, Laclau, que teria sido conselheiro ideológico dos Kirchners na Argentina e de Chávez na Venezuela, publicou Razão Populista (FCE, 2000), uma reivindicação do populismo como um movimento capaz de fornecer uma saída política para o descontentamento do povo em relação às instituições democráticas, por meio do que ele chamou de "radicalização da democracia".

Laclau, também considerado o primeiro teórico do populismo, morreu em 2014, quando estava em Sevilha por ocasião de conferências organizadas pela embaixada argentina. Chantal Mouffe, de seu cargo de professora no Departamento de Ciência Política da Universidade de Westminster, em Londres, continuou o trabalho como ativista intelectual e busca ser a inspiração ideológica para todos os

Da desconstrução à destruição

partidos radicais de esquerda marxistas ou pós-marxistas que estão surgindo na Europa.

Chantal Mouffe é muito amada, respeitada e seguida pelos ideólogos do Podemos. Na primavera de 2015, foi publicado um livro de conversas entre ela e Íñigo Errejón, intitulado *Construir pueblo. Hegemonía y radicalización de la democracia* [Construir povo. Hegemonia e radicalização da democracia], em que o ideólogo do Podemos admitiu claramente a influência que Laclau e Mouffe tiveram na elaboração da doutrina de seu movimento político. O livro foi traduzido para o francês em 2017 e seu conteúdo foi expressamente utilizado pelos ideólogos do partido fundado por Mélenchon em 2016, La France Insoumise.[1]

Em *Por um populismo de esquerda*, Chantal Mouffe analisa o que aconteceu nos países ocidentais desde a publicação de *Hegemonia e estratégia socialista*, desenvolve novamente os princípios teóricos do que ela e Laclau consideravam "pós-marxismo" e expõe sua ideia do que a esquerda deve fazer hoje para estabelecer uma hegemonia socialista no Ocidente.

Para a cientista política belga, na década de 1990, "o poder hegemônico neoliberal" era tão forte que mesmo os socialistas queriam se tornar liberais, e a prova disso foi o surgimento da chamada "Terceira Via" do sociólogo trabalhista inglês Anthony Giddens e sua aplicação política realizada por Tony Blair, que os pós-marxistas consideram o grande traidor dos princípios da esquerda.

Esse poder hegemônico liberal foi mantido até a eclosão da crise econômica e financeira em 2008. Então, diz Mouffe, para lidar com a crise, os políticos "neoliberais" implementaram políticas de austeridade na maioria dos países europeus, ao mesmo tempo em que vários casos de corrupção estavam sendo descobertos. Essas "contradições do modelo neoliberal" foram contestadas por diferentes movimentos antissistema, criando o que Mouffe chama de "momento populista", ou seja, a oportunidade de colocar em

---

1 Em 2022, esse partido incorporou ambientalistas para formar a Nouvelle Union Populaire Ecologique et Sociale (NUPES).

O suicídio do Ocidente

prática as estratégias políticas neocomunistas das quais ela e Laclau falaram já em 1985.

Para Chantal Mouffe, a política só faz sentido como um confronto, como um "combate agonístico" ("nós" contra "eles") ou um confronto permanente entre dois blocos políticos que lutam para impor sua hegemonia, ou seja, sua própria maneira de ver o mundo e sua própria maneira de pensar. E, dado que partidos populistas "xenófobos" de direita surgiram na Europa e estão ganhando mais peso político a cada dia, chegou a hora, diz Mouffe, de a esquerda construir seu próprio "populismo" e, para isso, a primeira coisa a fazer é "desenhar a linha divisória", a fronteira que delimitará cada um dos campos de batalha.

"Nosso" território, o dos populistas de esquerda, diz Chantal Mouffe, deve resultar da "conjunção das demandas" de todos os coletivos antiliberais. Mas, como essas demandas são muito diversas, é necessário definir uma "identidade política" que seja o nexo de todos esses coletivos. Essa identidade política, que para o populismo de direita é a "identidade nacional", para "nós", diz Mouffe, como somos de esquerda, deve ser "igualdade e justiça social".

E uma vez que essa identidade política tenha sido estabelecida, a difícil tarefa de "articular demandas coletivas" terá de ser enfrentada. Para esse fim, a viúva de Laclau recomenda "recuperar as ideias de Freud sobre a importância dos afetos". A Nova Esquerda deve construir sua doutrina com base nos sentimentos, já que as ideias adquirem valor precisamente quando se fundem com os afetos. Nesse aspecto, diz Mouffe, os populistas de direita estão à nossa frente, porque é muito fácil mobilizar-se sentimentalmente quando se prega o amor à nação.

Quando Chantal Mouffe fala em radicalizar a democracia, o que ela quer dizer é que o confronto entre os dois lados deve ser mantido vivo até que um deles (que ela espera que seja o seu) alcance o poder e possa, então, impor sua hegemonia e, a partir do poder, "construir um novo povo". Mouffe despreza a democracia liberal porque a considera incapaz de entender que a sociedade precisa ser dividida em dois campos claramente opostos. Além disso, porque a

Da desconstrução à destruição

democracia liberal se baseia na defesa das liberdades individuais e a sociedade democrática defendida por Laclau é uma sociedade de coletividades. Nisso, também, os pós-marxistas seguem Gramsci, que negava a individualidade.

Gramsci sustentava cinicamente que todo indivíduo é um homem partidário, quase por natureza. Ele negava a existência dos chamados individualistas:

> Na realidade, até mesmo os chamados "individualistas" são partidários, só que gostariam de ser "líderes partidários" pela graça de Deus ou pela imbecilidade daqueles que os seguem.[2]

Chantal Mouffe deu um passo à frente e, depois de ter inspirado a formação de movimentos compostos de pequenos grupos antissistema, agora quer usar suas ideias pós-marxistas para criar grandes partidos populistas de esquerda com chance de chegar ao poder. Para isso, ela considerou que o modelo deveria ser o Partido Trabalhista britânico de Jeremy Corbyn, que, acima de outros movimentos como o Podemos ou o La France Insoumise, tem a enorme vantagem de ser um partido grande e de ter o apoio dos sindicatos. Corbyn, disse Mouffe, conseguiu atrair os jovens e todos aqueles que abandonaram o Partido Trabalhista na época de Blair, o que mostra que a forma partidária não é obsoleta e que pode ser renovada por meio da ligação com os movimentos sociais. Ela não contava com o desastre eleitoral de Corbyn e a retificação radical que seu novo líder, Keir Starmer, introduziu no Partido Trabalhista.

Chantal Mouffe encerra seu livro com um apelo aos líderes dos partidos sociais-democratas europeus para que, em vez de colocar obstáculos no caminho dos movimentos radicais de esquerda, se juntassem a eles e os ajudassem a evoluir para um grande partido populista de esquerda.

Foi exatamente isso que Pedro Sánchez fez com o partido Podemos na Espanha. Chantal Mouffe escolheu o líder errado. Não foi Jeremy

---

2 Antonio Gramsci, *La alternativa pedagógica*. Cidade do México: Fontamara, 2020 (publicado originalmente em 1988).

Corbyn, mas Pedro Sánchez o predestinado a liderar o socialismo pós-marxista projetado por Laclau-Mouffe há quase quarenta anos. Se o projeto for implementar uma única forma de pensar, os meios serão a mídia, a cultura e a educação.

Política de identidade e imposição de uma única forma de pensar

> *Vivemos em uma época de loucura coletiva. Tanto na esfera pública quanto na privada, tanto no mundo digital quanto no analógico, as pessoas estão se comportando de maneira cada vez mais irracional, frenética, preguiçosa e, em suma, desagradável. As consequências podem ser vistas diariamente, mas por mais que vejamos os sintomas, não conseguimos descobrir as causas.*
>
> — Douglas Murray, *A loucura das massas*

Expressões como grupo identitário, interseccionalidade, justiça social, teoria *queer*, wokismo, *cancel culture* e tantas outras quantas os criadores dessa novilíngua importada dos EUA conseguirem pensar, ocupam cada vez mais espaço nas redes sociais e na mídia todos os dias, sem que saibamos muito bem o que significam, de onde vieram ou para que servem.

Sabemos, sim, que constituem um jargão que se reproduz em velocidade vertiginosa e com absoluto poder de imposição. Professores, políticos, funcionários públicos, empresários, publicitários, financistas, jornalistas... caem nas garras do politicamente correto sem nenhuma resistência e até mesmo com uma alegria inconsciente. E também sabemos que aqueles que se opuseram ao uso dessa novíssima língua foram insultados, desprezados ou boicotados nas redes sociais e até mesmo fisicamente.

Vários intelectuais americanos e britânicos perseguidos pelos comissários do politicamente correto formaram a Intellectual Dark Net (IDN), onde expressam suas opiniões sem medo de serem insultados. O criador dessa rede é o matemático Eric Weinstein, cujo irmão, Bret, professor de biologia da Evergreen State College em Olympia, estado de Washington, nos Estados Unidos, foi forçado a deixar o emprego depois de ser ameaçado e assediado por um grupo de estudantes. Os membros do seleto clube de resistentes que frequentam a Intellectual Dark Net incluem Ayaan Hirsi Ali, seu marido Niall Ferguson, os irmãos Weinstein e o comentarista político britânico Douglas Murray.

O caso de Bret Weinstein foi relatado por Murray em *A loucura das massas: Gênero, raça e identidade*, cujo título original é *The Madness of Crowds: Gender, Race and Identity* (2019).

Aparentemente, em Evergreen era uma tradição celebrar o Dia Sem Negros, um dia do ano em que os negros se ausentavam voluntariamente para tornar visível sua importância na vida universitária. A tradição continuou até 2017, quando foi anunciado que seria alterada para um Dia de Ausência, durante o qual pessoas brancas seriam banidas do *campus*.

Essa mudança não agradou a Bret Weinstein, um professor de biologia progressista e de esquerda, que a viu como uma forma de opressão. Ele enviou uma mensagem explicando seus motivos para não cumprir a proibição. Quando a mensagem se tornou viral, provocou a ira de um grupo de alunos que iniciou uma série de protestos contra o professor e sua família, que acabou se espalhando por todo o *campus* da universidade. Weinstein, que havia trabalhado na faculdade por 14 anos, foi forçado a sair; nem o gabinete do reitor nem a polícia se responsabilizaram por sua segurança. Os assediadores de Weinstein eram ativistas do chamado movimento *woke*.

Stay Woke (ficar acordado, despertar, conscientizar-se da injustiça contra as minorias) foi o lema adotado pelo movimento Black Lives Matter em 2014, quando, após a morte de Michael Brown, foram organizados protestos no Missouri contra o racismo da polícia norte--americana. O *slogan* já havia sido usado nas manifestações antirracistas da década de 1960 para denunciar a situação de opressão sofrida pela população negra nos EUA.

Os ativistas do wokismo denunciam o racismo sistemático da polícia americana. O uso do termo se espalhou para indicar a conscientização de toda discriminação social: pessoas LGBTI, mulheres, imigrantes, países outrora colonizados, etc. A tarefa dos ativistas do wokismo é examinar todos os discursos políticos, textos e currículos para identificar o que eles consideram racismo, sexismo, homofobia, transfobia, colonialismo e outros preconceitos endêmicos na sociedade, a fim de denunciá-los e desconstruí-los.

Além do assédio a Bret Weinstein, Murray relata em seu livro outros casos de intelectuais britânicos e americanos perseguidos ou silenciados por expressarem ideias que não são aceitáveis de acordo com os tribunais de inquisição da "política de identidade". Eles são vítimas da chamada "cultura do cancelamento".

O conceito de "política de identidade", usado no discurso político americano desde a década de 1970, agora é aplicado à política desenvolvida pela esquerda pós-marxista, que considera a sociedade composta por grupos de indivíduos que compartilham uma identidade específica, seja ela sexual, étnica ou cultural. Esses grupos têm em comum o sentimento de que seus direitos, que em algum momento da história foram violados, continuam sendo violados.

Para Douglas Murray, as bases da política identitária foram lançadas pelo filósofo argentino Ernesto Laclau e sua esposa Chantal Mouffe, naquele livro *Hegemonia e estratégia socialista* que, como estamos vendo, está se tornando tão importante. A relação entre a ideologia pós-marxista desenvolvida por Laclau e Mouffe e a esquerda identitária é evidente. A novíssima esquerda americana e o socialismo populista beberam das mesmas fontes.

O wokismo invade as universidades

Uma das características dos filósofos pós-modernos era o uso de termos científicos em artigos que pretendiam ser informativos, mas que eram totalmente incompreensíveis, tanto para o público não especializado a quem se dirigiam quanto para os próprios especialistas da área. Em 1996, a *Social Text*, uma prestigiada revista cultural americana, publicou um artigo intitulado "Transgressing the

Boundaries: Towards a Transformative Hermeneutics of Quantum Gravity" [Transgredindo os limites: rumo a uma hermenêutica transformadora da gravidade quântica]. O autor do artigo, Alan Sokal, professor de física da Universidade de Nova York, defendeu a tese de que a gravidade é uma construção social e, portanto, só existe porque a sociedade se comporta como se existisse. O artigo estava cheio de absurdos que ninguém denunciou. No mesmo dia em que foi publicado, Sokal anunciou em outra revista, *Lingua Franca*, que o artigo era uma paródia com o objetivo de chamar a atenção para os filósofos pós-modernos que introduziam termos científicos em seus escritos filosóficos populares, dos quais nem mesmo eles entendiam o significado.

No ano seguinte, Sokal e um professor de física teórica da Universidade de Louvain, Jean Bricmont, escreveram juntos o livro *Impostures intellectuelles* [Imposturas intelectuais] para denunciar o relativismo pós-moderno que levou à disseminação da ideia de que a objetividade, mesmo em disciplinas científicas, é uma construção social.

Os autores explicam as razões que levaram Sokal a escrever esse artigo-armadilha. Sua intenção era contribuir para a crítica do movimento pós-moderno, concentrando-se, acima de tudo, no abuso e no mau uso de conceitos e termos das ciências físico-matemáticas.

Sokal e Bricmont alertaram sobre a influência prejudicial que o pós-modernismo poderia ter na cultura e no ensino. Os estudantes universitários, muitos deles futuros professores, aprenderiam a repetir e a elaborar discursos sem entender nada, tornando-se especialistas na arte de manipular um jargão erudito repleto de absurdos.

Vinte anos após a publicação de *Imposturas intelectuais*, dois professores americanos, James A. Lindsay, matemático, e Peter Boghossian, filósofo, repetiram o feito de Sokal, mas desta vez para caricaturar a teoria de gênero que está invadindo os estudos universitários em todas as universidades ocidentais. Na revista *Cogent Social Sciences* eles publicaram um artigo absurdo intitulado "The Conceptual Penis as a Social Construct" [O pênis conceitual como uma construção social], no qual argumentavam que o pênis não deveria ser considerado um órgão anatômico, mas sim "uma construção social isomórfica à masculinidade tóxica performativa". A revista levou o artigo a sério.

Em 2020, outro livro foi publicado por James Lindsay com a jornalista britânica Helen Pluckrose, intitulado *Cynical theories* [Teorias cínicas]. Nele, os autores tentam explicar as origens filosóficas e os princípios por trás das teorias de identidade, gênero e raça. Teorias que, na opinião deles, ameaçam gangrenar as universidades, não apenas as anglo-saxônicas, e prejudicar seriamente as sociedades ocidentais. Esse livro, que foi um *best-seller* na América do Norte, foi publicado na França com o título *Le triomphe des impostures intellectuelles* [O triunfo das imposturas intelectuais].

James Lindsay e Helen Pluckrose apresentam sua teoria de que o chamado wokismo atual tem suas origens na teoria pós-moderna desenvolvida na década de 1970 pelos filósofos franceses Michel Foucault, pai do pós-modernismo, Jacques Derrida, criador do termo "desconstrução", e Jean-François Lyotard, autor de *A condição pós-moderna*.

O pós-modernismo, que no início da década de 1980 se pensava ter desaparecido, ressurgiu após a queda do Muro, tornando-se uma segunda edição da Nova Esquerda da década de 1970. Um tipo de mutação do pós-modernismo que eles chamam de "pós-modernismo aplicado ou ativista".

O pós-modernismo original era, em si mesmo, tão contraditório e incompreensível que estava condenado a se autodestruir, mas, em sua mutação ativista, espalhou-se de forma virulenta e novas linhagens surgiram a partir dele, os chamados grupos identitários (feministas radicais, antirracistas, LGBTI, pós-colonialistas, defensores da teoria *queer*...). Todos esses grupos se veem como vítimas do capitalismo e do neoliberalismo e reivindicam seu direito à diferença. Em seu livro, os professores Lindsay e Pluckrose explicam que o objetivo do que poderia ser chamado de Nova Esquerda é reestruturar a sociedade com base em um novo conceito de Justiça Social.[3]

---

3 Os autores do livro explicam que escreveram *Justiça Social* em letras maiúsculas para diferenciar seu significado daquele tradicionalmente dado à justiça social.

Da desconstrução à destruição

A defesa dos direitos da classe trabalhadora não é mais uma prioridade para a esquerda. A nova luta de classes é, como no marxismo clássico, entre opressores e oprimidos. Mas os oprimidos não são mais os trabalhadores, e sim os grupos minoritários cujos direitos, de acordo com os apóstolos da Justiça Social, foram negligenciados pelos governos conservadores e liberais: *gays*, lésbicas, transexuais, feministas, negros... e tantos outros quantos os teóricos dessa nova Nova Esquerda conseguirem imaginar. Quanto aos opressores, eles serão todos aqueles que se opõem a qualquer um desses grupos identitários ou simplesmente não compartilham de suas demandas.

Na década de 1990 e até 2010, os teóricos do pós-modernismo ativista trabalharam para desenvolver a nova ideologia. Eles criaram novas disciplinas acadêmicas sob a égide dos chamados "Estudos de Justiça Social", reunindo estudos pós-coloniais, estudos de gênero, teoria racial crítica, teoria *queer*...

Os estudos de justiça social também chegaram às universidades espanholas. Desde 2016, por exemplo, a Universidade Autônoma de Madri (UAM) oferece um mestrado para a formação de professores e docentes denominado Mestrado Universitário em Educação para a Justiça Social, com o objetivo fundamental de "formar professores intelectuais e críticos para a Justiça Social". A própria universidade anuncia os objetivos desse mestrado:

> O Mestrado em Educação para a Justiça Social foi concebido com o objetivo principal de capacitar os estudantes de modo que possam iniciar uma carreira de pesquisa e/ou melhorar sua especialização profissional no campo da educação comprometida com a sociedade, que favoreça a reflexão crítica sobre os problemas de exclusão e injustiça social, que permita avaliar o papel da educação como transformadora da sociedade e que ofereça recursos para alcançar a educação na e a partir da Justiça Social.

> A Educação para a Justiça Social busca aplicar as abordagens acima à educação e à escola em um duplo sentido. Por um lado, promovendo uma escola "a partir" da Justiça Social, com conceitos como escola inclusiva, multicultural ou democrática, mas também eficaz, equitativa, inovadora ou crítica; e, por outro lado, promovendo uma educação "na" Justiça

> Social, em que as questões de justiça e injustiça são abordadas
> e que leva os alunos a se tornarem agentes de mudança.

Apesar do uso da linguagem pós-modernista, que é incompreensível, o objetivo desse mestrado é muito claro: transformar os professores em "agentes de mudança" para a "transformação da sociedade". Essa transformação deve ser realizada por meio de uma escola *inclusiva, multicultural, democrática, equitativa, inovadora, crítica e eficaz*,[4] adjetivos tão eloquentes quanto vagos e confusos em seu significado.

Se a arte, a ciência, a moralidade, o gênero, a verdade... são constructos sociais, se a civilização ocidental é a culpada por todos os males do mundo, o que deve ser ensinado nas escolas? A instituição escolar, criada para transmitir o conhecimento e os valores de nossa civilização, está prestes a morrer. Quando essa revolução triunfar, as salas de aula terão se tornado oficinas de reeducação e os professores terão se tornado engenheiros sociais.

Bernanos disse há quase setenta anos que uma civilização não desmorona como um edifício, mas se esvazia pouco a pouco e, no final, não sobra nada. O wokismo não é uma piada, é uma verdadeira revolução, cujo objetivo é destruir tudo o que o Ocidente construiu. Ou levamos essa questão a sério ou veremos a civilização ocidental desmoronar como as Torres Gêmeas em Nova York. E, desta vez, não haverá necessidade de aviões ou pilotos suicidas.

O que fazer?

Os autores de *Teorias cínicas* fazem essa pergunta no final do livro. Lindsey e Pluckrose aconselham não se envolver em combate político, mas sim em combate intelectual: "desconstruir" essa ideologia perversa que busca a destruição da convivência social. Mas se os impostores criaram uma linguagem incompreensível, é justamente para proteger sua doutrina de ser refutada. Eles criaram uma novilíngua imune à

---

4 Entendo que as escolas devem ser "eficazes" na transformação da sociedade, não no ensino de aritmética.

desconstrução. Portanto, é de pouca utilidade procurar inconsistências em sua doutrina. A própria linguagem se protegeu deles.

O mais surpreendente no chamado wokismo é a passividade da sociedade, que aceitou assuntos tão sérios como a doutrinação escolar, a eliminação do ensino, a censura à liberdade de expressão, a imposição da teoria de gênero ou a desigualdade de homens e mulheres perante a lei como uma simples questão de moda. E isso está acontecendo agora, mas o processo de conscientização da sociedade começou há muito tempo. A batalha cultural foi vencida passo a passo pela esquerda sem que a direita se desse conta disso. E o controle sobre a educação e o domínio obre a linguagem têm sido fundamentais nesse processo.

Como o instrumento que a esquerda usa para impor sua hegemonia moral e cultural na sociedade é a linguagem, uma maneira de combatê-la é recusar-se a falar sua novilíngua. Falar o que se pensa sem medo e com a convicção de que se está defendendo a verdade.

Em seu livro *Pensadores da Nova Esquerda*, Roger Scruton escreveu:

> O resultado final das guerras culturais foi a imposição do politicamente correto, encarregado de policiar e controlar os vestígios que o pensamento racista, sexista, imperialista ou colonialista deixou na paisagem da arte, da história ou da literatura.

Lutar contra o politicamente correto é tarefa de cada indivíduo; para isso, é necessário um esforço individual de resistência. Para lutar contra a hegemonia cultural da esquerda, o que cada indivíduo pode fazer é resistir a compartilhar sua linguagem. Mas, atenção: o adversário é muito esperto e sabe que a imposição totalitária só pode ser combatida com a união das vontades individuais, razão pela qual ele difundiu a ideia de que o individualismo é egoísta e neoliberal, ou seja, moralmente condenável.

Viver sem mentir é o título de um ensaio publicado por Solzhenitsyn em 12 de fevereiro de 1974, quarenta dias após a publicação na França de *Arquipélago gulag* e no mesmo dia em que seu autor

O suicídio do Ocidente

foi preso e expulso de seu país. Nele, Solzhenitsyn explicou como o totalitarismo pode ser combatido sem nenhum outro instrumento a não ser a verdade. E se alguém não for capaz de dizer a verdade, deve pelo menos evitar que seus lábios profiram mentiras.

Os governantes totalitários, disse o dissidente comunista, exigem que nos juntemos ao seu mundo de falsidades e até defendamos entusiasticamente suas mentiras. E eles temem apenas uma coisa: que não o façamos. Pois, "quando o homem dá as costas à mentira, ela imediatamente deixa de existir" [...]. "A chave para nossa libertação é a recusa em participar pessoalmente da grande mentira".

É por isso que, segundo Solzhenitsyn, devemos sair às praças para dizer em voz alta o que dizemos aos "sussurros" e, "se não ousamos dizer o que pensamos — porque temos medo — pelo menos não digamos o que não pensamos".

PARTE CINCO

O SISTEMA EDUCACIONAL. SEIS DEFENSORES DA LIBERDADE

Hannah Arendt, no ensaio amplamente citado aqui, *A crise da educação*, confessou ter falado sobre um assunto no qual não se considerava especialista. O mesmo poderia ser dito dos seis intelectuais, organizados em ordem cronológica de acordo com a data de seu nascimento, que selecionei para encerrar este livro. Alexis de Tocqueville, John Stuart Mill, Bertrand Russell, Friedrich von Hayek, Jean François Revel e Roger Scruton; nenhum deles se consideraria um especialista em educação, mas todos se declararam amigos da liberdade e, em algum momento de suas vidas ou em alguns de seus escritos, de uma forma ou de outra, se preocuparam com a instrução dos cidadãos.

Alexis de Tocqueville (1805–1859) ficou famoso nos Estados Unidos quando sua obra *A democracia na América* foi publicada. No entanto, para os intelectuais franceses não era um autor muito reconhecido. Nem filósofos, nem historiadores, nem escritores o consideravam um dos seus até que Raymond Aron, um professor da Sorbonne, o resgatou do esquecimento e recomendou que seus alunos estudassem suas obras. Aron, que considerava Tocqueville um grande escritor, um pioneiro da sociologia e um historiador magnífico, demonstrou uma clarevidência excepcional ao escolher, como vimos, suas *Lembranças de 1848* para expressar seus próprios sentimentos sobre as revoltas estudantis de maio de 1968. O filósofo francês fez de Tocqueville um protagonista excepcional das revoltas de maio ao tirar de suas *Lembranças* da revolução de fevereiro de 1848 as palavras que, segundo ele, melhor expressavam o que sentia ao observar a violência dos estudantes nas ruas de Paris, a aprovação de seus professores, a surpresa dos governantes e a indiferença dos cidadãos. Tocqueville não apenas testemunhou em primeira mão o nascimento da utopia socialista igualitária em 1848, mas em seus livros sobre a democracia americana apontou os perigos que assolariam as sociedades democráticas se, obcecadas pela igualdade, esquecessem que a liberdade não é um presente, que para obtê-la é preciso lutar por ela e que, como disse nosso Miguel de Cervantes, "é um dos dons mais preciosos dados aos homens pelos céus".

John Stuart Mill (1806–1873), nascido em Londres e contemporâneo de Tocqueville, recebeu de seu pai toda a instrução que este lhe pôde dar. Era uma criança prodígio que já havia aprendido o alfabeto grego, além do inglês, aos 4 anos de idade. Mill dedicou várias páginas de seu livro mais famoso, *Sobre a liberdade*, à discussão da educação pública. Embora alguns liberais ortodoxos considerassem seu modelo de educação muito socialista, lido hoje, ele não é apenas surpreendentemente liberal, mas oferece ideias que podem muito bem servir para remediar problemas aparentemente insolúveis.

O grande matemático Bertrand Russell (1872–1970) foi um afilhado leigo de John Stuart Mill. Órfão quando criança, foi educado por seus avós aristocráticos com tutores e professores particulares até que, aos 18 anos, ingressou no Trinity College, em Cambridge. Teve várias mulheres em sua longa vida e eu me arriscaria a dizer, a julgar por sua *Autobiografia*, que elas influenciaram muito sua maneira de pensar e agir. Com Dora Black, uma feminista e socialista militante, ele teve dois filhos para os quais abriu uma escola progressista, inspirada, até certo ponto, na Nova Pedagogia do fundador da Summerhill, Alexander S. Neill. Digo "até certo ponto" porque Russell, que havia recebido uma educação puramente elitista, nunca esteve preparado para aceitar que a aquisição de conhecimento e a instrução não fossem essenciais na educação das crianças. Para os alunos da Faculdade de Matemática no final da década de 1960, como eu, o filósofo e matemático britânico Bertrand Russell era um verdadeiro mito. A notícia de sua morte em 2 de fevereiro de 1970 foi, acima de tudo para o pequeno grupo de alunos da especialidade de Matemática Pura, um evento que mereceu um dia de luto e reflexão. Sua *Autobiografia* passou de mão em mão e a vida intensa de um homem que estava morrendo com quase cem anos de idade nos fascinou.

O sistema educacional. Seis defensores da liberdade

Poucos leitores de Friedrich von Hayek (1899–1992) devem ter notado as páginas que o ganhador do Prêmio Nobel de Economia dedicou à educação pública em seu livro *A constituição da liberdade*, escrito durante os anos em que foi professor na Universidade de Chicago. Em 1959, quando esse livro foi publicado, Dewey já havia morrido e o movimento da *progressive education* havia ficado sem um líder. Pouco antes disso, havia sido publicado *O futuro do socialismo*, de Anthony Crosland (muito citado por Hayek em *A constituição da liberdade*) e, pouco depois, seria publicado o ensaio de Hannah Arendt sobre a crise da educação americana. Hayek, que afirma seguir o pensamento de Stuart Mill sobre a instrução pública, destaca duas questões importantes sobre a educação: o risco para a liberdade de colocar a educação sob a tutela do Estado e sua convicção de que educar para a liberdade é educar para a responsabilidade individual.

Há mais de vinte anos, um amigo com quem eu conversava sobre o desastre educacional que se aproximava recomendou que eu lesse *O conhecimento inútil*, de Jean-François Revel (1924–2006) e, em particular, que eu lesse um de seus capítulos, "A traição dos professores", no qual o pensador francês expressou suas ideias sobre o que estava acontecendo com a educação em seu país. Devo confessar que, ao lê-lo, fiquei um tanto atônita com a clareza e a firmeza com que o autor denunciou a responsabilidade que os professores de esquerda tiveram na destruição das escolas públicas francesas. Revel, que foi professor de ensino médio por alguns anos, não tinha dúvidas de que o declínio da educação pública havia sido "a consequência de uma escolha deliberada, segundo a qual a função da escola não deveria ser a de transmitir conhecimento", e que a origem desse declínio estava no movimento de maio de 68.

Roger Scruton (1944–2020) é autor de mais de 50 ensaios sobre filosofia, política, arte, arquitetura, música e até mesmo vinho. Sua defesa constante da liberdade individual e dos valores da civilização ocidental o levou a ser considerado hoje uma das grandes referências intelectuais do "conservadorismo liberal". Sua incessante batalha contra o politicamente correto sempre foi provocativa para a classe falante de esquerda, que dominaram e continuam dominando a mídia. Em seu livro *As vantagens do pessimismo*, Scruton desmontou de forma inteligente as falácias que escondiam as boas intenções dos destruidores da instituição de ensino.

Alexis de Tocqueville (1805–1859)
Sobre a igualdade e a liberdade

Não devemos nos iludir pensando que os bárbaros estão muito distantes de nós, pois, se há povos que deixam a luz ser arrancada de suas mãos, há também aqueles que a sufocam com seus pés.

— Tocqueville, *A democracia na América*

Alexis Clérel de Tocqueville nasceu em Paris em 29 de julho de 1805. Era o terceiro filho do casamento de Hervé Clérel, Conde de Tocqueville[1] (1772–1856), com Louise Le Pelletier de Rosanbo (1772––1836), neta do magistrado Malesherbes,[2] guilhotinado nos dias do Terror da Revolução Francesa.

Os pais de Alexis se casaram em março de 1793. Em 17 de dezembro do mesmo ano, Malesherbes, que havia atuado como advogado de defesa do rei, foi preso em sua casa junto com vários membros da família, incluindo o jovem casal Clérel.[3] Em 22 de abril de 1794,

---

1   Em 1661, a família Clérel adotou o patronímico de Tocqueville, um vilarejo na Normandia a 15 km de Cherbourg.

2   Chrétien Guillaume de Lamoignon Malesherbes (1721–1794) teve uma filha, Antoinette, casada com Louis Lepeletier de Rosanbo. Desse casamento nasceram três filhos: Aline, Louis e Louise Madelaine. Aline casou-se com um irmão de Chateaubriand e Louise M. casou-se com Hervé de Tocqueville.

3   Junto com Malesherbes, sua filha Antoinette e o marido dela, Louis Le Pelletier de Rosanbo (avós de Alexis de Tocqueville), e seus três filhos (Aline, Louis e Louise Madelaine) foram presos.

Malesherbes, sua filha Antoinette e o marido dela, e sua filha Aline, casada com Jean-Baptiste de Chateaubriand, irmão do famoso escritor, foram guilhotinados. A queda de Robespierre em 9 de julho impediu que os pais de Alexis fossem executados.

Libertado em 20 de outubro de 1794, o casal Clérer se estabeleceu no Château de Verneuil-sur-Seine. Seus três filhos nasceram lá: Hippolyte (1797), Édouard (1800) e Alexis (1805). Os dois primeiros, assim como o pai, seguiram carreiras militares, mas não o mais novo, que optou por estudar direito em Paris. Em 1826, após concluir seus estudos, Alexis foi nomeado juiz advogado em Versalhes, onde conheceu um de seus melhores amigos, seu companheiro de viagem e de vida política, Gustave de Beaumont.

Durante a Restauração,[4] o pai de Alexis ocupou cargos políticos em várias cidades francesas. Ele se aposentou da política quando a Revolução de Julho de 1830 substituiu Carlos x no trono da França por Luís Filipe de Orléans, filho do chamado "Filipe Igualdade", que, apesar de ser um apoiador dos jacobinos e ter votado pela morte de seu primo, o Rei Luís xvi, foi guilhotinado em 1793.

Com a revolução de julho, a posição pessoal de Alexis de Tocqueville se complicou. Seu pai havia permanecido leal a Carlos x, enquanto havia jurado lealdade ao novo rei, Luís Filipe i da França. Talvez por isso ele estivesse procurando um motivo para deixar o país. A oportunidade surgiu quando foi encarregado de escrever um relatório sobre o sistema prisional americano. Essa foi uma ótima desculpa para embarcar para Nova York em abril de 1831 com seu amigo Gustave de Beaumont, de Le Havre. Os dois amigos permaneceram na América até o final de fevereiro de 1832.

Ao retornar da viagem, Tocqueville, após entregar o relatório que lhe havia sido confiado, abandonou a carreira judicial para se dedicar à vida intelectual e política. No outono de 1833 começou a escrever *A democracia na América*, cuja primeira parte seria publicada em janeiro de 1835. O sucesso do livro foi surpreendente não apenas

---

4 A Restauração (1815–1848): Luís xviii (1815–1824); Carlos x (1824–julho de 1830); Luís Filipe i (1830–1848). A Revolução de 1848 (22–25 de fevereiro) deu origem à Segunda República (1848–1852).

na França, mas também na Inglaterra e, acima de tudo, nos Estados Unidos. E o livro de Tocqueville ia além das impressões de um viajante; era um ensaio sólido sobre a própria democracia, seus valores e seus perigos.

Em 26 de outubro de 1835, Alexis se casou com Mary Mottley, uma inglesa de origem burguesa, seis anos mais velha que ele. Em janeiro de 1836, o casal se estabeleceu no castelo de Tocqueville, que Alexis havia herdado. Lá ele começou a escrever a segunda parte de seu livro, que seria publicado em 1840.

Em 1838, Tocqueville foi admitido na Academia de Ciências Morais e Políticas e, em 1841, na Academia Francesa. Ao mesmo tempo em que sua imagem como intelectual, sua carreira política estava tomando forma. Em 1837, candidatou-se à Assembleia pelo distrito de Valognes (Normandia), mas não foi eleito. Em 1839, tentou novamente e, dessa vez, foi eleito para a Assembleia do distrito. Conseguiu renovar sua cadeira nas eleições de 1842 e a manteve até o autogolpe de Estado em 2 de dezembro de 1851 pelo presidente da República, Luís Napoleão Bonaparte, para se perpetuar no poder.[5]

Já em 1847, Tocqueville estava ciente da inquietação do povo e do perigo para a monarquia. Em um discurso na Assembleia em 27 de janeiro de 1848, para o espanto dos outros deputados, ele previu a eclosão de uma revolução:

> Dizem que não há perigo porque não há agitação. Dizem que, como não há desordem material na superfície da sociedade, as revoluções estão longe de nós. [...] Senhores, deixem-me dizer-lhes que estão errados. É verdade que a desordem não está nos fatos, mas ela penetrou muito profundamente nos espíritos. [...] Não ouvem repetir uma e outra vez que tudo o que está acima das classes trabalhadoras é incapaz e indigno de governá-las, que a divisão da propriedade realizada até agora no mundo é injusta, que a propriedade assenta em bases que não são as da igualdade? E não creem vocês que quando tais opiniões criam raízes, quando se espalham quase universalmente, quando penetram profundamente nas massas, elas

---

5 O presidente da República se autoproclamou imperador e o Segundo Império foi estabelecido na França.

O suicídio do Ocidente

> devem provocar, mais cedo ou mais tarde, as mais terríveis revoluções? [...] Esta, senhores, é a minha profunda convicção: acredito que estamos dormindo sobre um vulcão [...].[6]

No verão de 1847, tornou-se moda para os oponentes do governo realizar banquetes, aos quais Tocqueville nunca quis comparecer. Em fevereiro de 1848, o ministro do Interior proibiu um desses banquetes. Como resultado, uma manifestação foi convocada para o dia 22 para exigir a renúncia do presidente do Conselho de Ministros, François Guizot.[7] A manifestação se transformou em uma batalha campal com as forças da lei e da ordem. O rei foi forçado a demitir Guizot, o que não foi suficiente para os revolucionários, e a revolta nas ruas continuou. Tocqueville escreveu sobre os tumultos da manifestação de 22 de fevereiro em seu livro *Souvenirs*:

> A multidão enchia as ruas, mas me pareceu que era composta de curiosos e charlatães, e não de pessoas sediciosas. [...] Sei que não se deve confiar nessas aparências. São os jovens de Paris que geralmente iniciam as revoluções, e geralmente o fazem alegremente, como crianças em idade escolar que saem de férias [...]. No dia seguinte, 23 de fevereiro, acordei e soube que a agitação em Paris, em vez de se acalmar, estava aumentando.

Nos dias que se seguiram, a confusão reinou na Câmara. Alguns pediam a formação imediata de um governo provisório, outros pediam a regência da Duquesa de Orléans. Tocqueville observou com horror o ressurgimento do espírito da Revolução de 1789. Ao comparar as duas revoluções, apontou uma diferença essencial: a questão do direito à propriedade:

> A Revolução Francesa, que aboliu todos os privilégios e destruiu todos os direitos exclusivos, deixou um, o da propriedade. [...] Muito em breve a luta política será entre os que possuem e os que não possuem. O grande campo de batalha

---

6 Alexis de Tocqueville, *Souvenirs*. Tradução própria.

7 François Guizot, que havia sido ministro da Instrução Pública de 1832 a 1837, era então ministro das Relações Exteriores e presidente do Conselho de Ministros.

será a propriedade [...]. Então veremos novamente as grandes revoltas públicas e os grandes partidos.

Tocqueville entendeu que as teorias socialistas constituíam a filosofia da revolução de fevereiro: "O socialismo continuará sendo o caráter essencial da revolução de fevereiro. A República aparecerá apenas como um meio, não como um fim [...]". Os ódios naturais e a inveja dos pobres contra os ricos foram transformados em ideias socialistas", escreveu ele em seus *Souvenirs*.

Em 24 de fevereiro, o Rei Luís Filipe abdicou e, na mesma tarde, a Segunda República Francesa foi proclamada sob a presidência de Luís Napoleão Bonaparte, sobrinho de Napoleão.[8]

Tocqueville tinha suas dúvidas sobre participar ou não de um regime republicano. Finalmente, decidiu se candidatar novamente nas eleições de 24 de abril de 1848 e renovou seu mandato como deputado por Valognes. Ele foi membro da comissão de 18 deputados que redigiu a nova Constituição e foi reeleito nas eleições legislativas de 1849. A Constituição limitou o poder da presidência a quatro anos, sem a possibilidade de reeleição. Em junho de 1849, foi nomeado ministro das Relações Exteriores no primeiro gabinete de Luís Napoleão Bonaparte. Seu mandato no ministério durou apenas cinco meses.

Em outubro, pouco depois de deixar o ministério, teve seu primeiro ataque de tuberculose, a doença que o mataria dez anos depois. Para se recuperar da doença procurou repouso, primeiro em seu castelo em Tocqueville e depois na cidade italiana de Sorrento, onde passou o inverno de 1849–50. Em seu recesso, começou a escrever um livro com suas memórias e experiências dos dias revolucionários de 1848.[9] Em seu retorno a Paris, depois de se recuperar da doença, voltou à vida parlamentar. De acordo com a Constituição, Luís Napoleão deveria terminar seu mandato em 1852, o que ele não estava disposto a fazer, e começou a manipular a Assembleia para obter seu apoio. Tocqueville e outros deputados se opuseram a suas reivindicações. Finalmente, "em

---

8 Luís Napoleão Bonaparte (1808–1873) era filho do irmão de Napoleão, Luís Bonaparte (1778–1846).

9 O já mencionado *Souvenirs* (1893).

O suicídio do Ocidente

nome da democracia",[10] Luís Napoleão deu um golpe de Estado em 2 de dezembro de 1851 para estender seu mandato. Um ano depois, ele foi nomeado imperador com o nome de Napoleão III.

Após o advento do Segundo Império, Tocqueville se aposentou definitivamente da vida pública e se dedicou a escrever o que, junto com *A democracia na América*, seria sua obra-prima, *O Antigo regime e a Revolução*, cuja primeira parte foi publicada em 1856. Dois anos depois, devido ao agravamento de sua doença, fixou residência no Sul da França. Morreu em Cannes em 16 de abril de 1859.

Na minha opinião, é essencial conhecer o pensamento de Tocqueville para entender em profundidade muito do que está acontecendo em alguns países ocidentais, como a Espanha, por exemplo. E, para isso, pode ser muito útil conhecer sua obra, *A democracia na América*. O segundo volume, publicado em 1840, não foi tão bem-sucedido quanto o primeiro, talvez porque nele Tocqueville tenha apontado de forma mais concreta e aberta os perigos que, em sua opinião, assolavam as democracias igualitárias. Dado o entusiasmo de seus contemporâneos pela igualdade, Tocqueville presumiu que suas dúvidas poderiam ser incômodas e indesejadas e, por isso, sentiu-se obrigado a dar explicações:

> Porque não sou um adversário da democracia, quis ser sincero sobre ela. [...] Pensei que muitos se encarregariam de anunciar os novos bens que a igualdade promete aos homens, mas que muito poucos se atreveriam a apontar de longe os perigos com os quais ela os ameaça.

Ortega dizia de Tocqueville que era incapaz de escrever só por escrever, e o fato é que qualquer parágrafo que se escolha de seus livros e, em particular, deste segundo volume de *A democracia na América*, é um bom estímulo para a reflexão. Portanto, terei a ousadia de imitar Raymond Aron e copiar literalmente alguns parágrafos do autor de *A democracia na América* que, em minha opinião, estão relacionados ao tema deste livro: a obsessão pela igualdade, a linguagem

---

10 Ele prometeu restabelecer o sufrágio universal masculino, que a Assembleia havia abolido um ano antes.

grandiloquente e o significado confuso, a extensão da ignorância, a igualdade intelectual ou a tirania da maioria.[11]

Sobre a obsessão com a igualdade, escolhi estas citações:

> O amor que os homens sentem pela liberdade e o amor que experimentam pela igualdade são, de fato, duas coisas diferentes; e arrisco-me a acrescentar que, nos povos democráticos, são duas coisas desiguais.
>
> Acredito que os povos democráticos são naturalmente inclinados à liberdade; devotados a si mesmos, eles a buscam, a estimam e sofrem muito se forem privados dela. Mas eles têm uma paixão insaciável, ardente, eterna e invencível pela igualdade. Querem igualdade na liberdade e, se não puderem obtê-la na liberdade, eles a querem até mesmo na escravidão. Suportarão a pobreza, a servidão, a barbárie, mas não suportarão a aristocracia.
>
> O fato é que "Os benefícios da liberdade são percebidos apenas a longo prazo", enquanto "As graças da igualdade são percebidas em todos os momentos, estão ao alcance de todos, seduzem os corações mais nobres e as almas mais vulgares encontram nelas verdadeiros deleites".
>
> Os povos democráticos apreciam o tempo todo a igualdade, mas há certas épocas em que a paixão que experimentam por ela é levada ao delírio. [...] Não vos incomodeis em dizer aos homens que, ao se entregarem tão cegamente a uma paixão exclusiva, comprometem seus mais prezados interesses: não vos darão ouvidos.

Com relação à linguagem grandiloquente, Tocqueville já alertava para a importância de falar com clareza e resistir ao uso de palavras supostamente "inovadoras": "Nunca pode haver um bom idioma sem termos claros". Tocqueville ficou incomodado com o uso de palavras abstratas na escrita, que ele atribuiu à molície que aflige algumas sociedades democráticas; essas palavras abstratas usadas de forma genérica "ampliam e obscurecem o pensamento, tornam a expressão mais rápida e a fala menos clara". Em matéria de linguagem, os povos democráticos preferem a obscuridade ao trabalho".

---

11 Os textos selecionados são da tradução da edição da Alianza (1980).

O suicídio do Ocidente

Tocqueville se desculpou ironicamente por usar com muita frequência o termo "igualdade" sem explicar a que ele estava se referindo:

> Muitas vezes usei a palavra igualdade em um sentido absoluto e, além disso, personifiquei a palavra igualdade várias vezes. Os homens do século de Luís XIV nunca teriam falado assim; a ideia de usar a palavra igualdade sem aplicá-la a uma coisa específica nunca lhes teria ocorrido, e eles prefeririam renunciar ao seu uso do que consentir em fazer da igualdade um ser vivente.

Essas palavras abstratas que tanto irritavam Tocqueville abundam hoje na linguagem burocrática da educação e da política. Termos como equidade, solidariedade, pluralidade, compassibilidade, inclusão, multiculturalismo, diversidade, resiliência, sustentabilidade, muitos deles tirados do inglês, agradam ao burocrata porque parecem dar relevância aos seus escritos, e agradam ao político amante de discursos grandiloquentes porque não o comprometem com nada. "Uma palavra abstrata — dizia Tocqueville — é como uma caixa de fundo falso: pode-se meter nela toda a classe de ideias e tirá-las sem que ninguém perceba".

Tocqueville tinha consciência de que uma sociedade democrática e livre sempre terá em seu meio gente que se interesse mais pelo cultivo da inteligência do que pela aquisição de riquezas. Quando já não há riqueza hereditária, nem privilégios de classe, nem prerrogativas de nascimento e cada qual tira sua força de si mesmo, a principal diferença entre a fortuna dos homens é a inteligência. Então, tudo aquilo que tende a fortalecer, ampliar e embelezar a inteligência adquire um grande valor; inclusive as massas chegam a ser conscientes da utilidade do saber e se esforçam por adquiri-lo.

E quando a maioria da população começa a se interessar por coisas espirituais, percebe que estas são úteis para o progresso social. O que isso significa, disse Tocqueville, é que em tempos democráticos, cultos e livres há grande mobilidade entre as classes: "Elas se comunicam e se misturam diariamente, imitam e invejam umas às outras, o que sugere ao povo uma multidão de ideias e desejos que não teriam pensado em uma sociedade imóvel".

Alexis de Tocqueville (1805–1859)

Mas também é possível, acrescentou Tocqueville, que um governo democrático seja tentado a incentivar a ignorância de seus cidadãos para manipulá-los mais facilmente e transformá-los em súditos:

> É possível conceber um povo em cujo meio não existam castas, hierarquias ou classes; onde a lei não reconheça privilégios e distribua heranças igualmente, e que, ao mesmo tempo, seja privado de esclarecimento e liberdade. Um déspota pode ter interesse em igualar seus súditos e deixá-los na ignorância, a fim de mantê-los mais facilmente na escravidão. Um povo democrático dessa espécie, não só não teria nenhuma aptidão nem afeição pelas ciências, pela literatura e pelas artes, mas, provavelmente, jamais poderia tê-las.

Sobre a tirania da maioria, típica do pensamento de Tocqueville, este refletiu da seguinte forma: quando o mérito for eliminado, quando a utopia da igualdade intelectual for alcançada, quando se aceite que todos sabem de tudo e que ninguém é mais sábio ou mais inteligente do que ninguém, a verdade será determinada pela opinião da maioria, as decisões serão tomadas com base em números e a verdade será estabelecida por plebiscito. E se o que a maioria diz está certo, por que se preocupar em pensar? E dessa forma, disse Tocqueville,

> O espírito humano se acorrentaria intimamente à vontade geral de um grande número. [...] Se os homens construíssem a democracia substituindo os vários poderes que impediam o desenvolvimento da razão individual pelo poder absoluto da maioria, o mal teria apenas mudado de caráter. Os homens teriam apenas trocado uma escravidão por outra. [...] De minha parte, quando sinto a mão do poder pairando sobre minha testa, pouco me importa saber quem me oprime, não estou mais disposto a colocar minha cabeça sob o jugo porque um milhão de braços o oferecem a mim.

> O poder da maioria pode ser tirânico, e é tirânico quando impõe um único pensamento, contra o qual ninguém ousa se manifestar. É tirânico quando a opinião da maioria impede qualquer discussão. É tirânico quando uma parte da sociedade impõe leis que infringem a liberdade da outra.

> Nas sociedades democráticas, as massas exercem grande poder sobre o indivíduo. Não necessita de leis para subjugar

aqueles que não pensam como ela; sua desaprovação é suficiente. A opinião geral exerce grande influência sobre o indivíduo. A razão é a da maioria e a verdade é o que a maioria dita.

Contra essa tirania, Tocqueville reivindicou a liberdade individual, o livre pensamento e a liberdade de ensino:

> A educação, assim como a caridade, tornou-se, na maioria dos povos, um problema nacional. O Estado tira a criança dos braços da mãe e a confia a seus agentes; é o Estado que inspira cada geração com seus sentimentos e ideias. Nos estudos, como em tudo o mais, reina a uniformidade; a diversidade, como a liberdade, está desaparecendo continuamente.

A preguiça de pensar por si mesmo pode fazer com que o cidadão de uma sociedade democrática coloque sua vida e sua responsabilidade sob a tutela de um Estado poderoso:

> Vejo uma imensa multidão de homens semelhantes, sem privilégios distintivos, andando incessantemente em busca de pequenos e vulgares prazeres com os quais satisfazem suas almas, mas sem se mover de seus lugares [...]. Acima deles alça-se um poder imenso e tutelar que é exclusivamente responsável por sua felicidade e por vigiar seu destino. É absoluto, minucioso, regular, previdente e benigno. Assemelhar-se-ia à autoridade paterna se, assim como ela, seu objetivo fosse preparar os homens para a vida adulta; mas, ao contrário, não tem outro objetivo em vista senão fixá-los irrevogavelmente na infância; esse poder quer que os cidadãos desfrutem, contanto que não pensem em nada mais do que em desfrutar. Esforça-se com prazer em torná-los felizes, mas nessa tarefa quer ser o único agente e o juiz exclusivo; não poderia livrá-los por inteiro do incômodo de pensar e do trabalho de viver?

A respeito do triunfo da paixão pela igualdade sobre o amor à liberdade em uma sociedade igualitária, Tocqueville escreveu:

> Não se encontram homens muito sábios nem povos muito ignorantes. Os extremos se atenuam para dar lugar ao mediano, que é ao mesmo tempo menos alto e menos baixo, menos

Alexis de Tocqueville (1805–1859)

brilhante e menos obscuro do que antes se via no mundo [...]. Percorro com o olhar essa imensa multidão composta de seres iguais, na qual nada se eleva nem se rebaixa. O espetáculo de tamanha uniformidade universal gela meu sangue e me entristece, quase sinto falta da sociedade desaparecida [...]. Remonto século após século até a mais remota antiguidade, mas não descubro nada parecido com o que hoje se apresenta diante de meus olhos. O passado não ilumina o futuro, o espírito caminha em trevas.

John Stuart Mill (1806–1873)
Sobre a individualidade e a educação

> *Uma educação estatal generalizada é um mero estratagema para moldar as pessoas de modo que todas sejam exatamente iguais.*
>
> — John Stuart Mill, *Sobre a liberdade*

John Stuart Mill nasceu em Londres em 20 de maio de 1806. Era o filho mais velho do filósofo e historiador escocês James Mill, amigo e seguidor do filósofo, jurista e economista Jeremy Bentham. Mill cuidou atentamente da educação de seu filho quase desde o momento em que começou a falar. O pequeno John demonstrou extraordinária capacidade intelectual. Aos três anos de idade aprendeu o alfabeto grego e longas listas de palavras gregas com suas traduções em inglês. Aos oito anos de idade já havia lido as *Fábulas* de Esopo e a *Anabasis* de Xenofonte em seu idioma original. Em sua *Autobiografia*, John Stuart Mill descreveu a educação que recebeu de seu pai da seguinte forma:

> Não aprendi latim até os oito anos de idade. Naquela época, eu havia lido, sob a orientação de meu pai, vários autores gregos em prosa, entre os quais me lembro de toda a obra de Heródoto, a *Cyropaedia* de Xenofonte, as *Memórias* de Sócrates, algumas das vidas de filósofos escritas por Diógenes

> Laércio, parte de Luciano e Isócrates *ad Domenicum* e *Ad Niccloclem*. Também li, em 1813, os seis primeiros diálogos de Platão [...]. Pode-se avaliar o quanto meu pai estava disposto a se sacrificar pela minha educação pelo fato de que eu preparava todas as minhas aulas de grego na mesma sala e me sentava à mesma mesa em que ele escrevia.[1]

Podia ler latim e grego, mas não foi ensinado a escrever nesses idiomas, pois o objetivo não era torná-lo um erudito, mas fazer com que lesse em seu idioma original as obras dos clássicos que seu pai considerava formativas. Aos dez anos de idade já lia Platão e Demóstenes com facilidade. E, aos doze, começou a estudar lógica escolástica lendo os tratados lógicos de Aristóteles. Em sua *Autobiografia*, Mill está convencido do valor formativo da lógica escolástica porque, em sua opinião, ela ensinava os jovens a pensar melhor do que a matemática. A maneira como James Mill instruía seu filho não era de forma alguma mecânica. A criança devia sempre entender o que estava aprendendo, e jamais dava soluções para problemas que ele não tivesse tentado resolver por seus próprios meios.

John Stuart Mill sempre considerou seu pai como um modelo moral. Com ele, aprendeu que a tolerância se baseia na valorização da liberdade de opinião. Aprendeu a não ser presunçoso e a gostar do esforço intelectual. Herdou uma moralidade que excluía toda crença religiosa. De seu pai, Mill escreveu: "Ele achava impossível acreditar que um mundo tão cheio de maldade fosse obra de um Autor que combinasse poder infinito com bondade e justiça perfeitas [...]. As convicções morais de meu pai, totalmente separadas da religião, eram de caráter muito semelhante às dos filósofos gregos". Sobre o caráter do pai, Mill também observou a falta de ternura para com aqueles que amava: "Como a maioria dos ingleses, tinha vergonha de demonstrar seus sentimentos; e, ao não os demonstrar, sufocava os próprios sentimentos".[2]

---

1 *Autobiografia*, publicada pela primeira vez a partir de um rascunho em 1873, logo após a morte do autor. A versão definitiva, como Mill a deixou, só foi publicada em 1924. Edição em espanhol pela Alianza (2008).

2 John Stuart Mill, *Autobiografia*. Tradução própria.

John Stuart Mill (1806–1873)

Aos 20 anos, John sofreu uma crise depressiva. Ele explica que o desejo de mudar o mundo que impulsionou seu enorme trabalho intelectual um dia desapareceu:

> Chegou o momento em que acordei disso como de um sonho. Foi no outono de 1826. [...] O fim deixou de produzir seu encanto. Eu havia encalhado no início de minha viagem, como um navio bem equipado com um leme, mas sem vela.

Stuart Mill foi administrador colonial na Companhia das Índias Orientais[3] dos 17 anos de idade até 1858. Também foi membro do Parlamento pelo Partido Liberal. Em 1831, a causa do feminismo, que sempre apoiou, permitiu que conhecesse Harriet Taylor, uma mulher casada com três filhos, por quem se apaixonou perdidamente. Taylor deixou a casa da família em 1833 para viver no Sul da França com sua filha. Ela recebia visitas de Mill de tempos em tempos, mas foi somente quando seu marido morreu, em 1849, que ela aceitou se casar com ele. O casamento foi realizado em 1851 e, sete anos depois, Harriet morreu de tuberculose. O casal havia escrito em conjunto o livro mais famoso de John Stuart Mill, *On Liberty*. Eles haviam planejado revisá-lo e terminá-lo no inverno de 1858–1859, ano em que Mill escolheu se aposentar e viver no Sul da Europa, mas em 3 de novembro de 1858, a caminho de Montpellier, a morte surpreendeu Harriet na cidade de Avignon, onde ela está enterrada e onde Mill mais tarde compraria uma casa na qual passaria boa parte do ano.

Entre 1865 e 1868, Mill foi Lord Chancellor da Universidade de St. Andrews. Em seu discurso inaugural, em 1º de fevereiro de 1867 reivindicou que os estudos clássicos tivessem o mesmo valor que os estudos científicos.

John Stuart Mill morreu em Avignon em 8 de maio de 1873. Seu corpo foi enterrado ao lado do de sua esposa.

On Liberty (*Sobre a liberdade*) foi publicado em 1859. Mill sempre disse que havia escrito esse livro com sua esposa e que havia

---

3 A Companhia das Índias Orientais (EIC) foi uma sociedade anônima inglesa e, posteriormente, britânica, fundada em 1600 e dissolvida em 1874. Sua sede era em Londres.

se inspirado no trabalho de Wilhelm von Humboldt, ministro da Educação da Prússia em 1809 e 1810. Nesse ensaio, Mill discute suas ideias sobre a liberdade individual e o perigo que um Estado excessivamente invasivo ou uma sociedade opressiva representam para ela. Assim como Humboldt, Mill defende o livre desenvolvimento da personalidade individual e adverte contra o perigo de o Estado ser o principal responsável pela educação dos cidadãos. Mill disse que, se fosse entendido que "o livre desenvolvimento da individualidade" era um dos princípios essenciais do bem-estar, não haveria grande dificuldade em ajustar os limites entre a liberdade e a intervenção do Estado.

Mill tem uma opinião interessante sobre a educação daqueles que agora são chamados de alunos "superdotados":

> As pessoas de gênio são uma minoria e provavelmente sempre serão. Mas para que elas existam, o solo em que crescem deve ser preservado. O gênio só pode respirar em uma atmosfera de liberdade. Os homens de gênio são mais individuais do que os outros. Portanto, eles são mais capazes de se adaptar a alguns dos moldes fornecidos pela sociedade.[4]

Se, em algum momento, diz Mill, a opinião da maioria se tornar dominante, o único contrapeso poderá vir desses "indivíduos excepcionais". Daí a importância de a sociedade cultivar as pessoas capazes de sair do rebanho e oferecer ideias brilhantes. Pessoas diferentes precisam de condições diferentes para seu desenvolvimento. A individualidade é essencial para o progresso dos povos.

Para Stuart Mill, assim como para Condorcet e os liberais ingleses e franceses do século xix, a liberdade era equivalente à não interferência, e a questão fundamental era como preservar a liberdade do indivíduo sem interferir no direito à liberdade de outro indivíduo. O papel do Estado seria evitar colisões e preservar o direito à privacidade. Mill entendia a liberdade como a não intromissão de uma pessoa na vida de outra.

---

4 John Stuart Mill, *Sobre la libertad*, op. cit.

Depois de desenvolver suas ideias sobre a liberdade individual e os limites do poder que a sociedade pode exercer legitimamente sobre o indivíduo, Mill termina seu ensaio com um capítulo que chama de "Aplicações", no qual dá exemplos práticos da intervenção do Estado na organização da vida social. Ele discute as responsabilidades que o Estado deve assumir para garantir a segurança dos cidadãos, a liberdade de comércio, a liberdade de ação, a liberdade de opinião, a igualdade perante a lei para todos os indivíduos e, em particular, analisa a intervenção do Estado na educação dos cidadãos: "Não é um axioma evidente — pergunta-se Mill — que o Estado deve exigir e impor um certo grau de educação a todo ser humano que nasce seu cidadão?".

Na década de 1850, houve muita discussão sobre o papel do Estado na educação de crianças e jovens. Para Mill, os que mais se opunham à intervenção estatal o faziam porque negavam ao Estado o direito de dirigi-la. Sendo um defensor do favorecimento da originalidade e da diversidade de opiniões e comportamentos, a ideia de que o Estado deveria oferecer uma educação uniforme para toda a população parecia-lhe inaceitável:

> As objeções que são corretamente levantadas contra a educação estatal não se aplicam à educação obrigatória pelo Estado, mas à educação dirigida pelo Estado; o que é algo completamente diferente. Sou mais contra do que ninguém que toda ou grande parte da educação fique nas mãos do Estado. Tudo o que foi dito sobre a importância da individualidade da personalidade e da diversidade de opiniões e formas de comportamento inclui a diversidade da educação com a mesma importância sacrossanta. A educação geral do Estado é um mero estratagema para moldar as pessoas para que todas sejam exatamente iguais.

Mas Mill não se limitou a filosofar sobre a educação e sua dependência do Estado; em seu livro *Sobre a liberdade*, ele também abordou detalhes organizacionais de uma possível educação estatal. Sua proposta era que o Estado pagasse os professores e financiasse os estudos dos mais necessitados. Também sugeriu que o Estado deveria

O suicídio do Ocidente

estabelecer conhecimentos básicos obrigatórios para toda a população e oferecer exames voluntários para certificar conhecimentos em níveis mais elevados.

A educação nas mãos do Estado só deveria existir em concorrência com outras formas de educação, como um modelo de excelência para elas. A educação estatal sempre seria um mal menor. E se um governo, por falta de iniciativa privada, decidisse assumir tal tarefa, seria porque tem pessoal qualificado para realizá-la e, nesse caso, poderia assumir seus salários, permitindo que esse pessoal fosse colocado a serviço de instituições que forneceriam educação de acordo com os desejos das famílias. Isso, disse Mill, poderia ser feito "por meio de uma lei que tornasse a educação obrigatória, combinada com o auxílio do Estado àqueles que não pudessem arcar com as despesas".[5]

Quanto ao papel do Estado na instrução das crianças, Mill disse:

> O meio de fazer cumprir a lei não pode ser outro senão examinar todas as crianças desde a infância. Pode ser fixada uma idade na qual cada menino ou menina deve ser testado para ver se ele ou ela sabe ler. Se a criança não souber ler, o pai, a menos que dê justificativa suficiente, poderá estar sujeito a uma multa moderada, que, se necessário, pagará com seu próprio trabalho. [...] Uma vez por ano o exame seria renovado, abrangendo uma série de matérias que seriam gradualmente ampliadas, de modo que a aquisição e, mais ainda, a retenção de uma série de conhecimentos gerais seriam virtualmente obrigatórias. Acima desse limite, seriam realizados exames voluntários sobre as disciplinas, e todos aqueles que demonstrassem certo grau de progresso nelas poderiam reivindicar um certificado.

É muito curioso o grau de detalhamento do projeto educacional de Mill, e, embora Hayek o tenha acusado de introduzir as ideias socialistas na Inglaterra, se alguém o propusesse hoje, seria um plano inaceitável devido ao seu caráter "ultra neoliberal".

---

5 É essa ideia que inspira a existência de escolas públicas apoiadas pelo Estado em quase todos os países ocidentais atualmente.

Bertrand Russell (1872–1970) Sobre a educação progressista

> *Nenhum intelectual na história do mundo aconselhou a humanidade por um período tão longo quanto Bertrand Russell, terceiro Conde de Russell (1872–1970).*
>
> — Paul Johnson, *Os intelectuais*

The Autobiography of Bertrand Russell foi publicada em Londres em 1967 em três volumes: (1872–1914), (1914–1944), (1944––1967).[1] Cada um deles foi precedido por um prólogo. O primeiro volume começa assim: "Três paixões, simples, mas intensamente avassaladoras, governaram minha vida: o desejo de amor, a busca pelo conhecimento e uma insuportável piedade pelo sofrimento da humanidade".

Bertrand Russell era filho de John Russell, Visconde de Amberley, e Katrine Louisa Stanley. Seu avô paterno, Lord John Russell, primeiro Conde de Russell, foi duas vezes primeiro-ministro no governo da Rainha Vitória. O pequeno Bertrand, familiarmente chamado de Bertie, nasceu em Trelleck, um vilarejo no Sul do País de Gales, em 18 de maio de 1872. Ele foi apadrinhado, de uma forma leiga, por

---

1   Em espanhol, a editora Aguilar publicou esse livro em 1968 com o título *Bertrand Russell. Autobiografía*. A Edhasa publicou uma edição em três volumes em 1990 e outra em 2010 em um único volume.

John Stuart Mill pouco antes de sua morte. Seu pai teria desejado que Bertie fosse educado sob a tutela do autor de *On Liberty*.

Bertrand tinha dois irmãos, Frank, sete anos mais velho que ele, e Rachel, quatro anos mais nova. Em 1875, sua mãe e irmã morreram de difteria. No ano seguinte, seu pai morreu e, em 1878, seu avô. A única autoridade próxima dos meninos Russell era sua avó, que era rigorosa e intransigente.

Bertie nunca frequentou a escola, mas foi educado em casa por vários tutores e preceptores com quem, entre outras coisas, aprendeu francês e alemão. Aos 11 anos de idade, seu irmão o apresentou à geometria de Euclides. Aos 18 anos, foi admitido no Trinity College, em Cambridge, onde logo se destacou em matemática e filosofia.

Aos 16 anos, conheceu sua primeira esposa, Alys Pearsall Smith (1867–1951), a filha mais nova de uma família de *quakers* americanos da Filadélfia, vizinhos dos Russell. Eles se casaram em 13 de dezembro de 1894, logo após Russell ter concluído seus estudos. Em 1901, o casal foi morar com um de seus professores na Trinity, Alfred Whitehead, com quem Russell escreveu a obra que lhe traria fama internacional como cientista, os *Principia Mathematica*.

Havia um relacionamento estranho entre o então jovem Russell e a esposa de seu professor, Evelyne Whitehead. Embora em sua autobiografia o matemático tenha veladamente ignorado o assunto, para um de seus biógrafos, Ronald Clark, não havia dúvida: pelo menos da parte de sua anfitriã havia amor. O que é certo é que essa convivência causou danos ao casamento de Russell.

Certo dia, em 1902, enquanto andava de bicicleta, segundo o próprio Bertrand, percebeu que não estava mais apaixonado por Alys: "Eu estava dando um passeio de bicicleta quando, de repente, enquanto pedalava por uma estrada rural, percebi que não amava mais Alys". Desse momento em diante, até 1911, eles não viveram juntos e se suportaram mutuamente. Os nove anos que essa situação durou foram os mais produtivos para o trabalho matemático de Russell. Em 1903, foi publicado *The Principles of Mathematics* e, em 1910 e 1913, respectivamente, os dois volumes do *Principia Mathematica*.

Bertrand Russell (1872–1970)

Depois que o manuscrito dos *Principia* foi entregue, Russell não sabia bem o que fazer ou a que dedicar seu tempo, energia e inteligência. Assim, ele pensou em se envolver na política por um tempo e pediu ao Partido Liberal que o incluísse em sua lista de candidatos para as eleições de 1910. Parece que os liberais rejeitaram sua candidatura por temerem suas declarações abertas de agnosticismo. Uma rejeição que não preocupou muito o aspirante a candidato porque, ao mesmo tempo, recebeu uma oferta tentadora do Trinity College, em Cambridge, para assumir uma cadeira de lógica e princípios da matemática que havia sido criada exclusivamente para ele, graças aos esforços de seu antigo professor, colaborador e amigo Alfred Whitehead.

Embora o trabalho na Trinity ocupasse quase todos os seus dias, Russell queria apoiar os liberais na campanha eleitoral e escolheu o candidato, Philip Morrell, para isso. Phillip era casado com Ottoline, uma aristocrata, muito esteta e bastante sofisticada.

Durante a campanha, Russell ficou bastante íntimo dos Morrell e, embora tenha deixado de vê-los após a eleição, um ano depois, em uma viagem a Paris, passou a noite na casa deles em Londres. Philip estava ausente e Russell se viu completamente sozinho com Ottoline. Russell relata em sua autobiografia tudo o que aconteceu e o que não aconteceu naquela noite.

Movido por um impulso de honestidade, Russell confessou o caso em Londres para sua esposa, ao mesmo tempo em que anunciou seu processo de divórcio e pediu a ela que mantivesse o nome de Ottoline sempre em segredo. Alys, como era de se esperar, ficou furiosa, Russell ameaçou se suicidar e, indignado e orgulhoso, pegou sua bicicleta e foi embora. Ele não a viu novamente até 1950.

Naquela época, a vida de Russell se dividia entre as aulas em Cambridge e as escapadas clandestinas com Ottoline. Ele se juntou ao círculo de amigos artistas de sua nova esposa, que gradualmente o transformou no que ele não era antes: um esteta e um filantropo. Ottoline foi uma ajuda inestimável para escrever obras de "popularização filosófica", ao mesmo tempo em que o distanciava de sua preocupação com a matemática.

O suicídio do Ocidente

Em 1919, após a guerra, Russell obteve uma cadeira de filosofia em Londres e começou a publicar, de acordo com seu próprio testemunho, "o tipo de livro que pode render dinheiro". No entanto, sua situação financeira era bastante aceitável e ele pensou que, aos 47 anos, era hora de se casar novamente e trazer um herdeiro ao mundo. A escolhida foi Dora Black, uma jovem estudante de literatura francesa, ativista feminista e socialista, vinte anos mais nova que ele e que conheceu durante a guerra.

Em 1920, Russell fez parte de uma delegação do governo britânico convidada pela Rússia para ver os efeitos da revolução bolchevique. Ele conheceu Lênin e voltou com uma ideia muito diferente da experiência comunista que havia imaginado: "crueldade, pobreza, suspeita e perseguição pairavam no ar que respirávamos", escreveu em sua autobiografia.

Em Moscou ficou sabendo que a jovem Dora Black havia partido sozinha na mesma jornada que ele, e que ela parecia estar entusiasmada com o mesmo que o havia espantado:

> Compreendi que este não era mais que um passo na nossa dilatada disputa sobre a questão russa; mas estava terrivelmente preocupado que ela fosse colocada na prisão. Não havia nada que pudesse ser feito, então voltei para a Inglaterra, onde me esforcei para recuperar algum equilíbrio mental. A Rússia foi um choque quase insuportável. [...] Mais tarde, para minha grande surpresa, comprovei que Dora apreciava tanto a Rússia quanto a mim havia desagradado. Perguntei-me se algum dia conseguiríamos superar essa disparidade.[2]

Apesar dessas diferenças, Russell já havia se decidido: havia sido convidado para dar um curso de filosofia em Pequim e levaria Dora com ele. Na China conheceram John Dewey, com quem conversaram por um longo tempo sobre educação. Ao retornar, soube que Dora estava grávida. Bertrand obteve o divórcio expresso de sua primeira esposa, e ele e Dora imediatamente marcaram o casamento. Em novembro de 1921 nasceu o primeiro de seus filhos, John, e dois

---

2 Bertrand Russell, *Autobiografía*.

anos depois, uma menina que chamaram de Kate. Russell dividia seu tempo entre a atividade política (Russell se candidatou às eleições de 1922, dessa vez pelo Partido Trabalhista, mas não foi eleito),[3] suas publicações e a paternidade responsável.

À medida que as crianças cresciam, tornou-se necessário escolher uma escola para elas. Ambos queriam uma educação progressista, mas nenhuma das escolas que existiam na época era adequada para eles, então decidiram criar uma para si mesmos. Russell conta a origem de sua escola da seguinte forma:

> Em 1927, Dora e eu tomamos uma decisão pela qual fomos igualmente responsáveis: fundar nossa própria escola para que nossos filhos pudessem ser educados à nossa maneira.
>
> [...] Acreditávamos, talvez erroneamente, que as crianças precisavam da companhia de grupos de outras crianças e que, portanto, não deveríamos nos contentar em educar nossos filhos sem a presença de outras crianças. Mas não conhecíamos nenhuma escola entre as existentes que nos satisfizesse completamente. Queríamos uma estranha combinação: por um lado, nos ressentimos do puritanismo, da educação religiosa e das limitações de liberdade das escolas comuns; por outro lado, não podíamos concordar com os educadores "modernos" e pensar que a instrução escolar não era importante, ou admitir uma completa ausência de disciplina. Assim, tentamos reunir um grupo de cerca de vinte crianças com idades aproximadas às de John e Kate, com o objetivo de mantê-las juntas durante os anos escolares.

Assim, a Beacon Hill foi fundada e inaugurada em setembro de 1927, com 12 alunos internos e cinco alunos externos, em uma residência alugada pelo irmão mais velho de Bertrand, a Telegraph House. Quando o casamento terminou, em 1932, Russell deixou a escola, que permaneceu aberta e dirigida por Dora, até o início da Segunda Guerra Mundial. Ele nem sempre permaneceu na Telegraph House, pois quando, em 1935, Bertrand obteve o divórcio para se casar pela terceira vez, decidiu viver e instalar-se ali.

---

3 Nessa eleição, os conservadores venceram e os trabalhistas ficaram em segundo lugar.

Dora sempre pareceu completamente satisfeita com seu trabalho.[4] Para ela, os professores que tiveram eram profissionais magníficos; nunca falava de conflitos entre as crianças ou de quaisquer problemas de disciplina. Sua escola era organizada de acordo com os princípios mais avançados da época: as crianças andavam seminuas no verão, meninos e meninas viviam juntos naturalmente, as formas de governo eram inspiradas pelas próprias crianças e a disciplina nunca era imposta, mas esperava-se que surgisse espontaneamente.

De acordo com sua autobiografia, Bertrand Russell não tinha lembranças tão boas daquela escola "tão liberal":

> Em retrospecto, acho que muitos dos princípios que regiam a escola estavam errados. Um grupo de crianças pequenas não pode ser feliz sem alguma medida de ordem e rotina. Deixadas por conta própria, elas ficam entediadas e se tornam agressivas e destrutivas [...]. Os pais que estavam dispostos a experimentar nossos novos métodos eram aqueles que tinham tido problemas com seus filhos. Em geral, os problemas eram culpa dos pais, mas quaisquer que fossem as causas, o resultado era que as crianças eram cruéis e destrutivas. Deixá-las livres era o mesmo que estabelecer um reino de terror no qual os fortes faziam os fracos sofrerem e tremerem. Uma escola é como o mundo: somente o governo pode evitar a brutalidade e a violência.

O resultado dessa experiência educacional foi o livro *The Education and the Social Order* [A educação e a ordem social],[5] publicado pela primeira vez em 1932. Na China, Russell teve a oportunidade de trocar ideias com Dewey sobre "educação e democracia", uma especialidade do educador americano. O elitismo intelectual de um homem tão cuidadosamente educado como Russell e que, além disso, se sabia dono de uma grande inteligência, não podia aceitar o igualitarismo que, de acordo com os educadores modernos da época, exigia a democratização das escolas:

---

4 Dora escreveu um livro de memórias sobre sua vida com Russell intitulado *The tamarisk tree: My quest for liberty and love*. Londres: Putnam, 1975.

5 Russell já havia publicado um ensaio sobre educação em 1926 com o título *On Education. Especially in Early Childhood* (*Ensayos sobre educación*. Madri: Austral, 1967).

Bertrand Russell (1872–1970)

> A democracia é boa quando inspira um sentimento de autoestima e ruim quando incentiva a perseguição de indivíduos excepcionais. [...] É claro que algumas crianças são mais talentosas que outras, e que as mais inteligentes devem ser tratadas de forma diferente se quisermos que sejam úteis à comunidade.[6]

Por outro lado, Russell não queria deixar de fazer vista grossa para aquela corrente progressista que ganhava cada vez mais adeptos entre os intelectuais de esquerda de sua época. Em seu livro, ele defendia uma educação não competitiva, estatal e anticapitalista, a ponto de expressar sua admiração pela educação stalinista:

> Todo sentimento possessivo é perigoso, incluindo os sentimentos dos pais em relação aos filhos, que são individualistas e competitivos por natureza. Muitos homens com espírito público se envolvem completamente na dedicação à família quando se tornam pais. A paixão pela propriedade privada está intimamente ligada à família e os comunistas estavam certos em pensar que o sistema econômico que eles defendem exige o desaparecimento do senso de propriedade sobre os filhos. [...] Uma das qualidades da educação comunista é que ela atenua o espírito competitivo, substituindo o estudo individual por atividades em grupo. [...] Na Rússia, a competição foi eliminada não apenas na escola, mas também na vida cotidiana, o que possibilita a criação de um espírito de cooperação desconhecido no Ocidente. [...] Em todo caso, a substituição da competitividade pela cooperação, como ideal educacional, continuará a constituir um sólido avanço moral, e só será possível através de uma mudança radical no sistema econômico. Somente por esta razão é legítimo esperar que a educação sob o comunismo produza homens e mulheres melhores do que o Ocidente pode produzir enquanto o atual sistema econômico persistir. [...] Se o comunismo conquistasse o mundo, e pode acontecer, resolveria a maioria dos males do nosso tempo. Por estas razões, e apesar das nossas reservas, o comunismo merece o nosso apoio.

Em 1929, Russell ficou encarregado da escola para que sua esposa pudesse fazer uma palestra nos Estados Unidos. Em sua viagem, Dora

---

6 Bertrand Russell, *La educación y el orden social*, op. cit.

conheceu um jovem jornalista de origem irlandesa, sem emprego nem benefícios, com quem começou um relacionamento. No outono, foi Russell quem partiu para os Estados Unidos, enquanto Dora começou o novo ano letivo. Foi então que ela percebeu que estava grávida; o pai da criança era, sem dúvida, o jovem jornalista americano. Dora consultou o marido sobre a possibilidade de fazer um aborto, mas Bertie a desaconselhou.

Nesse mesmo ano, foi publicado *Marriage and Morals*[7] [Casamento e moral], no qual Russell defendia o que hoje é chamado de "relacionamento aberto", ou seja, infidelidades compartilhadas por ambos os parceiros, mas ao mesmo tempo mantinha a ideia de que, se uma mulher tivesse um filho que não fosse de seu marido, o melhor a fazer era se divorciar.

Dora continuou a história de amor com o jovem jornalista, pai de sua pequena Harriet, nascida em julho de 1930, enquanto Bertie iniciou um romance com uma das governantas, Patricia Spence, mais conhecida como Peter Spence. Em 1931, Frank Russell morreu e Bertrand se tornou conde e herdeiro da Telegraph House. Um ano depois, em 8 de abril de 1932, nasceu o segundo filho de Dora e seu amante americano e, naquele exato momento, Bertie, sem nem mesmo se despedir, deixou sua esposa e foi viver permanentemente com Peter Spence.

Em 1935, após uma amarga batalha judicial, ela obteve o divórcio e Russell informou a Dora sua intenção de se casar novamente e seu desejo de retomar a Telegraph House. A escola deveria ser transferida para outro local. Ele e Peter se casaram em 1936 e um ano depois nasceu seu filho Conrad. O divórcio não deixou Russell em uma situação financeira muito boa e, por sua própria conta, ele foi forçado a vender a Telegraph House e a morar perto de Oxford. Ele novamente fez arranjos para retornar a Cambridge, mas o Trinity College não queria nada com ele. Então, como costumava fazer quando sentia a necessidade de ganhar dinheiro, procurou os Estados Unidos em busca

---

7 Em sua autobiografia, Russell disse que o Prêmio Nobel de Literatura foi concedido a ele em 1950 por esse livro. A declaração da Fundação Nobel dizia "em reconhecimento de seus escritos em defesa dos ideais humanitários e da liberdade de pensamento", sem indicar um livro específico.

de contratos com suas faculdades ou universidades. Não conseguiu nada de Harvard ou Princeton; apenas Chicago lhe pediu uma série de palestras para o ano acadêmico de 1938–1939.

Russell, Peter e o pequeno Conrad se mudaram para os EUA, onde permaneceram até 1944. Na primavera de 1939, conforme combinado com Dora, seus filhos John e Kate chegaram para passar as férias com eles. No final do verão daquele ano, Bertie, tendo em vista a grave situação na Europa e o início dos bombardeios na Inglaterra, achou que seus filhos estavam mais seguros nos EUA.

Em 1944, Russell recebeu um novo convite da Trinity, o que lhe proporcionou uma das maiores alegrias de sua vida, a de ser reconhecido por sua universidade. Peter e seu filho de um lado e Bertie do outro cruzaram o Atlântico. Russell levou consigo o manuscrito da obra que alcançaria maior difusão, *História da filosofia ocidental*. O desembarque na Normandia ocorreu quando ele deixou a América e estava a poucos dias de chegar à Inglaterra.

O anticomunismo de Russell naqueles anos também era beligerante; ele temia o avanço dos soviéticos e a ocupação de toda a Europa. Apoiava a formação de uma aliança internacional para se defender deles e chegou a afirmar que eles só poderiam ser detidos se temessem que armas nucleares fossem usadas contra eles.

Em 1950 recebeu o Prêmio Nobel de Literatura. Os sucessos sociais de Russell foram acompanhados por outro casamento fracassado. Não está claro se Peter o abandonou ou se ele mesmo a abandonou. De acordo com seu relato, "em 1949, quando minha esposa sentiu que não me amava mais, nosso casamento chegou ao fim", mas foi Peter quem pediu o divórcio alegando abandono.

Também em 1950, Russell foi convidado a palestrar na Universidade de Columbia. Lá se encontrou com uma professora, Edith Finch (1900–1978), que ele havia conhecido antes da guerra. Ela se estabeleceu em Londres e, como Russell morava no Richmond Park, eles se viam com frequência. Eles se casaram em 1952; era seu quarto casamento, ele tinha 80 anos e ela, 52.

Em 1950, Russell escreveu: "A próxima guerra, se houver uma, será o maior desastre que a raça humana já suportou. Só consigo

O suicídio do Ocidente

pensar em um desastre maior: a extensão do poder do Kremlin sobre o mundo inteiro". Entretanto, após o fracasso de seu terceiro casamento, essa convicção enfraqueceu gradualmente. Mesmo na Suécia, quando foi receber o Prêmio Nobel em dezembro daquele ano, deu a entender em seu discurso que certas dúvidas estavam começando a se infiltrar em seu pensamento político. Em 1954, sua decisão foi clara: o maior perigo para a humanidade não era mais o poder do Kremlin, o maior perigo eram as poderosas armas nucleares, e ele tinha que lutar pelo desarmamento com toda a energia que, apesar de sua idade, ainda possuía.

Russell, em sua autobiografia, explicou sua nova postura política:

> Posteriormente, tornei-me mais favorável ao comunismo devido à morte de Stálin em 1953 e ao teste realizado em Bikini no ano seguinte. Gradualmente, passei a atribuir o perigo de uma guerra nuclear cada vez mais ao Ocidente, aos Estados Unidos, e cada vez menos à Rússia. Essa mudança foi justificada pela evolução contínua na América do Norte de tendências como o macartismo e as restrições às liberdades civis.

O antiamericanismo de Russell cresceu com a idade: ele renunciou ao cargo de membro do American Committee for Cultural Freedom em reação à condenação do matrimônio Rosenberg, mas manteve silêncio absoluto quando os russos reprimiram de forma sangrenta a rebelião húngara de outubro de 1956. Em 1958, foi organizada a chamada Campanha pelo Desarmamento Nuclear (CDN). Ele foi nomeado seu presidente e demonstrou uma atividade que seus próprios colegas às vezes julgavam excessiva.

A Guerra do Vietnã foi sua principal preocupação na década de 1960. Seu antiamericanismo já irrestrito o levou a acreditar e a espalhar qualquer história de terror que circulasse, desde que os soldados americanos, "que eram tão maus quanto os nazistas", fossem os culpados. Ele criou o Tribunal de Crimes da Guerra do Vietnã, que foi presidido pelo escritor iugoslavo Vladimir Dedijer e incluiu intelectuais "imparciais" como Jean-Paul Sartre e Simone de Beauvoir.

Bertrand Russell (1872–1970)

Edith e Bertie moravam no País de Gales; ele morreu em 1970 e ela em 1976.

No último capítulo de seu livro *O conhecimento inútil*, Jean-François Revel censura os intelectuais pela irresponsabilidade com que agem quando, acreditando que sua genialidade e sabedoria em um campo do conhecimento lhes dá o direito de dar sua opinião sobre tudo, sentam-se como palestrantes sobre questões políticas ou sociais que ignoram. Não são conscientes de sua influência na sociedade, e se o são, é ainda pior. Revel dá como exemplo Bertrand Russell, cujo pacifismo o levou a dizer, em 1937, sandices como esta: "A Grã-Bretanha teria de se desarmar e, se os soldados de Hitler nos invadissem, deveríamos recebê-los como turistas amigáveis; eles perderiam a rigidez e poderiam achar nosso modo de vida sedutor".[8] Jean-François Revel acrescenta este comentário: "Bertrand Russell pode ser um eminente filósofo em sua especialidade (lógica simbólica), mas não deixa de ser um imbecil no assunto abordado na citação".[9]

Bem é verdade, e o próprio Revel reconhece, que Russell mudou de opinião em 1940, quando percebeu que Hitler queria assumir o controle de toda a Europa.

---

8 Citação de Revel extraída do artigo "50 Years Ago" no *International Herald Tribune* de 2 de abril de 1987.

9 Jean-François Revel, *O conhecimento inútil*. Trad. própria.

Friedrich August von Hayek (1899–1992) Sobre a liberdade e a responsabilidade

> *O estado de espírito dos líderes intelectuais do Ocidente há muito se caracteriza pela desilusão com seus princípios, desprezo por suas realizações e uma preocupação exclusiva com a criação de "mundos melhores". Tal atitude não lhes permite alimentar a esperança de conquistar prosélitos. Para sermos bem-sucedidos na grande disputa ideológica desta época, devemos, acima de tudo, compreender exatamente qual é o nosso credo; deixar claro em nossas próprias mentes o que queremos preservar e o que devemos evitar.[1]*

— Friedrich August von Hayek

Este parágrafo que Hayek escreveu na introdução de seu livro *A constituição da liberdade*[2] em 1959 poderia facilmente ser a abertura de qualquer escrito sobre a confusão ideológica e política que reina no mundo ocidental. A nova esquerda bolivariana, populista ou identitária não só ganha adeptos nas fileiras socialistas, como também força a direita a tomar posições sobre questões que até agora não tinham sido levantadas, como as demandas do novo feminismo, o poder da comunidade LGBTI+, a escolha de gênero, a

---

1 Introdução de Hayek a *Los fundamentos de la libertad*. Madri: Unión Editorial, 2019.

2 *The Constitution of Liberty*, título original de *Los fundamentos de la libertad*, foi publicado em 1960.

eutanásia, a barriga de aluguel, o pós-colonialismo... Questões sobre as quais nós, que não estamos dispostos a seguir dogmas progressistas, precisamos, como disse Hayek, "deixar claro em nossas próprias mentes o que queremos preservar e o que devemos evitar".

Friedrich August Hayek nasceu em Viena, em 8 de maio de 1899, sob o Império Austro-Húngaro. Ele foi combatente na Primeira Guerra Mundial; antes de terminar o ensino secundário em 1917, alistou-se em um regimento de artilharia que foi enviado para o fronte italiano.

Depois da guerra, começou seus estudos universitários na Universidade de Viena, onde os alunos podiam escolher livremente as matérias. Inicialmente, Hayek se interessou por psicologia e botânica, talvez porque essa fosse a especialidade de seu pai, mas acabou optando por direito e economia.

Em 1923, seus doutorados em ciências jurídicas e políticas permitiram que ele passasse um ano em um cargo de assistente na Universidade de Nova York. Ao retornar, começou a trabalhar como funcionário do governo austríaco.

Ao retornar a Viena, ficou sabendo que sua namorada de infância, sua prima Helene Bitterlich, havia se casado. Decepcionado, decidiu se casar com Helene von Fritsch, uma secretária do escritório onde trabalhava, com quem teve dois filhos, Laurence e Christine.

De 1931 a 1950, Hayek morou em Londres, onde lecionou na London School of Economics. Em 1938, tornou-se cidadão britânico. Ele dizia que se considerava um "Burkean Whig", ou seja, um seguidor liberal de Burke.

Em suas *Memórias*, Raymond Aron relembrou que, na Segunda Guerra Mundial, durante a ocupação francesa, ele, que havia se juntado aos franceses livres liderados por De Gaulle em Londres, conheceu Hayek e os economistas liberais do Reform Club[3] com quem jantava quase todas as quintas-feiras durante os anos de guerra.

Em 1944, foi publicado o livro mais conhecido de Hayek, *O caminho da servidão*, no qual o autor analisou ideias totalitárias, mas

---

3 Fundado em 1836 por um deputado *Whig*, o clube era um refúgio para políticos e intelectuais liberais.

não apenas as duas mais influentes da época, o nazismo e o comunismo. A tese central do livro — de que a socialização da economia e a intervenção maciça do Estado no mercado levam à supressão das liberdades individuais — surpreendeu e incomodou o setor esquerdista da London School.

Em 1947, Hayek reuniu um grupo de intelectuais, em sua maioria economistas, no idílico *resort* montanhoso suíço de Mont Pelerin para discutir a situação em que o liberalismo clássico se encontrava após o fim da guerra. O grupo adotou o nome de Mont Pelerin Society em memória do local dessa primeira reunião.

Hayek, que não era muito feliz em seu casamento, manteve um relacionamento secreto com seu antigo primeiro amor, Helene Bitterlich. Quando o marido dela morreu em 1949, ambos decidiram se casar. O pedido de divórcio, essencial para um novo casamento, e as disputas subsequentes com a esposa causaram um escândalo na London School. É possível que a atitude de alguns de seus colegas, somada ao desconforto causado pela hostilidade em relação a *O caminho da servidão*, tenha contribuído para a decisão de Hayek de deixar a Inglaterra e ir para os Estados Unidos.

Em 1950, a Universidade de Chicago lhe ofereceu um emprego, não como professor de economia, mas para dar algumas aulas de ciências sociais e morais. Hayek aceitou o cargo e, em 1951, após obter o divórcio, casou-se com Helen Bitterlich.

Curiosamente, em 1954, cem anos após a viagem de Stuart Mill e Harriet Taylor à Grécia e à Itália, Hayek, que havia publicado a correspondência entre Mill e Taylor,[4] visitou os mesmos lugares com sua nova esposa. Ao retornar, já tinha em mente o esquema de seu livro *A constituição da liberdade*. Ele levou três anos para escrever o livro, que foi publicado em fevereiro de 1960.

Hayek deixou os EUA em 1962, quando foi contratado pela Universidade de Freiburg, onde foi professor até aposentar-se, em 1968. De acordo com o relato de Hayek em *Hayek on Hayek*,[5] ao contrário

---

4 *John Stuart Mill and Harriet Taylor*. Whitefish: Kessinger, 1951.

5 Friedrich Hayek, *Hayek sobre Hayek*. Madri: Unión Editorial, 2010. Título original: *Hayek on Hayek: An Autobiographical Dialogue*, 1989.

O suicídio do Ocidente

do que havia acontecido com ele na Inglaterra, nunca se sentiu "em casa" em Chicago; durante esse período de sua vida, manteve um carro em Paris para viajar para os Alpes sempre que surgia a oportunidade. Em 1974 recebeu o Prêmio Nobel de Economia juntamente com o economista sueco Gunnar Myrdal, um social-democrata e seguidor de Keynes.

Durante os governos de Reagan e Thatcher, as ideias liberais de Hayek estavam em voga. Ele foi um dos colaboradores do *think tank* liberal Centre for Policy Studies,[6] que Margaret Thatcher usou para orientar suas políticas governamentais. Hayek faleceu em Freiburg em 23 de março de 1992, aos 92 anos de idade.

Hayek escreveu *A constituição da liberdade* guiado pelo desejo de oferecer ao leitor sua reflexão pessoal sobre os princípios liberais e como aplicá-los em diferentes esferas sociais. Uma dessas áreas era a educação: "Meu objetivo é descrever um ideal, mostrar como ele pode ser alcançado e explicar o que sua realização significaria na prática".

O livro consiste em três partes: *O valor da liberdade*, *A liberdade e a lei* e *A liberdade e o Estado-providência*. A última parte inclui o capítulo "Instrução pública e pesquisa científica", no qual Hayek discorre sobre educação, responsabilidade individual e o papel do Estado. A inspiração no livro de Stuart Mill, *Sobre a liberdade*, é muito evidente ao longo de todo o capítulo.

Quando Hayek decidiu escrever este livro, o movimento educacional progressista americano estava sem um líder. Em 1952, John Dewey, o grande ideólogo das reformas educacionais nos Estados Unidos durante a primeira metade do século xx, morreu aos 83 anos. Como vimos, o modelo "progressista" de educação de Dewey, que até então era inquestionável, estava começando a receber críticas. Na mídia e, em geral, em toda a sociedade americana, falava-se da crise na educação enquanto o governo Eisenhower (1953–1961) levantava a necessidade de uma reforma para recuperar o valor da instrução, da disciplina e da autoridade dos professores.

---

6 Fundada por Sir Keith Joseph, Alfred Sherman e Margaret Thatcher em 1974 para defender o liberalismo econômico.

Friedrich August von Hayek (1899–1992)

Portanto, não é de surpreender que o economista austríaco, então professor da Universidade de Chicago, tenha considerado a educação pública como uma das questões sobre as quais algo precisava ser dito. As questões levantadas por Hayek sobre a educação naqueles anos eram semelhantes àquelas abordadas por John Stuart Mill um século antes e não muito diferentes daquelas que surgem hoje em qualquer debate sobre educação.

O livro foi publicado pouco depois de Hannah Arendt ter falado na Alemanha sobre a crise na educação americana e quatro anos depois do aparecimento na Inglaterra de *O futuro do socialismo*, de Anthony Crosland, um livro com o qual Hayek estava familiarizado, pois várias referências a ele podem ser encontradas em *A constituição da liberdade*.

Hayek reflete sobre as correntes de pensamento pedagógico que se estabeleceram nos Estados Unidos por quase trinta anos e cuja base ideológica era a realização da ambiciosa utopia de uma sociedade igualitária:

> A concepção de que cada indivíduo deve ter permissão para testar suas habilidades foi amplamente substituída por uma completamente diferente, segundo a qual todos devem ter a garantia do mesmo ponto de partida e perspectivas idênticas.

Assim como Condorcet e Stuart Mill, o economista austríaco estava convencido de que a educação básica, elementar e comum era um bem para a sociedade, porque "quando uma parte da população é analfabeta, as instituições democráticas não funcionam normalmente, exceto em uma parte muito pequena do país". E, sendo um bem para a sociedade, justifica-se que ela seja sustentada pelo Estado.

Hayek era cético quanto à possibilidade de que ser mais culto significasse ser melhor ou que a eliminação das diferenças culturais levaria a um mundo melhor: "Não há razão para acreditar que, se o conhecimento superior possuído por alguns chegasse a ser do domínio geral, melhoraria a situação da sociedade".

Se aceitamos que uma instrução geral para todos é necessária e se, além disso, ela se torna obrigatória, dizia Hayek, dado que pode

O suicídio do Ocidente

resultar demasiado cara para muitas famílias, parece lógico pensar que deva ser paga com recursos públicos.

O problema surge quando se trata de decidir qual deve ser o nível mínimo de instrução que toda a população deve receber e que, portanto, deve ser facilitado a todos os membros da comunidade. Ou seja, qual é o núcleo comum de conhecimento[7] que toda a população deve possuir.

Em relação ao planejamento pedagógico, Hayek acreditava que era justificado que o Estado determinasse os ensinamentos que considerasse obrigatórios e estabelecesse o plano de estudos adequado para que todos os cidadãos pudessem alcançá-los. Mas, ao mesmo tempo, alertou contra a interferência excessiva das autoridades públicas na educação, bem como contra o entusiasmo com que muitos governos gostavam de implementar métodos pedagógicos recomendados por especialistas que afirmavam ter descoberto a ciência do ensino:

> Nem mesmo supondo que a pedagogia fosse uma ciência capaz de assinalar o melhor procedimento para alcançar determinados objetivos, seria desejável que os sistemas mais modernos se aplicassem universalmente com exclusão de quaisquer outros, e menos ainda que as metas propostas fossem uniformes

Nesse sentido, Hayek lembrou que Wilhem von Humboldt, para ele, "um dos mais eminentes defensores da liberdade individual", foi o criador "do primeiro sistema eficaz que combinou a educação obrigatória com a regulamentação das instituições pedagógicas pelas autoridades públicas".

Como vimos, Humboldt, embora sempre tenha defendido que o Estado deveria permanecer fora dessas questões, aceitou até mesmo a incumbência de organizar na Prússia um sistema de educação que serviu de modelo para o resto do mundo.

> Seria inútil negar que o alto nível de educação alcançado na Prússia foi a principal causa de sua rápida ascensão econômica e, posteriormente, da Alemanha como um todo. Entretanto,

---

7 Na França, *socle commun de connaissances* e, em inglês, *core knowledge*.

Friedrich August von Hayek (1899–1992)

podemos nos perguntar se esse sucesso não teve um preço muito alto. O papel desempenhado pela Prússia nos anos seguintes nos enche de dúvidas se os tão elogiados sistemas educacionais prussianos foram de fato benéficos para o mundo e até mesmo se não foram prejudiciais à própria Prússia.

Essas reflexões sobre a história alemã servem para expressar os temores de Hayek em relação a uma educação totalmente administrada pelo Estado:

> Na realidade, quanto mais valorizamos a influência que a instrução exerce sobre a mente humana, mais devemos nos dar conta dos graves riscos envolvidos em entregar essas questões aos cuidados exclusivos do governante.

Hayek apoiava a solução dos cheques escolares proposta por Milton Friedman:[8]

> Como o professor Milton Friedman demonstrou, seria possível, em nossa época, cobrir o custo da educação com a receita pública sem manter escolas públicas, simplesmente fornecendo aos pais vales que, cobrindo o custo da educação de cada adolescente, poderiam ser dados às escolas de sua escolha.

Assim como Friedman, Hayek diferenciou as três funções atribuídas ao governo no campo da educação com relação ao ensino obrigatório: legislar, financiar e administrar. Ele tinha alguma justificativa para legislar e financiar, mas achava difícil justificar a administração das escolas. Os governos poderiam exigir um mínimo de educação financiada por vales ou cheques dados aos pais. Isso seria perfeitamente compatível com a educação pública:

> Ainda seria conveniente que os poderes públicos dirigissem as escolas das poucas comunidades isoladas onde o número de crianças é escasso (e o custo médio do ensino demasiado alto) para que as instituições escolares privadas possam funcionar

---

8 O economista americano Milton Friedman (1912–2006) publicou um artigo em 1955, "The Role of Government in Education" [O papel do governo na educação], que provocou indignação no mundo da educação progressista ao propor a ideia do cheque escolar.

devidamente. Ora, quanto à grande maioria da população, não há dúvida de que se poderia confiar a inteira organização e direção da educação ao esforço privado, devendo o Estado atender somente os custos fundamentais, assegurando ao mesmo tempo um nível médio em quantos estabelecimentos escolares operasse o sistema de bônus antes mencionado.

Quando Hayek escreveu seu livro, o debate sobre "equidade" na educação estava em pleno andamento. Crosland, em seu livro *O futuro do socialismo*, condenou a educação secundária das seletivas *Grammar Schools* porque considerava inaceitável que a educação "elitista" fosse mantida com dinheiro público. Hayek escreveu sobre esse assunto:

> No momento atual, a agitação igualitária tende a se concentrar nas desigualdades que dão origem às diferenças na educação. [...] A questão mais importante, de fato, é descobrir o melhor método de selecionar, entre a massa de alunos, aqueles que desejam estender seus estudos além do limite fixado para a generalidade. [...] Por mais louváveis que sejam aqueles que, movidos por motivos de justiça, desejam que todos comecem a vida com oportunidades iguais, esse é um ideal totalmente inatingível.

Além disso, disse Hayek, a alegação de que estamos próximos de atingir a meta de igualdade é o sinal mais claro de que a situação piorará para os menos afortunados. Não é desejável que todos comecem a vida com as mesmas oportunidades se isso significa negar certos meios aos mais capazes de estudar, com o argumento de que não é possível dá-los a todos.

Hayek se opunha à doutrina igualitária, segundo a qual a ajuda que um adolescente recebe do Estado deve ser estendida a todos os outros.

O fato de que as questões sobre as quais Hayek estava falando há mais de sessenta anos ainda estão sendo levantadas na educação hoje mostra que a busca por um sistema educacional que respeite os princípios democráticos das sociedades ocidentais não é, de forma alguma, um problema resolvido.

Tocqueville via um perigo para a democracia no fato de que os indivíduos, por preguiça ou negligência, deixassem para o Estado a tarefa de organizar suas vidas. Hayek explicava isso em outras palavras: um homem que renuncia ao uso da liberdade de organizar sua própria vida o faz por medo de ter de assumir a responsabilidade por suas ações. Portanto, educar para a liberdade significa educar para a responsabilidade.

Hayek queria deixar claro que, quando falava em responsabilidade, estava se referindo à responsabilidade individual:

> A responsabilidade, para ser eficaz, deve ser individual. Em uma sociedade livre, não há responsabilidade coletiva dos membros de um grupo como tal, a menos que, por meio de uma ação concertada, todos tenham se tornado individual e separadamente responsáveis [...]. Se, afinal, a propriedade de todos é a propriedade de ninguém, a responsabilidade de todos é a responsabilidade de ninguém [...]. Liberdade significa não apenas que o indivíduo tem a oportunidade e a responsabilidade de escolher, mas também que ele deve arcar com as consequências de suas ações e ser elogiado ou censurado por elas. Liberdade e responsabilidade são inseparáveis.

Hayek também se referia ao libertarianismo da escola nova e da educação alternativa quando disse que as crianças, por não serem totalmente responsáveis por suas ações, não poderiam ter liberdade total: "No caso das crianças, deve-se advertir que, como é lógico, um sistema de liberdade ilimitada não pode funcionar, porque elas não são totalmente responsáveis por seus atos".

Hayek terminava o capítulo dedicado à instrução pública com uma reflexão sobre a liberdade intelectual, a importância de que nenhum poder político interfira e freie a capacidade intelectual de cada indivíduo.

Jean-François Revel (1924–2006)
Sobre a transmissão

A civilização ocidental gira em torno do conhecimento, e todas as outras civilizações giram em torno da ocidental.

— Jean-François Revel, O *conhecimento inútil*

Entre todas as burradas retrógradas das "ideias de 68", destacou-se a ideia de que o ensino não deveria servir para transmitir conhecimento.

— Jean-François Revel, O *ladrão na casa vazia. Memórias*

Jean-François Revel, cujo sobrenome era Ricard até mudá-lo legalmente para Revel, nasceu em Marselha, em 19 de janeiro de 1924, em uma próspera família de classe média originária do Franco Condado. Cursou o ensino primário e secundário em uma escola jesuíta particular em Marselha. Em 1943, ingressou na Escola Normal Superior, em Paris, para estudar filosofia, que conciliava com seu trabalho na Resistência. Aos 21 anos de idade, casou-se com a pintora Yahne le Toumelin, com quem teve dois filhos, Matthieu Ricard (1946), que mais tarde se tornou monge budista, e Ève Ricard (1948). Lecionou filosofia e história em liceus franceses na Argélia (1948), no México (1950–52) e na Itália (1952–56) e, em 1956, retornou definitivamente à França, onde continuou a lecionar, primeiro em Lille e depois em Paris, até estar prestes a completar quarenta anos, quando decidiu abandonar o magistério para se dedicar ao jornalismo. Em 1967, casou-se novamente com a jornalista Claude

Sarraute, com quem teve dois filhos: Nicolas Revel, em 1966, e Véronique Revel, em 1968.

Em 1997, foi eleito membro da Academia Francesa e, no mesmo ano, suas memórias foram publicadas com o título *Le Voleur dans la maison vide* [O ladrão na casa vazia].

Em janeiro de 2004, Revel visitou Madri para receber a Grã-Cruz de Isabel, a Católica, concedida pelo governo de José María Aznar. A então presidente da Comunidade de Madri, Esperanza Aguirre, aproveitou sua estada para homenageá-lo como defensor da verdade e da liberdade em um mundo hostil e, em sua maioria, antiliberal. O discurso de Aguirre terminou com estas palavras:

> Para concluir, gostaria de dizer que todos os amantes da liberdade na Espanha têm uma enorme dívida de gratidão para com Jean François Revel. Uma dívida que hoje temos a satisfação de reconhecer em sua presença e à qual o governo, em nome de todos os espanhóis, retribuiu concedendo-lhe a Grã-Cruz de Isabel, a Católica. Como espanhola e liberal, enche-me de orgulho e satisfação o fato de Revel receber essa alta distinção em seu aniversário de oitenta anos. Pois acredito sinceramente que há muito poucos amigos intelectuais da Espanha que sejam tão merecedores.

Jean-François Revel faleceu em 30 de abril de 2006. O então presidente da República Francesa, Jacques Chirac, colocou sua obra "na grande tradição francesa dos pensadores da liberdade política, de Benjamin Constant a Raymond Aron, passando por Alexis de Tocqueville".

O livro de Jean-Fançois Revel, *La connaissance inutile* [O conhecimento inútil], publicado em 1988, começa com estas sábias e tristes palavras: "A primeira de todas as formas que governam o mundo é a mentira". Nesse livro, que Revel dedicou à informação, ao conhecimento, à educação, à mídia e aos intelectuais, há um capítulo já mencionado que é inteiramente dedicado aos professores, "A traição dos professores".

Para Revel, o declínio do ensino na França não foi resultado de má administração ou erro, mas de "uma escolha deliberada de que as escolas não deveriam transmitir conhecimento". Além disso, Revel não hesitou em atribuir essa decisão ao movimento de maio de 68. Para o pensador francês, a pedagogia que dominou a Europa desde então foi inspirada por dois princípios fundamentais. Um deles era o feroz antiliberalismo que havia levado a grande maioria dos professores a combater aberta e resolutamente a sociedade capitalista. O outro, mais surpreendente, era que "a simples transmissão de conhecimento era reacionária".

Segundo Revel, após a Segunda Guerra Mundial, a educação francesa passou por uma estranha stalinização. A maioria dos livros didáticos de geografia e história da década de 1950 eram pró--bolcheviques. Mas, a partir dos anos 60, em determinado momento, "o corpo docente, não contente em estar inconscientemente submetido à ideologia marxista, resolveu usar sua posição privilegiada em relação à juventude para combater a civilização liberal".

A partir de então, escreveu Revel, "a missão dos professores não será mais ensinar, mas acabar com o capitalismo e impedir a passagem do imperialismo". Nem mesmo os livros de língua estrangeira serão poupados dessa nova tarefa. As escolas se tornarão centros de coexistência onde a "abertura para os outros e para o mundo" se tornará mais importante do que o cultivo do conhecimento. O critério de competência, considerado reacionário, será completamente eliminado: "O aluno não terá que aprender nada e o professor poderá ignorar o que ensina".

Revel, em seu livro, fala da distinção entre "educação-informação" e "educação-formação" e recomenda que, para designar a primeira, seja retomada a extinta palavra "instrução": "Creio que seria conveniente, para designar a primeira (educação-informação), voltar à bela palavra instrução, que é a transmissão de simples conhecimentos, e reservar a palavra educação para a segunda (educação-formação), que visa incorporar à personalidade uma concepção da realidade e um estilo de comportamento".

Vale lembrar que, em 1932, o governo francês liderado por Édouard Herriot, do partido de esquerda radical, decidiu renomear o Ministério da Instrução Pública para Ministério da Educação

O suicídio do Ocidente

Nacional. Curiosamente, alguns anos depois, no final da Guerra Civil, Franco fez exatamente o mesmo na Espanha.

A partir de 1968, diz Revel, à doutrinação grosseira juntou-se um novo componente ideológico:

> que a simples transmissão do conhecimento era reacionária [...]. O bom aluno deve ser mantido no nível do mau aluno, considerado como o meio-termo social equitativo. Qualquer tentativa de ver a educação como uma máquina para detectar talentos e fornecer a eles os meios de desenvolvimento é qualificada como elitista e, como tal, condenada como reacionária. Esse sistema pedagógico aniquila a grande função histórica da escola, sua verdadeira vocação democrática, que é corrigir as desigualdades sociais com desigualdades intelectuais.

A ideologia por trás dessa teoria igualitária, diz Revel, é que as desigualdades naturais não existem e que "somente as desigualdades sociais explicam as desigualdades de sucesso nos estudos". Para Revel, isso não só não é verdade, como também leva à grande injustiça de impedir que aqueles que não têm recursos suficientes consigam progredir na vida:

> Esse postulado anticientífico, de fato, dá origem à escola mais reacionária que existe, porque somente as crianças ricas têm os meios materiais e as relações necessárias para encontrar, fora da educação que se tornou estéril, a educação que ela não lhes dá mais. A suposta matriz de justiça é a maior injustiça.

Na Espanha, o mundo da educação tem sido ideologicamente dominado pela esquerda há mais de cinquenta anos. Mas, até agora, ninguém ousou proclamar o valor da ignorância com a ousadia do governo de Pedro Sánchez, que esvaziou os currículos de todas as matérias com a intenção de usar a instituição escolar não para ensinar, não para transmitir conhecimento e sabedoria, mas para mudar os valores da sociedade. A última Lei de Educação, elaborada e aprovada em meio à pandemia, prevê uma formação intensiva para professores que não terá como objetivo reforçar sua formação acadêmica, mas sim treiná-los como agentes de mudança social.

Revel disse em seu livro O *conhecimento inútil*:

> O professor pode ensinar ou doutrinar. Quando o ensino prevalece sobre a doutrinação, a educação cumpre sua função principal, no interesse daqueles que a recebem e no interesse da democracia propriamente dita. Por outro lado, quando é a doutrinação que prevalece, ela se torna prejudicial, abusa das crianças e substitui a cultura pela impostura [...]. No decorrer de certos períodos, a ideologia devora todas as disciplinas e todas as práticas; ela deixa seu caminho natural para invadir áreas normalmente reservadas ao conhecimento puro e ao aprendizado.

Na Espanha, há cada vez mais professores que criticam o sistema escolar. Dada a popularidade dos nomes coletivos identitários de hoje em dia, os educadores progressistas, que são a maioria, deram a eles um nome, o de "professauros", e deram a eles uma identidade, a de "professor que quer transmitir conhecimento". Os professores culpam os pedagogos pelo desastre na educação, mas poucos admitem a responsabilidade da esquerda e muito poucos admitem que esse desastre é resultado de um plano preconcebido por ela.

Segundo o próprio Revel, no final de suas memórias ele se sentiu como um ladrão que invade uma casa com a intenção de roubar e vê que a casa está completamente vazia. Um sentimento que poderia ser o da humanidade, "que entrou no século XX acreditando que estava repleto de riquezas materiais, espirituais, intelectuais e morais e, depois de tê-lo percorrido, sairá dele não apenas de mãos vazias, mas despojada de parte do que possuía antes de entrar".[1]

Mais de 600 páginas são o fruto do passeio do pensador liberal por esse "aposento alugado que chamamos de vida", relembrando as pessoas, os eventos e os pensamentos que o preencheram desde seu nascimento na cidade de Marselha até que, em uma manhã de outubro de 1983, ele se despediu para sempre no cemitério de Montparnasse de uma das pessoas que mais admirou intelectualmente em sua vida, o filósofo Raymond Aron.

---

1 Jean-François Revel, *Memorias. El ladrón en la casa vacía*. Tradução própria.

O suicídio do Ocidente

Revel explica que adotou o sobrenome em 1977 em memória de um pequeno restaurante parisiense na Rue Montpensier que ele frequentava em sua juventude. Sobre seus anos de escola com os jesuítas na École libre de Provence (Marselha), ele se lembra com especial carinho de seu primeiro professor de filosofia, o Padre Nicolet, que, segundo ele, não apenas o apresentou à leitura de Proust, como também lhe incutiu um profundo respeito pela verdade das coisas e o ensinou a ser absolutamente escrupuloso em seus julgamentos. Ele descreve o ensino do jesuíta como "neutro", "livre de qualquer santarrice" e o contrasta com o de seus colegas, professores do ensino secundário na década de 1950:

> Dez ou quinze anos mais tarde, quando eu também era professor, durante a Guerra Fria, a neutralidade do corpo docente não era mais sentida como sendo devida a preconceitos religiosos, mas aos preconceitos políticos de seus membros. A maioria deles pertencia à esquerda marxista ou era ideologicamente obediente a ela. Os professores de escolas públicas, tanto na França quanto nos países vizinhos na época, esqueceram que a noção de "secularismo" significava neutralidade não apenas em relação aos dogmas religiosos, mas em relação a qualquer tipo de dogma. No sectarismo que vem com esse esquecimento, os padres marxistas, numerosos entre meus colegas, foram muito mais longe do que os verdadeiros padres que foram meus professores.

Revel examinava o sentimento de nostalgia, insatisfação e descontentamento que o acometeu ao final do passeio pela casa vazia em sua memória. Talvez, pensava ele, isso se devesse ao fato de saber que nem sempre havia tomado a decisão certa, agido corretamente ou trabalhado com afinco suficiente. Revel fala de seus anos de ensino com certa nostalgia: "Eu adorava ensinar. E acho que não me saí tão mal".

Revel já era um escritor consagrado quando aceitou o cargo de diretor cultural do semanário *France-Observateur*. Ele explica que a maioria dos fundadores, diretores e editores da revista eram militantes do PSU,[2] burgueses de esquerda, antigaullistas, antistalinistas

---

2 Partido Socialista Unificado, um pequeno partido fundado em 3 de abril de 1960.

e anti quase tudo. No outono de 1963, embora fosse considerado um intelectual de esquerda, recebeu uma oferta para colaborar com o *Le Figaro Littéraire*:

> Permiti-me a coqueteria de escrever nesse semanário de direita artigos que eram de orientação esquerdista e elogiavam autores de esquerda. Elegantemente, permitiram que o fizesse, enquanto que, em uma publicação de esquerda, eu jamais teria podido escrever artigos de direita nem elogiar autores de direita.

Na vida de Jean François Revel, a década de 1960 foi marcada por seu compromisso político com o socialismo liderado por François Mitterrand. Não se pode dizer que Revel tenha boas lembranças daquelas relações com o homem que viria a se tornar presidente da República Francesa:

> Mitterrand demonstrava tamanha falta de curiosidade por ideias gerais, por visões gerais extraídas do estudo escrupuloso da realidade, que, precisamente por causa de sua indiferença ao pensamento, ele era um realista incapaz de distinguir entre uma análise séria e uma burrada quimérica.

Em suas *Memórias*, Revel não podia ignorar os eventos de maio de 1968, um movimento com o qual ele confessa ter inicialmente simpatizado: "Talvez seja surpreendente que eu tenha caído nas efusões de maio de 1968 em Paris. Na verdade, foram eles que caíram sobre mim. Se alguma vez houve um objeto histórico inapreensível, certamente foi aquele espasmo francês". Revel, que havia conhecido e vivenciado as origens desse movimento nos Estados Unidos, estava interessado sobretudo no caráter apolítico que descobriu nesse movimento juvenil antiautoritário, que buscava natural e romanticamente uma mudança nos costumes, no modo de vida e nos critérios morais. Para o pensador francês, esse tom independente, fresco e amigável do movimento desapareceu quando, deste lado do Atlântico, ele entrou em conflito com uma juventude ideologizada e conformista:

> Os sessentoitistas, eu sei, acreditavam que tinham se livrado dos aparatos e das doutrinas, mesmo de esquerda. Pura ilusão.

Na prática, recarregaram seu discurso e seu pensamento com as velharias marxistas mais surradas, por mais que estivessem camufladas "sob as novas roupas do presidente Mao".

Revel dedicou um capítulo de suas *Memórias* a esses "professores carregados de ideologia e inchados de autoridade" que, depois de 1968 e na Europa Ocidental, "consideraram sua missão converter todos os jovens ao socialismo". Uma ideologia que, de acordo com Revel, está na raiz do desastre do sistema educacional francês. Se na década de 1960 um professor de liceu era considerado um dos "notáveis" da cidade, "por que agora ouvimos o rebanho confuso de 'professores' reclamando da falta de consideração?", e Revel responde a si mesmo:

> Porque deixaram de ensinar [...]. Ensinar! Essa arte não se ensina — diz Revel. Longe das pomposas fanfarronices e das pesadas divagações verbais com que as teorias a entorpeceram, a pedagogia prática é, em sua maior parte, composta de processos humildes e simples que são improvisados na prática. A pedagogia teórica se reinventa precisamente quando ninguém sabe ensinar.

Em sua jornada pela casa vazia da segunda metade do século XX, Revel faz uma análise meticulosa de muitas personalidades que foram fundamentais para a ciência, a arte, a literatura e a política. Assim, vemos Luis Buñuel, Picasso, Lacan, Sartre, Simone de Beauvoir, Max Weber, Louis Althusser e outros nomes sobre os quais o filósofo francês dá sua opinião contundente, às vezes com um toque de afeto. Revel, ao que parece, precisava ler a cartilha para a esquerda bem-pensante, para essa intelectualidade que ele considera "celulítica" e muito "satisfeita consigo mesma":

> Quando comprovamos que nos artistas mais admiráveis o gênio criativo pode coexistir com a burrice e a covardia — Picasso é outro exemplo calamitoso —, é de se perguntar por que nossa época não revisou mais profundamente o mito do farol intelectual e guia de sua era e, acima de tudo, mestre da virtude, infalivelmente situado ao lado dos defensores da justiça. Vi a geração militante que tinha 20 anos em maio de 1968 passar por todos os tons do arco-íris político e, às vezes, até voltar ao

ponto de partida, mas sem jamais perder sua intolerância. Os intelectuais têm um oportunismo exterminador.

Todo o desprezo que demonstra por Jean-Paul Sartre se transforma em compreensão quando emite juízos sobre Louis Althusser, de quem foi aluno na Escola Normal: "Pelo menos em minha presença, ele sempre esteve incólume ao sectarismo que manchou tantas mentes inteligentes durante a era da 'ideologia fria', [...]. Pelo contrário, Louis era frequentemente mais mordaz do que eu em relação aos excessos da ortodoxia stalinista".

Revel diz que a ruptura com a esquerda, a perda da fé socialista, foi muito mais traumática para ele do que o abandono do cristianismo, porque teve de lutar contra a intransigência de uma tribo esquerdista que nunca está pronta para admitir críticas:

> Eu havia me apaixonado pela política porque queria reduzir o sofrimento humano e fortalecer a justiça e a liberdade. Mas não percebi que, para conseguir isso, a esquerda havia estabelecido métodos como princípios sagrados que produziam resultados contrários aos desejados. O ruim é que não queria admitir, pior, nem mesmo se dava conta disso. Mas eu não podia deixar de ver que, após a guerra, as democracias liberais haviam trazido aos cidadãos uma prosperidade, uma liberdade e um progresso na cultura que o socialismo foi incapaz de gerar.

No final da década de 1960, Revel ainda se considerava um homem de esquerda,

> mas os socialistas me jogaram "para a direita" porque eu não aceitava o fetichismo da mídia. No fundo, as ideias "esquerdistas" são uma contrassenha, um vínculo tribal, não um método de ação para melhorar a condição humana. Criticá-los em nome de seus supostos objetivos equivalia a deixar a tribo, e foi isso que aconteceu comigo.

Revel nunca esteve disposto a se comprometer com as posições oportunistas ou covardes de alguns intelectuais, o que provavelmente o levou a perder amigos e cultivar inimizades. Apesar de seu ateísmo

O suicídio do Ocidente

declarado, o ladrão na casa vazia foi um homem de fé e princípios. Revel acreditava no poder do indivíduo quando está determinado a defender a verdade e foi um homem fiel ao que considerou um dever moral: a denúncia das armadilhas, falácias e mentiras dos intelectuais que manipulam as consciências.

Revel era muito querido no portal *on-line* Libertad Digital. Após sua morte, uma edição especial foi dedicada a ele, da qual participaram alguns de seus colaboradores. Carlos Semprún Maura, que ocasionalmente fazia resenhas de seus livros, disse sobre ele que havia sido "um grande escritor e um espírito tão livre quanto rebelde, contra tudo e todos e, ao mesmo tempo, firme em suas convicções".

Roger Scruton (1944–2020) Sobre as falácias da educação

> *Instituições, leis, restrições e disciplina moral são uma parte da liberdade e não seu inimigo; libertar-se delas destruiria rapidamente a liberdade [...]. A liberdade, embora valiosa em si mesma, não é uma dádiva da natureza, mas o resultado de um processo educacional, algo que devemos obter por meio de disciplina e sacrifício.*
>
> — Roger Scruton, *As vantagens do pessimismo*

O filósofo e escritor inglês Roger Scruton nasceu em 27 de fevereiro de 1944 em Buslingthorpe (West Linsey) e morreu em Brinkworth em 12 de janeiro de 2020. Passou a infância com suas duas irmãs na cidade de Marlow, a cerca de sessenta quilômetros de Londres. Concluiu com sucesso sua educação secundária na Royal Grammar School.[1] Mais tarde, estudou filosofia na Universidade de Cambridge. Em 1965, aceitou um cargo de professor para um curso na Universidade de Pau (França). Lá conheceu sua primeira esposa, Danielle Laffitte. O casal se casou em 1973 e se divorciou seis anos depois, sem ter filhos.

Para Scruton, assim como para muitos intelectuais de sua geração, os tumultos de Paris de maio de 1968 foram um ponto de virada

---

1 Uma daquelas escolas secundárias estaduais de que já falei, onde era preciso passar no exame *11+* no final do ensino fundamental para ser admitido.

O suicídio do Ocidente

política em sua vida. Ele tinha 24 anos quando, da janela de seu apartamento no Quartier Latin, viu os estudantes erguerem barricadas e arrancarem paralelepípedos das ruas para atirar na polícia. Enquanto observava o desenrolar dos acontecimentos, ouvia seus amigos falarem sobre eles com grande entusiasmo revolucionário. Scruton descobriu então como estava longe de compartilhar os mesmos sentimentos:

> De repente percebi que estava do outro lado da barricada. O que vi foi uma multidão indisciplinada de *hooligans* de classe média. Quando perguntei aos meus amigos o que eles queriam, o que estavam tentando alcançar, tudo o que obtive foi uma série de receitas marxistas ridículas. Fiquei contrariado com aquilo e pensei que deveria haver uma maneira de voltar a defender a civilização ocidental. Foi então que me tornei conservador. Eu sabia que queria conservar as coisas em vez de destruí-las.

Durante o resto de sua vida dedicou todo o seu esforço intelectual para desconstruir a ideologia que levou uma geração a desprezar seu patrimônio cultural. Como professor, jornalista e escritor, tentou falar sem mentir, sempre dizendo o que pensava, mesmo que isso o colocasse no lado oposto do politicamente correto.

Em 1971 tornou-se professor no Birbeck College, em Londres, uma faculdade onde, como disse certa vez, apenas a mulher que distribuía a comida era conservadora. Um dos professores mais conhecidos da Birbeck era Eric Hobsbawn, o homem que apadrinhou Ernesto Laclau:

> Quando fui para Birkbeck, eu já tinha uma mentalidade conservadora. Meus colegas me viam com muita desconfiança. As ondas de 1968 tinham acabado de chegar à Universidade de Londres. Houve tentativas de introduzir mais Foucault e Marx no currículo. Fui treinado em Cambridge com uma visão completamente despolitizada do que é filosofia. Talvez esse fosse o motivo pelo qual eu era contra tudo aquilo.[2]

Scruton foi um dos criadores do Conservative Philosophy Group, de cujas reuniões Margaret Thatcher aparentemente participou uma

---

2 Idem.

vez. Ele também foi editor e colunista da revista conservadora *Salisbury Review*. Sua colaboração constante com essa revista, bem como a publicação, em 1985, do livro *Fools, Frauds and Firebrands: Thinkers of the New Left* [Tolos, fraudes e militantes: pensadores da nova esquerda], causou-lhe problemas na universidade, onde teve de sofrer atos ocasionais de vandalismo contra sua pessoa. Na década de 1980 entrou em contato com intelectuais dissidentes na Polônia e na Tchecoslováquia, que expressaram sua gratidão após a queda do Muro de Berlim. Em 1992, cansado das críticas implacáveis em seu próprio país, decidiu aceitar o cargo de professor de filosofia na Universidade de Boston, nos EUA.

Em 1996, casou-se com Sophie Jeffreys, com quem teve dois filhos: Sam, nascido em 1998, e Lucy, nascida em 2000. Ele decidiu se mudar com a esposa e os filhos para uma fazenda de sua propriedade em um pequeno vilarejo em Wiltshire, no Sudeste da Inglaterra. Ali morreu de câncer em 2020, aos 75 anos de idade.

Vários livros de Scruton foram publicados em espanhol. Entre eles: *Usos del pesimismo. El peligro de la falsa esperanza* (Ariel, 2010); *Cómo ser conservador* (Homo Legens, 2018); *Pensadores de la Nueva Izquierda* (Rialp, 2017); *Conservadurismo* (El buey mudo, 2019).[3]

O primeiro deles é amplamente dedicado às armadilhas da pedagogia progressista herdada de Rousseau. Scruton dedicou esse livro ao que ele chamou de "pessimistas razoáveis", ou seja, àquelas pessoas que acreditam que vivemos em uma época de confusão ideológica, moral, cultural e política e que estão buscando argumentos para combater a irracionalidade que parece ter tomado conta de nossa sociedade. Uma sociedade que mostra sinais de ter se deixado seduzir pelas falácias de um punhado de ilusionistas utópicos, vendedores de sonhos irrealizáveis. Scruton percorre a história, a psicologia, a filosofia e a política para analisar de onde vem o poder de sugestão desses vendedores de falsas esperanças e quais são as falácias por trás

---

3   No Brasil, essas obras foram publicadas com os seguintes títulos: *As vantagens do pessimismo*: o perigo da falsa esperança (É Realizações, 2015), *Como ser um conservador* (Record, 2015), *Pensadores da nova esquerda* (É Realizações, 2011); *Conservadorismo: um convite à grande tradição* (Record, 2019) — NT.

de seus discursos otimistas. Seu objetivo é levar o leitor à conclusão de que deve fugir das utopias irrealistas e concentrar suas energias na defesa da "liberdade com restrições" e da felicidade alcançada com sacrifício.

Para Scruton, um "otimista inescrupuloso" é alguém que quer resolver os conflitos humanos sempre se apegando ao que considera a solução ideal e se recusando a analisar qualquer outra possibilidade. Longe de assumir a responsabilidade por estarem errados, esses "otimistas" estão sempre prontos a colocar a culpa nos outros por seus próprios erros, razão pela qual desqualificam aqueles que os criticam ou tentam impedir sua sanha reformadora, considerando-os "seres diabólicos" que, possuídos por um cinismo cruel, buscam destruir "as esperanças da humanidade".

O otimista inescrupuloso age como um devoto que, dominado pela arrogância de sua fé, aspira à melhoria da "espécie", enquanto ignora e despreza as necessidades de seus semelhantes; não gosta de soluções individuais, sonha com planejamento em larga escala, com transformações redentoras, cujas consequências desconhece. Em seu otimismo e zelo redentor, põe em risco e, às vezes, destrói as instituições e os procedimentos que poderiam servir para corrigir os erros.

O uso do pessimismo serve como freio para a falsa esperança dos "otimistas inescrupulosos" que estão prontos para redimir os homens e estabelecer o Reino de Deus na Terra. Às vezes, descobrimos que os erros mais óbvios são os mais difíceis de corrigir. Isso ocorre porque, segundo Scruton, as decisões que levaram a cometê-los não foram ditadas pela razão, mas pela aceitação de uma série de falácias, ou ilusões intelectuais, que se apoderam da mente do homem e lhe proporcionam um mundo de ilusões tão confortável que usará todas as armas possíveis para não ser forçado a abandoná-lo.

Em *As vantagens do pessimismo*, Scruton analisa sete falácias que, quando se trata de agir e tomar decisões, ofuscam o pensamento e impedem que o indivíduo seja guiado pela razão. Quatro delas, que ele chama de falácias dos "nascidos em liberdade", da "soma zero", do "movimento do espírito" e da "agregação", estão na raiz dos preconceitos que Hannah Arendt apontou em sua premonitória palestra de 1958 e que, segundo ela, não apenas transformariam a crise na educação americana em um tremendo desastre, mas que esse desastre se espalharia por todo o Ocidente.

De acordo com Scruton, a inspiração para a falácia dos "nascidos em liberdade" foi Rousseau, que em seu Contrato Social "anunciou de modo grandiloquente que o homem nasce livre, mas que em todo o mundo se encontra coberto de correntes". Scruton não decide situar Rousseau entre aqueles que chama de otimistas inescrupulosos, mas afirma enfaticamente que o autor das *Confissões* "forneceu a linguagem e as linhas de pensamento com as quais apresentar um novo conceito de liberdade humana, segundo o qual a liberdade é o que resta quando removemos todas as instituições, restrições, leis e hierarquias".

Desde a Revolução Francesa, essa ideia de que a liberdade é uma condição natural da raça humana que exige a eliminação das instituições e da hierarquia vem ganhando força na filosofia, na política e, acima de tudo, na educação. Uma interpretação da liberdade que, para Scruton, é absolutamente falaciosa, pois "instituições, leis, restrições e disciplina moral são parte da liberdade e não seu inimigo; libertar-se delas acabaria rapidamente com a liberdade".

É somente quando a criança sai de seu egoísmo que ela tem a oportunidade de entrar no mundo dos outros e aprender a respeitá-los. E só então, quando for capaz de respeitar os outros, ela poderá respeitar a si mesma. Somente quando tiver aprendido a compartilhar o mundo com os outros, quando tiver aceitado as restrições que tornam possível desfrutar da liberdade em um grupo humano, ela terá aprendido o que é liberdade. A criança deve aprender que o gozo da liberdade exige assumir a responsabilidade pelas consequências de suas ações. Portanto, conclui Scruton, não nascemos livres: "A liberdade, embora valiosa em si mesma, não é um dom da natureza, mas o resultado de um processo educacional, algo que devemos obter por meio de disciplina e sacrifício". O filósofo nos leva a concluir que seria absurdo pensar que nascemos livres quando é evidente que não nascemos responsáveis.

Scruton encontra um exemplo magnífico dessa falácia na revolução que varreu as escolas e os departamentos de educação nas décadas de 1950 e 1960, e para a qual ele nos apontou

O suicídio do Ocidente

> a revolução que varreu escolas e departamentos de educação durante as décadas de 1950 e 1960 e que nos mostrou, usando a autoridade de uma série de pensadores, de Rousseau a Dewey, que a educação não deveria ser baseada na obediência e no estudo, mas na expressão da personalidade e na brincadeira.

Como exemplo concreto, o filósofo inglês cita o já citado Relatório *Children and their Primary Schools*, realizado em 1967 na Inglaterra pelo Conselho Central de Educação, presidido por Lady Plowden, que obrigou as escolas britânicas a substituir os métodos tradicionais de ensino por uma "pedagogia progressista". A aplicação do Relatório deixou de lado os programas tradicionais, a disciplina em sala de aula, a instrução e a autoridade acadêmica dos professores para, aparentemente, permitir que a criatividade da criança, a autoaprendizagem ou a construção livre e lúdica do próprio conhecimento triunfassem. E para o caso de algo dar errado, para se proteger de possíveis erros, o relatório isentou os responsáveis diretos pela educação, ou seja, pais, professores e alunos, de toda responsabilidade, e apontou a sociedade, a hierarquia e a falta de recursos financeiros como os únicos culpados.[4]

Quando otimistas inescrupulosos enfrentam o fracasso, sempre procuram alguém para culpar. Instintivamente, opera neles um certo senso de compensação: se eu falho, é porque outra pessoa teve sucesso. É o que Scruton chama de "falácia de soma zero", na qual "cada perda é explicada pelo ganho de outra pessoa". A pobreza do Terceiro Mundo se deve ao enriquecimento de seus colonizadores. Essa falácia, que "está na raiz do pensamento socialista desde os escritos de Saint-Simon, mas só se tornou um clássico depois que Marx formulou a teoria da mais-valia", leva inexoravelmente ao ressentimento e à confusão entre igualdade e justiça que tem governado as reformas educacionais das sociedades ocidentais.

Scruton conta como, sendo de uma família pobre, teve a sorte de conseguir uma vaga na *Grammar School* de seu distrito. Como já vimos, as *Grammar Schools* eram escolas públicas de ensino médio nas

---

4 Esse é o chamado Relatório Plowden, que Antony Crosland usou como álibi para introduzir a pedagogia progressiva nas *Comprehensive Schools*, como já vimos anteriormente.

quais somente as crianças que obtiveram uma boa nota nos exames de conclusão do ensino fundamental podiam se matricular.

Para Scruton, a explicação para o ódio dos trabalhistas pelas *Grammar Schools* pode ser encontrada nessa falácia da "soma zero". Um sistema que permitisse o sucesso de alguns, inevitavelmente permitiria o fracasso de outros. Era inaceitável que alguns desfrutassem de todas as oportunidades enquanto outros ficassem de fora.

> Assim — escreve Scruton — nasceu o movimento da educação abrangente, juntamente com a hostilidade às classes tradicionais e a desvalorização dos exames, com o objetivo de evitar que o sistema educacional produzisse e reproduzisse "desigualdades".

Era fácil garantir a igualdade no campo da educação, bastava eliminar todas as possibilidades de prosperar, de modo que nenhum aluno conseguisse aprender nada. "Um sistema que oferecia às crianças de famílias pobres a chance de progredir com base em seu talento ou esforço era simplesmente destruído, pela simples razão de que alguns eram bem-sucedidos, enquanto outros podiam fracassar". Com um pouco de realismo, acrescenta Scruton, seria possível pensar que uma criança poderia ter sucesso em uma coisa e fracassar em outra. "Somente um sistema educacional diversificado, com exames rigorosos e bem elaborados, permitiria que as crianças desenvolvessem sua especialidade, habilidade ou vocação no campo que lhes fosse mais natural".

O tempo avança, e avançar com o tempo é sempre progredir. Retroceder é intolerável. Essa falácia, que Scruton chama de "movimento do espírito", protege os otimistas inescrupulosos da retificação e é agravada, segundo ele, pelo "mito do progresso".

O progresso científico é produzido pela soma de descobertas ao conhecimento adquirido pela geração anterior. Isso, que é verdadeiro no campo da ciência, não se aplica a outros campos em que não há acúmulo de conhecimento sobre o qual se basear. E não é, por exemplo, na esfera política, onde a mudança às vezes é para melhor e às vezes para pior. Essa falácia também está presente na educação e conduz ao fato de que qualquer pedagogia "inovadora" é recebida com júbilo,

O suicídio do Ocidente

enquanto qualquer proposta de recuperação de uma estratégia de aprendizagem tradicional é desprezada e tachada de reacionária.

> Quando os revolucionários franceses compuseram seu lema "Liberdade, igualdade e fraternidade", eles estavam em um estado de exaltação utópica que os impedia de ver qualquer erro. Para eles, a liberdade era boa, a igualdade era boa e a fraternidade era boa, portanto, a combinação das três era, por definição, boa.

Mais uma vez, Scruton se refere à educação para dar exemplos que mostram o desastre inspirado pela falácia da "agregação". Os otimistas inescrupulosos, ao considerarem a educação dos imigrantes, apostaram no multiculturalismo. Se uma cultura é boa, duas culturas seriam melhores, e muitas culturas, algo muitíssimo melhor. O multiculturalismo não foi capaz de criar novos programas de estudo, apenas destruiu os existentes. Criou uma geração de jovens de origem imigrante que não se sentem identificados nem com o país anfitrião nem com seu local de origem.

A renúncia à transmissão

Na Espanha, na época em que frequentei o ensino secundário (1960––1967), a Lei Moyano de 1857, que ninguém, nem mesmo a Segunda República, havia mudado, e o currículo do ensino secundário de 1953[1] ainda estavam em vigor. O bacharelado [ensino médio] de 6 anos era dividido em duas etapas muito diferentes: quatro anos de bacharelado elementar e dois de bacharelado superior. Ao final de cada um deles era necessário passar por um exame de revalidação para obter o título correspondente. O que um aluno que estava concluindo o ensino secundário deveria saber era comum em toda a Espanha e, curiosamente, em todos os países do nosso entorno europeu. Algo que pude comprovar quando trabalhei e vivi em alguns desses países e quando convivi com profissionais da minha geração.

Com a Lei Geral de Educação de 1970, os exames finais desapareceram e o bacharelado elementar foi incorporado ao ensino geral básico (EGB), ou seja, ao que antes da lei era o ensino primário, obrigatório e comum a toda a população. Além dos exames finais de cada etapa a nova estrutura também eliminou muitas coisas. Por exemplo, o início do aprendizado do latim foi adiado dos 12 para os 15 anos de idade. Por outro lado, foi incorporada a matemática moderna, com sua teoria dos conjuntos e suas estruturas, que substituiu a geometria e o cálculo euclidianos, até então estudados. Um erro grave, como logo seria reconhecido mundialmente. Na Espanha, a Lei Geral de Educação foi o prelúdio da chamada democratização escolar.

Esse bacharelado elementar do Plano de 1953 permitia que cada um descobrisse por si mesmo sua capacidade de estudo, o que gostava

---

1 Lei de Ordenação do Ensino Médio de 1953.

e o que não gostava de estudar, no que era bom e no que não era tão bom. No meu caso, logo descobri que tinha facilidade e predileção por matemática, gramática e latim, que minha memória era catastrófica e que eu tinha muita dificuldade com idiomas estrangeiros. Eu tinha duas opções para o bacharelado: ciências ou artes. Sempre achei absurdo que, aos 14 anos, fizessem você escolher entre estudar latim ou matemática, pois havia muitos casos de alunos que, como eu, tinham as duas disciplinas como favoritas.

Fiz o bacharelado em Ciências e Matemática. A Faculdade de Ciências da Complutense, nos anos em que estudei (1967–1972), era mais uma escola de política do que um centro de estudos superiores. A influência de Paris era perceptível em Madri. Cheguei à universidade aos 17 anos de idade com total desconhecimento do que era um partido político e da diferença entre uma ditadura e uma democracia. Saí da universidade convertida ao esquerdismo progressista, sem nenhuma afiliação política, mas decididamente antiburguês e antifranquista. Mas nunca aceitei que minhas ideias políticas influenciassem meu trabalho profissional.

Nos mais de trinta anos que dediquei ao ensino da matemática, quase sempre em escolas secundárias, trabalhei em escolas públicas e em escolas secundárias públicas em diferentes partes da Espanha (Guipúzcoa, Ávila e Madri). Quando comecei a lecionar, o Plano 53 ainda estava em vigor, mas logo foi substituído pelo LGE. Nunca gostei da mudança da matemática tradicional para a matemática moderna. Posso garantir que a geometria de Euclides que foi estudada em minha escola secundária era infinitamente mais pedagógica e educativa do que os diagramas de Venn e a álgebra de Boole.

Também ensinei filhos de imigrantes na Alemanha e filhos de funcionários públicos europeus na Escola Europeia em Luxemburgo. Quando a LOGSE foi publicada em 1990, eu morava em Luxemburgo com minha família. Quando li a lei, a primeira coisa que me chamou a atenção foi a linguagem grandiloquente e difusa que utilizava. Fiz um esforço para aprender as novas regulamentações e o jargão em que estavam escritas, e até escrevi algumas páginas com comentários, críticas e conselhos sobre a nova estrutura imposta pela lei e, em

A renúncia à transmissão

particular, sobre os currículos de matemática (foi a primeira vez que ouvi a palavra "currículo", que substituiu o tradicional e muito mais expressivo "plano de estudos").

Em 1982, votei em Felipe González. Quando a lei educacional de 1990, LOGSE, foi publicada, prometi nunca mais fazer isso. Durante os primeiros anos do governo socialista, houve muita conversa nas escolas de ensino secundário sobre a grande reforma educacional que estava sendo preparada. Sinceramente, eu nunca imaginaria que os burocratas do Ministério da Educação de Javier Solana estivessem preparando uma lei que fosse o oposto do que eu achava que deveria ser o projeto educacional socialista. Sempre pensei, grande erro de minha parte, que a esquerda espanhola, assim como a esquerda francesa, se sentia herdeira do iluminismo e não sua inimiga.

Ao retornar de Luxemburgo em 1994, fui designada para um instituto que havia sido um instituto de formação profissional (FP) e que havia se voluntariado para promover a LOGSE. Lá, percebi que essa lei não só não resolvia os problemas que eu via na educação espanhola, mas também criava novos problemas. A ampliação da escolaridade obrigatória em dois anos, de 14 para 16 anos, com a obsessão igualitária de que todos deveriam, aos 16 anos, iniciar o bacharelado em igualdade de condições, estava, na prática, ampliando a educação primária e transformando as escolas secundárias em creches para adolescentes.

Adolescentes sem nenhum interesse em estudar, sem nenhuma motivação especial e em uma sociedade que eliminou o respeito próprio e a disciplina na escola e também na família, são muito difíceis de governar. Pela primeira vez em minha vida profissional tive a sensação de fracasso absoluto. Tive de aprender a lidar com crianças mal-humoradas que não tinham interesse em estudar e tive de reconhecer que muitos alunos terminavam o curso sem ter aprendido nada.

Com a intenção piedosa de "dignificar" o treinamento vocacional, muitas oficinas em centros de treinamento vocacional foram fechadas para trazer para a sala de aula todos os alunos entre 14 e 16 anos que até então frequentavam essas oficinas. Os adolescentes, que poderiam estar aprendendo uma profissão, forçados a ir para a sala de aula não

O suicídio do Ocidente

só estavam perdendo tempo, mas também estavam recebendo uma educação deficiente.

Eu pensava assim na época e ainda penso agora, se o objetivo fosse a igualdade, teria sido muito melhor que todos os alunos se beneficiassem do ensino de certas atividades manuais do que retirá-las do currículo do ensino médio obrigatório. Essa era a ideia de Tony Blair quando criou a especialização de centros (esportivos, artísticos, tecnológicos...), que queriam introduzir na Comunidade de Madri quando Esperanza Aguirre era sua presidente, e que a nova lei educacional (LOMLOE) proíbe estritamente para não criar "desigualdades".

Durante os anos de trabalho naquele instituto, havia a figura do professor do ensino secundário associado à universidade. Eram professores que, além de sua carga horária completa em uma escola secundária, podiam dar algumas horas de aula em uma faculdade. Com esse *status* pude ingressar na Faculdade de Ciências Químicas da Complutense, onde lecionei estatística e equações diferenciais por quatro anos. Essas aulas me compensaram pelo trabalho infrutífero na escola e me permitiram ver o lamentável nível de conhecimento com que alguns alunos chegavam à universidade.

Foram necessários alguns anos para que o LOGSE fosse totalmente implementado. O ano letivo de 1996–97 foi o último em que a EGB foi ensinada. A partir de então, os alunos de 12 e 13 anos foram enviados para os Institutos de Enseñanza Media, que mudaram seu nome para Institutos de Educación Secundaria.

Os professores que eram contra o LOGSE começaram a se organizar. Colaborei com um grupo deles que criou uma revista *on-line*, docencia.com. Mercedes Ruiz Paz, Carmen Leal, Mercedes Rosúa, são alguns dos nomes de que me lembro. A revista levou à criação de uma editora, a Unisón, onde nós, colaboradores, tivemos a oportunidade de publicar os primeiros livros que criticavam a política educacional do partido socialista. Essa revista e essa editora constituíram um grupo de resistência às disparidades pedagógicas que a lei socialista estava tentando impor.

Los límites de la educación e *La secta pedagógica*, de Mercedes Ruiz Paz, *El archipiélago Orwell*, de Mercedes Rosúa, *El destrozo*

A renúncia à transmissão

educativo, de Gregorio Salvador, *Entrevista a la enseñanza*, de Carmen Leal, *La educación en peligro*, de Inger Enkvist, e *La gran estafa*, do qual sou autora, são alguns dos livros publicados pela Unisón.

Em novembro de 2003, quando Esperanza Aguirre venceu as eleições na Comunidade de Madri, ela me nomeou diretora geral de Planejamento Acadêmico,[2] responsável pela elaboração dos regulamentos educacionais que correspondiam à nossa Comunidade Autônoma, bem como pela formação de professores. Nos quatro anos em que ocupei esse cargo, tive que desenvolver os currículos de ensino de duas leis orgânicas: os estabelecidos pela Lei Orgânica de Qualidade da Educação (LOCE) de 2002, que nunca foram implementados, e os da lei socialista que a substituiu, a Lei Orgânica de Educação (LOE) de 2006.

Além de cumprir essa tarefa da melhor forma possível, promovemos uma série de iniciativas para amenizar, dentro de nossas competências, os desastres da legislação socialista em vigor. Para isso, criamos escolas públicas bilíngues, com base nos programas das Escolas Europeias que eu conhecia bem, e introduzimos um "Teste de conhecimentos e habilidades indispensáveis" para todos os alunos do sexto ano do ensino fundamental, a fim de descobrir o nível de matemática, língua espanhola e cultura geral dos alunos que terminam os seis anos do ensino fundamental. O teste de idioma consistia em um ditado curto, um texto sobre o qual foram feitas perguntas de compreensão de leitura e de conhecimentos gerais. O teste de matemática consistia em exercícios e problemas de aritmética.

Esses testes causaram surpresa em toda a comunidade educacional. E algo assim não era feito desde a implementação da Lei em 1970. Houve até um sindicato de professores que enviou uma carta de reclamação à Ouvidoria do Menor, que simplesmente nos repreendeu pela nossa ousadia.

Cheguei a formar uma pequena equipe de professores, desses que hoje são chamados de "professauros", um termo que, como já escrevi, foi criado nas faculdades de ciências da educação para

---

2 Posteriormente, de 2007 a 2015, fui vice conselheira de Educação.

O suicídio do Ocidente

designar professores que acreditam que as escolas e faculdades devem ser centros de ensino, instrução e transmissão de conhecimento. Há um dicionário na *internet* (DICCET) que dá a seguinte definição de "professauro":

> Professor ou professora que segue métodos considerados tradicionais ou não muito novos. Apesar de serem criticado por alguns, no final das contas, os professauros são aqueles que dominam sua matéria e deixam sua marca.

Estabelecemos um plano de melhoria para as escolas que tiveram os piores resultados no exame de fim do ensino fundamental. Por outro lado, achamos oportuno verificar que, aos 8 anos de idade, ao terminar o 2º ano do Ensino Fundamental, as crianças já tinham aprendido a ler, a escrever e as quatro regras da aritmética. Para eles, criamos um novo teste que gostaríamos que fosse oral e realizado pelos inspetores de educação, mas a organização era muito complicada.

Depois de superar a resistência do primeiro ano, devo dizer que o programa foi um sucesso. Os resultados melhoraram de ano para ano, mesmo em escolas localizadas em áreas muito difíceis. Vou dar um exemplo do que aconteceu com a implementação do teste da 6ª série do ensino fundamental. No primeiro ano (2005), as crianças receberam o seguinte problema: "Pedro levou 35 minutos para chegar à escola hoje. Se ele saiu de casa às quinze para as nove, a que horas chegou?". Apenas 55,4% das crianças responderam corretamente. Esse tipo de problema foi usado como âncora para o teste e, a cada ano, algo semelhante era proposto, sempre tornando-o um pouco mais complicado. Em 2013, o problema proposto dizia: "Ana saiu de casa às nove e quinze para pegar um trem que sai da estação às 10h25. Ela levou 45 minutos para ir de sua casa até a estação. Quando Ana chegou à estação, quanto tempo faltava para o trem partir?". Desta vez, 83% responderam corretamente.

Foi uma experiência extremamente gratificante, não apenas ver como os professores, pais e crianças reagiram a uma medida tão "inovadora", mas também constatar que havíamos encontrado o caminho certo para melhorar a qualidade do ensino. Aprendi que é essencial especificar claramente o que os alunos devem aprender e depois verificar seu aprendizado por meio de controles externos.

Com a mesma filosofia, elaboramos um teste para o 3º ano do ESO aos 15 anos de idade, uma verificação de conhecimentos e habilidades em matemática e língua e literatura espanhola, que foi realizado pela primeira vez no ano acadêmico de 2007–2008. Além disso, criamos um sistema de distinções acadêmicas (Menção Honrosa e Diploma de Realização) para alunos que terminaram o ESO com um B ou A e obtiveram um bom resultado no exame do 3º ano.

Os alunos com Menção Honrosa podiam fazer um exame para obter o Prêmio Extraordinário. A grande surpresa foi o fato de que a maioria dos alunos elegíveis prestou esse exame voluntariamente. Isso mostrou que há muitos adolescentes que, quando trabalham duro em seus estudos, estão ansiosos para demonstrar seus esforços e querem ser reconhecidos. Para os alunos que terminaram o ESO com os melhores resultados, foi criado o Bacharelado de Excelência, que segue o currículo geral, mas com um nível de exigência maior. Com essas medidas, pudemos observar que não apenas os números de reprovação escolar foram reduzidos, mas também que o número de alunos com algum tipo de distinção estava aumentando.

Deve-se observar que a última reforma socialista, a Lei Orgânica para a Modificação da Lei Orgânica da Educação (LOMLOE), proíbe expressamente essas distinções, bem como os testes de conhecimentos e habilidades no final das etapas. A esquerda aparentemente considera que romper com o modelo "democrático" é reconhecer que alguns alunos obtêm melhores resultados do que outros. Para eles, a igualdade acadêmica significa que, em seus estudos, "ninguém pode ser melhor do que ninguém".

Eu me pergunto por que os socialistas e seus sócios se recusam a aceitar medidas de senso comum e aparentemente simples de implementar, como as que descrevi, quando foi demonstrado que melhoram os resultados do aprendizado. E a única resposta que consigo pensar é que a instrução dos cidadãos, a transmissão de conhecimento, não é o objetivo da escola socialista. O socialismo do século XXI, para que seu modelo de sociedade seja bem-sucedido, precisa de uma sociedade sem

O suicídio do Ocidente

instrução e fácil de manipular. O que é surpreendente é que o Ministério da Educação desenvolva um currículo sem conteúdo e repleto de ideologia, que as universidades ofereçam mestrados para que professores e instrutores assumam seu papel de "agentes de mudança social" e que a maior parte da sociedade aceite isso como algo natural.

A paixão pela igualdade matou o desejo de autoaperfeiçoamento, a valorização do esforço e o reconhecimento do mérito. Estamos caminhando para uma sociedade de mediocridades em que ninguém sabe mais do que ninguém. A verdade objetiva não existirá e a opinião com mais votos será tomada como tal, o mais sábio será aquele com mais seguidores na *internet*, as opiniões individuais não terão valor. O maior absurdo será aceito porque ninguém ousará ir contra a maioria. Essa era a sociedade democrática antiliberal contra a qual Tocqueville queria nos alertar há quase duzentos anos.

E não tenho dúvidas de que, como esse processo não é exclusivo da Espanha — embora esteja ocorrendo aqui com particular virulência —, esse abandono da transmissão do saber como eixo essencial de qualquer sistema escolar está levando ao desaparecimento da escola como instituição fundamental nos países ocidentais. Esse desaparecimento, impulsionado e dirigido pelas forças políticas dos partidos promotores do "socialismo do século XXI" e, desgraçadamente votada pelos cidadãos, vai levar à desaparição da própria civilização ocidental. É por isso que me atrevo a afirmar categoricamente que estamos contemplando o suicídio do Ocidente.

Este livro acaba de imprimir-se
para a Quadrante Editora
aos 22 de abril de 2025,
em papel Offset 75g/m².